UN-Verwaltung und Menschenrechte

Europäische Hochschulschriften

Publications Universitaires Européennes

European University Studies

Reihe II

Rechtswissenschaft

Série II Series II

Droit

Law

Bd./Vol. 4371

PETER LANG

Frankfurt am Main · Berlin · Bern · Bruxelles · New York · Oxford · Wien

Julia Tielsch

UN-Verwaltung und Menschenrechte

Die internationale Zivilverwaltung im Kosovo

PETER LANG
Europäischer Verlag der Wissenschaften

Bibliografische Information Der Deutschen Bibliothek
Die Deutsche Bibliothek verzeichnet diese Publikation in der Deutschen Nationalbibliografie; detaillierte bibliografische Daten sind im Internet über <http://dnb.ddb.de> abrufbar.

Zugl.: Regensburg, Univ., Diss., 2006

D 355
ISSN 0531-7312
ISBN 3-631-55218-1

www.peterlang.de

Meinen Eltern

Vorwort

Die vorliegende Arbeit wurde im Wintersemester 2005/2006 vom Fachbereich Rechtswissenschaften der Universität Regensburg als Dissertation angenommen.

Obwohl die Vereinten Nationen auch in der Vergangenheit bereits im Rahmen zahlreicher Mandate beim Wiederaufbau von zerrütteten Staatsstrukturen tätig waren, wurde mit der Übernahme der gesamten Zivilverwaltung in Ost-Timor und im Kosovo im Jahr 1999 Neuland betreten. Die vorliegende Arbeit befasst sich in diesem Zusammenhang am Beispiel des Kosovo mit der Frage, inwieweit eine durch die Vereinten Nationen gebildete Übergangsverwaltungsmacht, die sämtlichen Staatsfunktionen eines Gebietes übernommen hat, an international anerkannte Menschenrechtsstandards gebunden sein muss.

An dieser Stelle möchte ich mich bei den Menschen bedanken, ohne deren Hilfe diese Arbeit nicht möglich gewesen wäre. Mein herzlicher Dank gilt zunächst meinem Doktorvater, Herrn Prof. Dr. Robert Uerpmann-Wittzack, der mir stets mit Rat und Tat zur Seite stand und der sich selbst während seiner Zeit in Berlin Zeit für mich nahm. Ebenso danke ich Herrn Prof. Dr. Gerrit Manssen für die Übernahme des Zweitgutachtens.

Wertvolle Hinweise über die Praxis und Arbeitsbedingungen der UNMIK erhielt ich während meiner Wahlstation im Referendariat von den Mitarbeitern der Ständigen Vertretung der Bundesrepublik Deutschland bei den Vereinten Nationen in Genf, insbesondere von Herrn Botschafter Michael Steiner und Herrn Neithard Höfer-Wissing. Die in diesen persönlichen Gesprächen gewonnenen Erkenntnisse haben die Gestaltung der Arbeit maßgeblich beeinflusst und spiegeln sich insbesondere in Kapitel 4 der vorliegenden Arbeit wieder.

Mein Dank gilt auch meinem Arbeitgeber, der Rechtsanwaltskanzlei Schleifenbaum & Adler in Siegen, der mir durch Gewährung großzügiger Regelungen über den Eintritt in die Kanzlei die Fertigstellung der Promotion überhaupt erst ermöglicht hat.

Jeder, der eine solche Arbeit zu Ende gebracht hat, weiß, wie wichtig die Hilfe anderer ist. Deshalb bedanke ich mich bei meinen Freunden, die mich bei der Anfertigung der Arbeit „technisch“ unterstützt haben. Ohne Herrn Rafael Kramer, der stets für das Funktionieren meines Computers sorgte, und Herrn Dr. Thorsten Burg, ohne den ich beim Formatieren der Arbeit verzweifelt wäre, wäre die Werk nicht entstanden.

Mein herzlichster Dank gilt aber meinen Eltern, die mich während der Zeit an dieser Arbeit stets durch alle Höhen und Tiefen begleitet haben und mein ganzes Leben lang durch materielle und ideelle Unterstützung dafür gesorgt haben, dass sämtliche Meilensteine auf dem Weg zur Fertigstellung dieses Projekts gemeistert werden konnten. Ihnen widme ich diese Arbeit.

Siegen, im Januar 2006 Julia Tielsch

Inhaltsverzeichnis

Einleitung **15**

1. Kapitel: Grundlagen **17**

I. Die Ausgangslage im Kosovo 17
1. Geschichte 17
a) Geschichtliche Entwicklung bis 1992 17
b) Geschichtliche Entwicklung von 1992-1999 19
2. Ausgangslage für den Wiederaufbau 20
a) Ausgangslage (in politischer Hinsicht und) in Bezug auf die innere Sicherheit 20
b) Ausgangslage in humanitärer Hinsicht 21
c) Zustand der öffentlichen Versorgungseinrichtungen, der öffentlichen Verwaltung und des öffentlichen Dienstes 22
d) Wirtschaftliche Ausgangslage 23

II. Friedenssicherung der zweiten Generation 23
1. Namibia 24
2. Kambodscha 25
3. Somalia 27
4. Zusammenfassung 30

III. Die UN-Verwaltung im Kosovo 30
1. Umfang der UNMIK 30
a) Mandat 30
b) Aufgaben der Mission 32
2. Strategie der UNMIK – Fünf-Phasen-Plan 33
3. Struktur der UNMIK in den einzelnen Phasen 34
a) Anfangsstadium – 1999 35
b) Juni 2000 35
c) 2001 35
4. Organisation und Einfluss der UNMIK in den einzelnen Phasen 36
a) Überblick 36
b) Strukturen und Befugnisse der UNMIK in der Anfangsphase, wie sie sich aus dem Bericht des Generalsekretärs S/1999/779 ergeben 37
(1) Aufbau 37
aa) Der Sonderbeauftragte des Generalsekretärs 37
bb) UN – die Komponente der Zivilverwaltung 38
cc) OSZE – die Komponente für Demokratisierung und Regierungsführung (Staatsaufbau) 40
dd) UNHCR – Humanitäre Hilfe 41
ee) EU – Wirtschaftlicher Wiederaufbau 41

(2) Einfluss auf die staatlichen Gewalten ... 42
aa) Exekutive ... 43
(i) Sonderbeauftragter des Generalsekretärs (SRSG) ... 43
(ii) Komponente der Zivilverwaltung ... 45
(a) Öffentliche Verwaltung ... 46
(b) Polizei ... 46
(c) Abteilung für Juristische Angelegenheiten ... 46
(iii) Wiederaufbaukomponente, Demokra tisierung und Regierungsführung ... 48
(a) Ausbildung ... 48
(b) Organisation und Durchführung von Wahlen ... 49
(c) Wiederaufbau des Justizwesens ... 49
bb) Legislative ... 50
cc) Justiz und Strafvollzug ... 51
(3) Zusammenfassung ... 53
c) JIAS (= Joint Interim Administrative Structure) – Die gemeinsame Struktur der Übergangsverwaltung (Januar 2000 - Mai 2001) ... 53
(1) Überblick ... 53
(2) Aufbau ... 54
aa) Übergangsverwaltungsrat – Interim Administrative Council (IAC) ... 55
bb) Der Kosovo-Übergangsrat – Kosovo Transitional Council (KTC) ... 55
cc) Verwaltungsressorts (Administrative Departments) ... 57
dd) Kommunale Verwaltungsgremien – Municipal Administrative Boards ... 59
ee) Einrichtungen der OSZE ... 59
(3) Einfluss auf die staatlichen Gewalten ... 60
aa) Exekutive ... 60
bb) Legislative ... 60
cc) Judikative ... 61
(i) Die Institution des Ombudsmannes ... 62
(ii) Die Beteiligung internationaler Richter und Staatsanwälte ... 63
(iii) Zentrale Wahlkommission = CEC ... 66

(4) Zusammenfassung ... 66
d) Provisional Institutions of Self-Government - PISG ... 67
(1) Überblick ... 67
(2) Aufbau der PISG ... 70
aa) Die Versammlung - Assembly ... 70
bb) Der Präsident ... 71
cc) Die Regierung ... 71
dd) Das Rechtssystem ... 72
ee) Der Sonderbeauftragte des Generalsekretärs ... 74
(3) Einfluss auf die staatlichen Gewalten ... 78
aa) Exekutive ... 78
bb) Legislative ... 78
cc) Judikative ... 79
(4) Zusammenfassung ... 79

2. Kapitel: Legitimationsanforderungen ... 81

I. Externe Legitimation ... 81
1. Zivilverwaltung im System der UN-Charta – Einordnung der UNMIK ... 81
a) Protektorat ... 82
b) Treuhandsystem gem. Art. 75ff. UN-Charta ... 83
2. Die Vereinten Nationen als Verwaltungsmacht - Befugnis des Sicherheitsrats zur Errichtung einer direkten internationalen Verwaltung unter Kapitel VII ... 86
3. Legitimität der Rechtssetzungsakte durch die UNMIK ... 91

II. Interne Legitimation ... 93
1. Ausgangsüberlegung: Umfassende Ausübung von Herrschaft durch die UNMIK ... 93
2. Anforderungen an internationale Verwaltungen ... 96
a) Einleitung ... 96
b) Anwendbarkeit internationaler Menschenrechtsstandards auf internationale Zivilverwaltungen ... 98
(1) Bindung an international anerkannte Menschenrechtsstandards durch das Mandat des Sicherheitsrates S/RES/1244 – „...to protect and to promote human rights..." ... 98
(2) Bindung an international anerkannte Menschenrechtsstandards durch den Status der UNMIK als nach den Vorschriften der UN-Charta eingesetztes Nebenorgan ... 100
(3) Bindung der UNMIK an international anerkannte Menschenrechtsstandards durch umfassende Ausübung von Staatsgewalt ... 101

(4) Bindung der UNMIK an international anerkannte Menschenrechtsstandards durch territoriale Anwend barkeit der Menschenrechtsverträge, die vor der Übernahme der Verwaltung durch UNMIK Geltung hatten ... 102
(5) Bindung an international anerkannte Menschenrechtsstandards aufgrund einer Selbstverpflichtung der UNMIK durch UNMIK-Verordnung 1999/24, UNMIK-Verordnung 2000/59 und Kapitel 3 des Constitutional Framework ... 103
c) Bestimmung international anerkannter Menschenrechtsstandards, Recht auf Demokratie und Rechtsstaatlichkeit ... 108
(1) Das internationale System zum Schutz der Menschenrechte ... 108
(2) Demokratie ... 110
(3) Rechtsstaatlichkeit ... 113
(4) Interdependenz von Demokratie, Rechtsstaatlichkeit und Menschenrechten ... 114
III. Zusammenfassung ... 117

3. Kapitel: Menschenrechtsverstöße im Einzelnen ... 118

I. Unvereinbarkeit der UNMIK-Verordnung 2000/47 on the Status, Privileges and Immunities of KFOR and UNMIK and their Personnel in Kosovo (18. August 2000) mit international anerkannten Menschenrechtsstandards ... 118
1. Vereinbarkeit mit dem Rechtsstaatsprinzip ... 118
2. Vereinbarkeit mit Art. 6 Abs. 1 EMRK und Art. 14 Abs. 1 IPBürgR ... 122
a) Anwendungsbereich der Art. 6 Abs. 1 EMRK, 14 Abs. 1 IPBürgR ... 122
b) Verletzung der Garantie auf „Zugang“ zu einem Gericht ... 124
c) Verletzung der Organisationsgarantie: Recht auf ein „unabhängiges, auf Gesetz beruhendes Gericht“ ... 127
d) Exkurs: Ausnahmeregelung: Überprüfbarkeit von Exekutivhandeln der UNMIK durch die Ordentliche Gerichtsbarkeit ... 130
II. Unvereinbarkeit der UNMIK-Verordnung 1999/24 On the Law applicable in Kosovo in der Form der seit dem 27. Oktober 2000 gültigen Fassung der UNMIK-Verordnung 2000/59 mit international anerkannten Menschenrechtsstandards ... 131
1. Anwendungsbereich der Art. 7 EMRK, Art. 15 IPBürgR ... 133
2. Verstoß gegen den Bestimmtheitsgrundsatz ... 133

III. Unvereinbarkeit von Freiheitsentziehungen aufgrund von Exekutivbefehlen des Sonderbeauftragten des Generalsekretärs mit international anerkannten Menschenrechtsstandards 134
1. Anwendbarkeit der Art. 5 EMRK, Art. 9 IPBürgR 135
2. Verstoß gegen Art. 5 Abs. 1 EMRK, Art. 9 Abs. 1 IPBürgR 135
3. Verstoß gegen Art. 5 Abs. 3 EMRK, Art. 9 Abs. 3 IPBürgR 138
4. Verstoß gegen Art. 5 Abs. 4 EMRK, Art. 9 Abs. 4 IPBürgR 139
5. Verstoß gegen Art. 5 Abs. 5 EMRK, Art. 9 Abs. 5 IPBürgR 140

IV. Unvereinbarkeit der UNMIK-Verordnung 2001/18 On the Establishment of a Detention Review Commission for Extra-Judicial Detentions based on Executive Orders mit internationalen Menschenrechtsstandards 141
1. Anwendbarkeit der Art. 5 EMRK, Art. 9 IPBürgR 142
2. Verstoß gegen Art. 5 Abs. 1 EMRK, Art. 9 Abs. 1 IPBürgR 142
3. Verstoß gegen Art. 5 Abs. 3, Abs. 4 EMRK, Art. 9 Abs. 3, Abs. 4 IPBürgR durch UNMIK-Verordnung 2001/18 behoben 142
4. Verstoß gegen Art. 5 Abs. 2 und Abs. 4 EMRK, Art. 9 Abs. 2 und Abs. 4 IPBürgR 145

V. Unvereinbarkeit der UNMIK-Verordnung 1999/2 On the Prevention of Access by Individuals and their Removal to Secure Public Peace and Order mit internationalen Menschenrechtsstandards 147
1. Anwendbarkeit der Art. 5 EMRK, Art. 9 IPBürgR 148
2. Verstoß gegen Art. 5 Abs. 1 EMRK, Art. 9 Abs. 1 IPBürgR 148

VI. Unvereinbarkeit der UNMIK-Verordnung 1999/26 On the Extension of Periods of Pre-trial Detention mit internationalen Menschenrechtsstandards 151
1. Anwendbarkeit der Art. 5 EMRK, Art. 9 IPBürgR 152
2. Verstoß gegen Art. 5 Abs. 3 und 4 EMRK, Art. 9 Abs. 3 und Abs. 4 IPBürgR 152

VII. Unvereinbarkeit der Tätigkeiten des Housing and Property Directorate und der Housing and Property Claims Commission mit international anerkannten Menschenrechtsstandards 153
1. Anwendungsbereich des Art. 6 Abs. 1 EMRK, Art. 14 Abs. 1 IPBürgR 155
2. Verstoß gegen Art. 6 Abs. 1 EMRK, Art. 14 Abs. 1 IPBürgR 156

VIII. Unvereinbarkeit des Aufbaus der UNMIK gegen Grundsätze von Demokratie und Rechtsstaatlichkeit 162

IX. Zusammenfassung 163

X. Exkurs: Die internationale Sicherheitspräsenz – KFOR 165

4. Kapitel: Handeln des Sicherheitsrates innerhalb von Kapitel VII der UN-Charta – Rechtfertigungsansätze für Menschenrechtsverletzungen durch UNMIK 169

I. Rechtfertigung von Menschenrechtsverstößen durch Derogationsvorschriften 169
1. Allgemeines 169
2. Voraussetzungen der Derogation 171
3. Zulässige Maßnahmen, Grundsatz der Verhältnismäßigkeit 178
a) UNMIK-Verordnung 2000/47 On the Status, Privileges and Immunities of KFOR and UNMIK 178
b) Freiheitsentziehungen aufgrund von Exekutivbefehlen des Sonderbeauftragten und UNMIK-Verordnung 2001/18 On the establishment of a Detention Review Commission 180
c) UNMIK-Verordnung 1999/2 On the prevention of access by individuals and their removal to secure public peace and order 184
d) UNMIK-Verordnung 1999/26 On the extension of periods of pre-trial detention 185
4. Zusammenfassung 187

II. Rechtfertigung von Menschenrechtsverstößen aufgrund der beson deren Stellung der UNMIK als durch den Sicherheitsrat eingesetzte Übergangsverwaltung 187

III. Rechtfertigung durch „praktische Notwendigkeit“ 189
1. Eingriffe der UNMIK in die Legislative 190
2. Eingriffe der UNMIK in die Judikative 192

IV. Zusammenfassung 194

V. Verbesserungsmöglichkeiten 197

Literaturverzeichnis 200

Einleitung

Vor der Gründung des Völkerbundes war die Verwaltung eines Territoriums durch eine oder mehrere fremde Mächte, gewöhnlich die Gewinner eines vorangegangenen Krieges, zumeist von den eigenen Interessen der jeweiligen das Gebiet verwaltenden (Besatzungs-)Macht bestimmt. Dagegen ist die internationale Verwaltung von Gebieten unter der Leitung von internationalen Organisationen eher eine Entwicklung des zwanzigsten Jahrhunderts. Im Unterschied zu früheren Beispielen von Fremdverwaltung, wie zum Beispiel die Besatzung Deutschlands durch die vier Siegermächte nach Ende des zweiten Weltkrieges, handeln internationale Organisationen beziehungsweise deren Mitglieder bei der Ausübung lokaler Verwaltung in dem betreffenden Gebiet nicht als Souveräne, sondern als Vertreter der internationalen Gemeinschaft[1]. Im Laufe der letzten Jahre ist zu beobachten, dass vermehrt staatliche Zusammenbrüche aufgrund interner Konflikte auftreten (sog. „failed states“)[2]. Auf diese Zusammenbrüche reagiert die Staatengemeinschaft häufig durch Resolutionen des Sicherheitsrates der Vereinten Nationen, durch die der Einsatz von UN-Missionen angeordnet wird, die zunehmend über den Umfang des traditionellen Peace-Keeping („Blauhelm-Pufferfunktion“) hinaus auch die Aufgabe übernehmen, die zum Teil völlig zerstörten Zivilstrukturen wieder herzustellen[3]. Als Beispiele sind hier die Missionen in Namibia und Kambodscha bis hin zu Somalia zu nennen, wo die UN erstmalig umfassende Hoheitsgewalt in einem Gebiet ausübte, um den Wiederaufbau einer eigenen nationalen Zivilverwaltung zu unterstützen. Aus der Erkenntnis heraus, dass eine unabdingbare Voraussetzung für die dauerhafte Ausschaltung eines Konfliktherdes darin besteht, ein funktionierendes Staatswesen wieder her- und sicherzustellen, zeigt die Entwicklung also, dass das traditionelle Peace-Keeping zunehmend ergänzt wird durch eine zivile Komponente, die den Aufbau der Zivilverwaltung unterstützt, beziehungsweise zunächst sogar unter Ausschluss lokaler Strukturen die Zivilverwaltung völlig übernimmt. Bisher weitreichendstes Beispiel für diese Entwicklung ist die durch die Resolution 1244 von 10. Juni 1999 im Kosovo eingesetzte UN-Übergangsverwaltung ***UNMIK*** *(= United Nations Mission in Kosovo)*, die seit 1999 den Wiederaufbau der Zivilverwaltung im Kosovo umfassend leitet.

Gemeinsames Ziel der bereits erwähnten verschiedenen UN-Missionen ist es, den demokratischen Wiederaufbau der lokalen Strukturen zu ermöglichen. Da die Vereinten Nationen zunehmend dazu tendieren, im Rahmen dieser Missionen die Staatsgewalt in einem bestimmten Gebiet umfassend zu übernehmen

---

1 *Stahn*, ZaöRV 61 (2001), S. 107, 114f.

2 Vgl. *Thürer* in: Berichte DGVR (34), S. 10; *Herdegen* in: Berichte DGVR (34), S. 50.

3 *Matheson*, AJIL 95 (2001), S. 76ff.

und somit zumindest übergangsweise wie ein „Staatssurrogat"[4] zu fungieren, stellt sich die Frage, inwieweit diese internationalen Strukturen selber legitimiert und inwieweit sie den Grundsätzen von Demokratie und Rechtsstaatlichkeit unterworfen und an die Einhaltung international anerkannter Menschenrechtsstandards gebunden sind. Genau dies soll Gegenstand der Untersuchung der vorliegenden Arbeit sein.

Nach einer Darstellung der historischen Entwicklung im Kosovo und des Ausmaßes der Zerstörung von Staatsstrukturen, die deren kompletten Wiederaufbau nötig machte, wird als Ausgangspunkt eine ausgewählte Anzahl von historischen Vorläufern der UN-Verwaltung im Kosovo vorgestellt, die bereits als Beispiele der „Friedenssicherung der zweiten Generation" die Tendenz der immer weiteren Ausweitung von Friedensoperationen zeigen. Im Anschluss daran wird die hier im Mittelpunkt stehende Mission im Kosovo näher untersucht. Dazu wird zunächst ein umfassender Überblick über System und Aufbau der UNMIK gegeben, auf den im Fortgang der Arbeit immer wieder zurückgegriffen werden kann (Kapitel 1). In einem zweiten Schritt sollen die Anforderungen erläutert werden, die an die Ausübung von Herrschaft durch die Vereinten Nationen gestellt werden (Kapitel 2). Daran schließt sich anhand ausgewählter Beispiele die Untersuchung einzelner Verstöße gegen die Prinzipien von Demokratie, Rechtsstaatlichkeit und die Menschenrechte an (Kapitel 3). Abschließend soll der Versuch unternommen werden, Rechtfertigungsmöglichkeiten für aufgezeigte Menschenrechtsverstöße aufzuzeigen (Kapitel 4).

---

4 Ombudsperson Institution, Special Report No. 2 (27.10.2000) – On Certain Aspects of UNMIK Regulation No. 2000/59 amending UNMIK Regulation No. 1999/24 On the Law Applicable in Kosovo, Para. 7.

1. Kapitel: Grundlagen

I. Die Ausgangslage im Kosovo

1. Geschichte

Zum besseren Verständnis des Umfangs und der Schwierigkeit einer erfolgreichen Beendigung der UN-Mission wird ein Überblick über Hintergrund, Verlauf und Ergebnis des Konflikts, der den Neuaufbau von Zivilverwaltung nötig machte, vorangestellt.

a) Geschichtliche Entwicklung bis 1992

Nach serbisch-jugoslawischem Staatsrecht war „Kosovo-Mitohija“ eine autonome Provinz im Staatsverband der „Republik Serbien“, die ihrerseits – neben Montenegro – einen Gliedstaat der „Bundesrepublik Jugoslawien“ bildete. Diese Rechtsstellung erhielt Kosovo 1946, als die Kommunisten in Jugoslawien die Macht übernahmen, die „Föderative Volksrepublik Jugoslawien“ proklamierten und den vormaligen Einheitsstaat in einen Bundesstaat, bestehend aus sechs Teilrepubliken (Slowenien, Kroatien, Serbien, Montenegro, Mazedonien und seit 1971 Bosnien[-Herzegowina][5]) und zwei autonomen Gebietseinheiten innerhalb Serbiens (Kosovo und Voyvodina) umwandelten. Dies entsprach dem jugoslawischen Verständnis, die „Volksgruppen“ Jugoslawiens einzuteilen in die südslawischen „Nationen“ (*narodi*) und die außerhalb Jugoslawiens einen Nationalstaat besitzenden „Nationalitäten“ (*narodnosti*)[6]. Anzumerken ist jedoch, dass zunächst die Selbstverwaltung der autonomen Provinzen nur auf dem Papier bestand[7]. Denn zwar erhielten die Kosovaren nun weitgehende Minderheitenrechte und die territoriale Autonomie innerhalb der Republik Serbien. Jedoch wurde die Unterdrückung der Albaner bis zum Sturz des Geheimdienstchefs Aleksander Rankovic 1966 fortgesetzt[8]. Nach dem Bruch mit Moskau 1948[9] und insbesondere nach dem Tode Rankovics[10], war eine fortschreitende Dezentralisierung des Staatsaufbaus zu verzeichnen, die im Verfassungsgesetz von 1953, der Verfassung der „Sozialistischen Föderativen Republik Jugoslawien“ von 1963 sowie den Verfassungsänderungen von 1967, 1968 und 1971 und schließlich in der letzten Bundesverfassung von 1974 ihren Ausdruck fand. Nach dem Sturz Rankovics wurde die Provinz Kosovo (ebenso wie die Vojwo-

---

5 *Judah*, S. 37.
6 *Judah*, S. 37; *Brunner*, S. 117.
7 *Brunner*, S. 117; *Judah*, S. 34.
8 *Sundhaussen*, S. 77.
9 *Judah*, S. 34.
10 *Judah*, S. 36.

dina) Ende der 60er, Anfang der 70er Jahre den sechs jugoslawischen Republiken weitgehend gleichgestellt. Schon 1963 wurde Kosovo zu einer „autonomen Provinz“ aufgewertet und damit der Vojvodina gleichgestellt. 1969 wurde die serbische Landschaftsbezeichnung Metohija aus dem offiziellen Namen gestrichen[11]. Zwar bedeutete dies eine weitgehende Angleichung der Rechtsstellung der Autonomen Provinz an die der Republiken, so dass sich die Einbindung des Kosovo an Serbien auflockerte, jedoch besaßen die Autonomen Provinzen im Gegensatz zu den Republiken keinen staatlichen Charakter, sondern galten als „gesellschaftlich-politische Gemeinschaften“[12]. 1974 wurde Kosovo – abgesehen von der Bezeichnung – in seinem Status den Republiken insofern gleichgestellt, als es ein eigenes Parlament, eine eigene Polizei, eine eigene Nationalbank sowie alle anderen Merkmale einer Republik aufwies[13]. In der Folgezeit setzte eine „Albanisierung“ der Provinz ein, die sich in einer Reduzierung der serbischen Dominanz in der Verwaltung, der Einführung von Albanisch als gleichberechtigter Amtssprache und der Abwanderung von Serben aus dem Kosovo äußerte[14]. Nach dem Tode Titos 1980 und insbesondere seit der Machtergreifung von Slobodan Milosevic in Serbien 1986 flammten die nationalistische Unterdrückungspolitik und die Menschenrechtsverletzungen erneut auf. Ab 1988 wurde unter Führung Milosevics ein systematischer Abbau der Autonomie des Kosovo betrieben. Im März 1989 stimmte das serbische Parlament Verfassungsänderungen der Art. 9 und 49 der serbischen Verfassung zu und änderte auf diese Weise den Verfassungsstatus des Kosovo von dem einer autonomen Region in den einer serbischen Provinz[15]. Unter dem Druck polizeilicher „Sondermaßnahmen“ stimmte das Provinzparlament des Kosovo diesen Änderungen schließlich zu. Am 26. Juni 1990 verhängte das serbische Parlament in verfassungswidriger Weise den Notstand über Kosovo. Nachdem 114 albanische Abgeordnete des 183 Mitglieder zählenden Provinzparlaments am 2. Juli 1990 Kosovo zur „unabhängigen, mit den anderen Republiken gleichberechtigten Einheit innerhalb der jugoslawischen Gemeinschaft“ erklärt hatten, wurde am 13. Juli das Provinzparlament aufgelöst, die Provinzregierung ab- und eine Sonderverwaltung eingesetzt, die von einem Exekutivrat des serbischen Parlaments ausgeübt wurde. Die am 28. September 1990 verabschiedete neue serbische Verfassung beseitigte die weitgehende Autonomie der – wieder mit der serbischen Bezeichnung – versehenen „Autonomen Provinz Kosovo-Mitohija“ und billigte der Provinz nur noch eine stark reduzierte Autonomie zu. Die Bundesverfassung der aus Serbien und Montenegro bestehenden „Bundesrepublik Jugoslawien“, die am 27. April 1992 angenommen wurde, nimmt von den autonomen Provinzen keine Notiz mehr und überlässt damit Kosovo vollständig der serbischen Staatsgewalt[16]. Er-

---

[11] *Brunner*, S. 117.
[12] *Sundhaussen*, S. 78.
[13] *Judah*, S. 38.
[14] *Brunner*, S. 118.
[15] *Schmidt*, S. 189.
[16] *Brunner*, S. 118.

staunlicherweise stellte dies noch nicht den Beginn des Konflikts dar. Vielmehr bildete sich zwischen der faktischen Aufhebung der Provinzautonomie und dem Ausbruch des Kosovo-Krieges 1998 eine Doppelherrschaft heraus, die aus dem von Belgrad aus geleiteten und vor Ort von der serbischen Polizei und der jugoslawischen Armee exekutierten Notstandsregime einerseits und illegal aufgebauten albanischen Parallelstrukturen andererseits bestand. Selbst die folgenden Ereignisse führten noch nicht zu einer gewaltsamen Eskalation des Konflikts: Am 7. September 1990 wurde von 111 albanischen Abgeordneten des aufgelösten Provinzparlaments erneut die Unabhängigkeit von Serbien ausgerufen und eine „Verfassung der Republik Kosovo" verabschiedet. Vom 26. bis zum 30. September 1991 wurde eine weitergehende Unabhängigkeitserklärung in einem illegal durchgeführten Referendum bei einer Abstimmungsbeteiligung von 87 % mit 99,87 % (albanische Angaben) bestätigt. Darauf gestützt erklärte das Untergrundparlament am 19. Oktober 1991 die Unabhängigkeit des Kosovo und setzte eine Regierung ein. Aus den am 24. Mai 1992 stattfindenden illegalen Parlaments- und Präsidentschaftswahlen ging Ibrahim Rugova als Präsident Kosovos hervor und die von ihm geführte „Demokratische Union des Kosovo" erzielte mit 96 von 143 Mandaten die absolute Mehrheit im Untergrundparlament. (Ein ähnliches Ergebnis ging auch aus der Wahl am 22. März 1998 hervor.) Bis 1992 wurden die albanischen Parallelstrukturen im Rahmen der Staatsorganisation fertiggestellt. Es existierten nun neben Parlament, Regierung und Präsident auch ein albanisches Schul-, Gesundheits-, Steuer- und Pressewesen[17], das von der serbischen Zentralverwaltung toleriert wurde bzw. nicht verhindert werden konnte.

b) Geschichtliche Entwicklung von 1992-1999

Bis 1997 war ein starkes Ansteigen politischer Gewalt und Spannung im Kosovo zu verzeichnen. Es fanden nun verdeckte Aktionen der Kosovo-Befreiungsarmee (UCK) gegen serbische Polizeieinrichtungen statt, was Anfang 1998 zu einer starken Aufstockung serbischer Sicherheits- und Armeekräfte im Kosovo führte. Zwischen Februar und Oktober 1998 entwickelten sich kriegsähnliche Zustände im Kosovo: Es fanden schwere Gefechte zwischen UCK und serbischen Sicherheitskräften statt, die auch die Zivilbevölkerung in Mitleidenschaft zogen (z.B. das Massaker von Drenica Anfang März, dem 80 Albaner zum Opfer fielen). Den serbischen Polizeikräften gelang es, die UCK aus dem Kosovo zu vertreiben und fast zu zerschlagen. Dann begann auch die Vertreibung albanischer Zivilisten durch die serbischen Kräfte, so dass bis Oktober 1998 bereits 200.000 Menschen auf der Flucht waren[18]. Bis zum Juni 1999 wurden von den 1,8 Mio. Kosovo-Albanern mindestens 10.000 umgebracht, etwa

---

17 *Krause*, S. 201.

18 *Krause*, S. 202.

600.000 innerhalb Kosovos und ca. 850.000 in die Nachbarstaaten vertrieben[19]. Seit März 1998 richtet sich die internationale Aufmerksamkeit zunehmend auf Kosovo. Bis März 1999 fanden zahlreiche Vermittlungsmissionen mit dem Ziel statt, zu einer friedlichen Lösung zurückzufinden. Nachdem am 22.03.1999 der letzte Versuch des US-Sondergesandten Holbrooke scheiterte, Milosevic zum Einlenken zu bewegen, begannen am 24.03.1999 die NATO-Luftangriffe auf militärische Ziele in der Bundesrepublik Jugoslawien. Am 02.06.1999 fand ein Treffen Milosevics mit den Chefunterhändlern Tschernomyrdin und Athisaari statt, bei dem der serbische Präsident die Bedingungen der Staatengemeinschaft annahm. Einen Tag später beschloss das jugoslawische Parlament den Friedensplan des Westens und Russlands, der den Rückzug der serbischen Truppen, das Einrücken einer internationalen Friedenstruppe und die Rückkehr der Flüchtlinge vorsah. Am 10.06.1999 wurden daraufhin die Luftangriffe von der NATO ausgesetzt und ein Einsatzbefehl für die Kosovo-Force (KFOR) erteilt[20]. Am gleichen Tag wurde die Sicherheitsratsresolution 1244 verabschiedet.

2. Ausgangslage für den Wiederaufbau

a) Ausgangslage (in politischer Hinsicht und) in Bezug auf die innere Sicherheit

Gemäß dem im zwischen der (Bundes-)Republik Jugoslawien (Serbien und Montenegro) und den Vertretern des Nordatlantischen Verteidigungsbündnisses (NATO) getroffenen Military-technical Agreement[21] festgelegten Zeitplan begann der Rückzug der jugoslawischen Armee und Sicherheitskräfte aus der Provinz Kosovo mit der Stationierung der internationalen Friedenstruppe Kosovo-Force (KFOR). Dieser Rückzug war bis zum 20. Juni 1999 abgeschlossen[22]. Am 21. Juni 1999 unterschrieb die UCK eine Verpflichtung zur Demilitarisierung, die von KFOR durchgeführt wurde. KFOR erstellte einen Plan über den Zeitraum und die Modalitäten der Entwaffnung. Die (sicherheitspolitische) Situation im Kosovo war angespannt, stabilisierte sich aber langsam. Die UCK hatte sich in alle Teile des Kosovo, insbesondere in den Südwesten, zurückgezogen und eine große Anzahl von Kosovo-Serben hatten ihre Häuser verlassen um nach Serbien zu flüchten. Während die erste Flüchtlingswelle von Kosovo-Serben mehr von sicherheitspolitischen Bedenken begleitet wurde als von wirklich eingetretenen Bedrohungen, resultierte eine zweite Flüchtlingswelle aus einer steigenden Anzahl von Übergriffen von Kosovo-Albanern auf Kosovo-Serben. Insbesondere Ermordungen und Entführungen ebenso wie Plünderungen, Brandstiftungen und gewaltsame Enteignungen von Wohnungen beschleunigten die

---

[19] *Brunner*, S. 131.

[20] *Krause*, S. 206.

[21] UN Doc. S/1999/682 Annex.

[22] Bericht des Generalsekretärs v. 12.07.1999, UN Doc. S/1999/779, Abschnitt II, Para. 4.

Flucht. Dieser Prozess verlangsamte sich zwar, aber in Städte wie Prizren und Pec lebten zu diesem Zeitpunkt praktisch keine Serben mehr. In anderen Städten wie Mitrovica und Orahovac wurden die ethnisch verschiedenen Volksgruppen durch Grenzlinien voneinander getrennt[23]. Das Sicherheitsproblem im Kosovo war größtenteils darauf zurückzuführen, dass Einrichtungen, die die öffentliche Sicherheit hätten gewährleisten können, weitgehend fehlten. Eine legitimierte Polizeitruppe existierte weder auf kommunaler noch auf nationaler Ebene. Als Folge davon konnten auch begangene Verbrechen nicht angemessen verfolgt werden. In dieser Lücke machten sich kriminelle Banden breit und kämpften um die Vorherrschaft über knapp gewordene Güter. Während KFOR für das gesamte Spektrum der öffentlichen Sicherheit verantwortlich war, war die Fähigkeit, diese Aufgabe zu erfüllen dadurch beschränkt, dass sie zu diesem Zeitpunkt noch im Begriff war, ihre Kräfte zu verstärken[24].

b) Ausgangslage in humanitärer Hinsicht

Der Konflikt im Kosovo hatte für die Bevölkerung des Kosovo tiefgreifende Konsequenzen in humanitärer Hinsicht. Aus einer geschätzten Einwohnerzahl von 1,7 Millionen im Jahr 1998, hatten bis zum Eingreifen der internationalen Gemeinschaft fast die Hälfte (800.000) Zuflucht im benachbarten Albanien der ehemaligen Teilrepublik Jugoslawiens Mazedonien und in Montenegro gesucht. Obwohl die Schätzungen nicht einheitlich waren, ging man von einer Anzahl von 500.000 innerstaatlich verschleppten Personen (internally displaced persons = IDP's) aus. Viele dieser Verschleppten waren in noch schlechterem Zustand als die Flüchtlinge, da sie oft wochenlang in Verstecken ohne Essen und ohne feste Unterkunft zugebracht hatten. Viele der Flüchtlinge und Verschleppten trugen sowohl die Narben psychischer Traumatisierung als auch körperlicher Misshandlung davon. Bis zum 8. Juli 1999 kehrten durch eine Kombination von spontanem und vom UNHCR begleiteten Rückführungen mehr als 650.000 Flüchtlinge in das Kosovo zurück. Damit verblieben schätzungsweise 150.000 Personen in benachbarten Regionen und Ländern, 90.000 Personen, die in Drittstaaten evakuiert wurden sowie eine unbekannte Anzahl von Asylbewerbern. Innerhalb des Kosovo verblieb noch immer eine unbekannte Anzahl von Personen, die noch nicht in ihre Häuser zurückgekehrt waren. Es war zudem auch eine verstärkte Abwanderung von Minderheitsgruppen festzustellen. Dabei handelte es sich in erster Linie um Serben, die nach Serbien und Montenegro abwanderten, wo nach Angaben des Jugoslawischen Roten Kreuzes ungefähr 58.000 Personen Hilfe beantragt hatten. Weitreichende Zerstörung des kommunalen Versorgungsnetzes der ehemaligen kosovarischen Parallelstrukturen machte den Zugang zu elementaren Versorgungseinrichtungen der näheren Zukunft ungewiss, so dass – insbesondere im Hinblick auf den herannahenden

---

[23] Bericht des Generalsekretärs v. 12.07.1999, UN Doc. S/1999/779, Abschnitt II, Para. 5.
[24] Bericht des Generalsekretärs v. 12.07.1999, UN Doc. S/1999/779, Abschnitt II, Para. 6.

Winter – das Tempo und die Reichweite des Wiederaufbaus im Bereich von Wohnraum, Wasserversorgung und sanitären Einrichtungen verstärkt wurde[25].

c) Zustand der öffentlichen Versorgungseinrichtungen, der öffentlichen Verwaltung und des öffentlichen Dienstes

Das Ausmaß der Zerstörung der Provinz war sehr verschieden. Während weite Teile im Norden so gut wie nicht von den Feindseligkeiten in Mitleidenschaft gezogen worden waren, waren Städte wie Pec, Djakocica und Mitrovica erheblich von Zerstörungen betroffen. Von der UNMIK wurden mit Hilfe des UN-Disaster Assessment and Coordination Team und Teams des Europarates Untersuchungen über das Ausmaß der Zerstörung der öffentlichen Verwaltungsstrukturen und öffentlicher Versorgungsbetriebe durchgeführt. Keines der beiden im Kosovo vorhandenen Kraftwerke war zu dieser Zeit funktionstüchtig, was bedeutete, dass die Provinz zur Gewinnung von Elektrizität von Serbien, Montenegro und der ehemaligen jugoslawischen Republik Mazedonien abhängig war. Die Versorgung mit Kohle lag lahm, da das für die Verteilung notwendige lokale Verteilernetz zusammengebrochen war. In Pristina gab es zusätzlich noch Wasserversorgungsprobleme, was an mangelnder Instandhaltung, Problemen, Gehälter zu zahlen, und unzureichender Versorgung der Wasserwerke mit Elektrizität lag.[26] Die Einrichtungen des öffentlichen Dienstes und der öffentlichen Daseinsvorsorge waren aufgrund von Vernachlässigung, Kriegsschäden und wegen der Abwanderung von qualifiziertem Personal zu einem Großteil funktionsuntüchtig. Die Gemeindeverwaltungen funktionierten schlecht oder überhaupt nicht. Während Wasser und Elektrizität aber meistens vorhanden waren, gab es keine Telefonleitungen, die öffentlichen Schulen waren geschlossen und es gab so gut wie keine öffentlichen Verkehrsmittel. Nach einer Einschätzung des Europarates war auch der Bereich der Justiz funktionsuntüchtig, weil viele der dort beschäftigten Kosovo-Serben die Provinz verlassen hatten, und Kosovo-Albaner und andere Mitarbeiter noch nicht zurückgekehrt waren[27]. Ein Problem, das schnell gelöst werden musste, war das der Bezahlung von Gehältern im öffentlichen Dienst. Übergangsweise wurden zumindest die Gehälter für Arbeiter im Bereich der Elektrizitätsversorgung von der UNMIK bezahlt, und zwar aus Mitteln, die von der US-amerikanischen und der britischen Regierung zur Verfügung gestellt worden waren. Zusätzliche Mittel waren aber dringend notwendig, um Rückstände und laufende Kosten auch in anderen Bereichen solange zu decken, bis UNMIK in der Lage war, Einnahmen durch lokale Steuererhebung zu erzielen[28]. Die Tatsache, dass seit 1999 keine Müllbeseitigung mehr erfolgt und die Verschmutzung von Brunnen und anderen Wasserquellen weit verbreitet

---

[25] Bericht des Generalsekretärs v. 12.07.1999, UN Doc. S/1999/779, Abschnitt II, Paras. 8ff.

[26] Bericht des Generalsekretärs v. 12.07.1999, UN Doc. 1999/779, Abschnitt II, Paras. 11f.

[27] Bericht des Generalsekretärs v. 12.07.1999, UN Doc. 1999/779, Abschnitt II, Para. 13.

[28] Bericht des Generalsekretärs v. 12.07.1999, UN Doc. S/1999/779, Abschnitt II, Para. 14.

war, stellte ein ernstzunehmendes Risiko für die Gesundheit der Bevölkerung im Kosovo dar. Die anfängliche Bestandsaufnahme der Gesundheitseinrichtungen deutete allerdings darauf hin, dass die Zerstörung dieser Einrichtungen nicht so stark war, wie man ursprünglich angenommen hatte, obwohl der Grad der Beschädigung von Gemeinde zu Gemeinde verschieden war. Die meisten Krankenhäuser waren zwar in Betrieb, die Versorgung der Patienten litt aber darunter, dass ernsthafte politische Auseinandersetzungen über die zukünftige Führungsstruktur und die Wiedereingliederung der kosovo-albanischen Beschäftigten geführt wurden. Kosovo-Serben, die häufig eine wichtige Rolle bei der Leitung öffentlicher Einrichtungen innegehabt hatten, wurden oft ausgeschlossen oder man versuchte, sie dazu zu bewegen, Kosovo zu verlassen, wodurch ein Mangel an qualifizierten Kräften entstand. Dieses Problem der Reintegration der beiden Volksgruppen war in vielen Bereichen anzutreffen[29].

d) Wirtschaftliche Ausgangslage

Im ersten Bericht des Generalsekretärs an den Sicherheitsrat wurden die wirtschaftlichen Prognosen für das Kosovo als alarmierend eingestuft.[30] Mitten im Sommer lag das landwirtschaftlich wertvolle Land brach – eine untragbare Situation für ein Land, das in der Hauptsache von der Landwirtschaft lebt. Die Bereiche von Industrie und Handwerk waren stark eingeschränkt und zwar zum einen durch einen Mangel an Investitionen und durch den Krieg verursachte Beschädigungen, zum anderen aber auch durch die Abwanderung von kosovo-serbischen Führungskräften und Angestellten. Während sich eine Wiederbelebung der wirtschaftlichen Aktivitäten zwar zunächst abzeichnete, wurde ein wirtschaftlicher Aufschwung stark behindert durch eine diskriminierende Eigentumslage, die fehlende Finanzkraft in Handel und Industrie und andere Hindernisse. Finanz- und Bankwesen waren größtenteils nicht funktionstüchtig. Die wirtschaftliche Aktivität beschränkte sich auf den Handel mit knapp gewordenen Gütern und Dienstleistungen zu inflationären Preisen.[31]

II. Friedenssicherung der zweiten Generation

In den vergangenen Jahren haben sich die klassischen Friedenseinsätze immer mehr ausgeweitet. Anhand von drei Vorfahren der UNMIK soll dargestellt werden, wie sich die Vereinten Nationen zunehmend beim Wiederaufbau zerrütteter Staatswesen engagieren.

---

[29] Bericht des Generalsekretärs v. 12.07.1999, UN Doc. S/1999/779, Abschnitt II, Para. 15.
[30] Bericht des Generalsekretärs v. 12.07.1999, UN Doc. S/1999/779, Abschnitt II, Para. 16.
[31] Bericht des Generalsekretärs v. 12.07.1999, UN Doc. S/1999/779, Abschnitt II, Para. 16.

1. Namibia

Nach einem jahrzehntelangen Streit zwischen der Staatengemeinschaft und Südafrika, das die Verwaltung über das damalige Südwestafrika unter der Kontrolle des Völkerbundes in Form eines „C"-Mandats ausübte[32] und später eine von der UN nicht gebilligte und auch vom IGH 1971 als illegal bezeichnete[33] Herrschaft über das Gebiet führte, wurde schließlich mit der Sicherheitsratsresolution 632 (1989) vom 16.02.1989 eine Umsetzung der 1978 verabschiedeten Resolution 435 (1978), in der der Weg Namibias in die Unabhängigkeit vorgezeichnet war, beschlossen. Am 01.04.1989 nahm UNTAG (die United Nations Transition Group in Namibia) ihre Arbeit auf. Ihr Ziel war, die Unabhängigkeit Namibias durch von der UN überwachte freie und faire Wahlen sicherzustellen. Im Unterschied zu Kosovo hatte es die UNO in Namibia aber nicht mit einem völlig zusammengebrochenen Staatswesen zu tun. Im Gegenteil funktionierte die unter südafrikanischer Regie errichtete Infrastruktur, und die UNTAG konnte auf einer stabilen Staatsverwaltung aufbauen[34]. Allerdings ging zu keiner Zeit hoheitliche Gewalt umfassend auf die UNTAG über. Zwar wurde die südafrikanische Hoheitsgewalt beschränkt, jedoch blieb der südafrikanische Generaladministrator weiterhin zuständig für die Gesetzgebung sowie für andere Verwaltungsaufgaben, wohingegen die UNTAG nur diejenigen Befugnisse ausübten sollte, die das Mandat, freie und faire Wahlen zu garantieren, erforderte[35]. Dennoch ging die UNTAG mit ihren zahlreichen Aufgaben, darunter die Sicherstellung der Einstellung aller Feindseligkeiten, die Überwachung des Abzugs der südafrikanischen Truppen, die Abschaffung diskriminierende Gesetze, die Entlassung politischer Gefangener, die Gewährleistung der Rückkehr der namibischen Flüchtlinge, sowie die unparteiische Aufrechterhaltung der öffentlichen Sicherheit[36], über den Umfang bisheriger Missionen hinaus. Im Rahmen der UNTAG wurden damit die Aufgaben einer UN-Friedensmission über die traditionelle Friedenssicherung hinaus ausgedehnt auf die Überwachung von Wahlen, Polizeiaufgaben und die Überwachung der Einhaltung von Menschenrechten[37]. Am 21. März 1990 erlangte Namibia seine Unabhängigkeit und wurde am 23. April 1990 der 160. Mitgliedstaat der Vereinten Nationen[38].

---

32 *Slonim*, South West Africa and the United Nations, S. 57f.

33 Rechtsgutachten v. 21.06.1971, ICJ Rep. 1971, 16, 54 (para.118).

34 *Hufnagel*, S. 48.

35 *Hufnagel*, S. 59 m.w.N.

36 United Nations, Department of Peace-Keeping Operations (DPKO), Hintergrundbericht über UNTAG, abrufbar unter: http://www.un.org/Depts/dpko/dpko/co_mission/untagS.htm, Datum des letzten Aufrufs: 19.09.2005.

37 *Stahn*, ZaöRV 61 (2001), S. 107, 125.

38 United Nations, Department of Peace-Keeping Operations (DPKO), Hintergrundbericht über UNTAG, abrufbar unter: http://www.un.org/Depts/dpko/dpko/co_mission/untagS.htm, Datum des letzten Aufrufs: 19.09.2005.

2. Kambodscha

Die Operationen UNAMIC (United Nations Advance Mission in Cambodia)[39] und die sich daran anschließende UNTAC (United Nations Transitional Authority in Cambodia)[40] dauerte von 1991 bis 1993. Die UNTAC-Operation basiert auf drei rechtlichen Dokumenten: Ihr Mandat leitete die UNTAC ab aus der Sicherheitsratsresolution 775 (1999), in der der Sicherheitsrat die Aufstellung der UNTAC beschließt[41]. Die Einzelheiten des Mandats sind einerseits in einem Vertrag der Konfliktparteien[42], dem „Agreement on a Comprehensive Political Settlement of the Cambodian Conflict“[43], der in Gegenwart des Generalsekretärs der Vereinten Nationen 1991 in Paris geschlossen wurde und andererseits in dem Bericht des Generalsekretärs vom 19.02.1992 dargelegt[44]. Auf beide Dokumente nimmt die Sicherheitsratsresolution Bezug. Die Mission in Kambodscha baute auf zwei Hauptkomponenten auf: zum einen auf der Bildung des SNC (Supreme National Council), der sich aus den Bürgerkriegsparteien zusammensetzen sollte, zum anderen einer durch Sonderrechte erweiterte Rolle der Vereinten Nationen mittels einer Übergangsverwaltung (UNTAC) mit administrativen und militärischen Aufgaben. Für eine Übergangszeit sollte also die Regierungsgewalt von zwei Organen ausgeübt werden: Dem SNC als Träger der nationalen Souveränität und Legitimität bis zur Durchsetzung der Ergebnisse der durchzuführenden Wahlen und der mit den wichtigsten Regierungsverantwortlichkeiten ausgestatteten provisorischen Verwaltung der Vereinten Nationen[45]. Um die Legitimation der UNTAC sicherzustellen, war die UNTAC an den SNC als Träger der nationalen Souveränität angebunden, wobei letzterer während der Übergangszeit alle Befugnisse auf die internationale Verwaltung übertrug, die diese benötigte, um den Friedensprozess zu gewährleisten[46]. UNTAC war an die Vorschläge des SNC nur gebunden, soweit sie mit den Zielen des Comprehensive Political Settlement übereinstimmte[47]. Die Entscheidung darüber, ob dies der Fall war, lag in allen Fällen beim Sonderbeauftragten[48]. Kam der SNC bezüglich einer Frage in seinen Beratungen zu gar keinem Ergebnis, so fiel das Entscheidungsrecht an den Sonderbeauftragten zurück[49]. Somit stand dem SNC zwar zunächst die Entscheidungskompetenz zu. Eine starke Einschränkung erfuhr dieses Recht jedoch

---

39 Vgl. UN Doc. S/RES/717 (1991) v. 16.10.1991.

40 UN Doc. S/RES/745 (1992) v. 28.02.1992.

41 UN Doc. S/RES/745 (1992) v. 28.02.1992.

42 Die durch die Sowjetunion gestützte Regierung Vietnams und der durch die UN anerkannte Gegenregierung unter der Führung von Prinz Sihanouk bestehend aus Royalisten, den Roten Khmer und Lon Nol.

43 UN Doc. S/23177; zitiert als „Comprehensive Political Settlement“.

44 Bericht des Generalsekretärs v. 19.02.1992, UN Doc. S/23613.

45 *Opitz/Seemüller*, VN 1992, S. 126, 128.

46 *Bardehle*, VN 1993, S. 81, 82; vgl. Art. 6 des Comprehensive Political Settlement.

47 Annex 1, Abschnitt A, Para. 2 lit. a), b), und d) des Comprehensive Political Settlement.

48 Annex 1, Abschnitt A, Para. 2 lit e) des Comprehensive Political Settlement.

49 Annex 1, Abschnitt A, Para. 2 lit. c) und d) des Comprehensive Political Settlement.

dadurch, dass dem Sonderbeauftragten die letztinstanzliche Kontrolle über die Auslegung des Friedensvertrages zustand. Auf diese Weise konnte er entscheiden, welche Beschlüsse des SNC mit dem Friedensvertrag vereinbar waren und welche die UNTAC aufgrund von Unvereinbarkeit mit dem Friedensvertrag nicht binden konnten. So erwuchs dem UN-Sonderbeauftragten die wichtige Befugnis, Beschlüsse des SNC auf ihre Vertragskonformität zu überprüfen und gegebenenfalls abzuändern[50].

Organisatorisch war UNTAC aufgeteilt in sieben Hauptbereiche, nämlich Militär, Polizei, Menschenrechte, Wahlorganisation, Zivilverwaltung, Flüchtlingsrepatriierung und Wiederaufbau des Landes[51]. Beachtlich waren die ausführlichen Regelungen des UNTAC-Mandats im Bereich der Zivilverwaltung: Es war gekennzeichnet durch ein dreistufiges Kontrollsystem, dem die verschiedenen Verwaltungseinheiten unterworfen waren. So unterlagen beispielsweise aus dem Bereich der Exekutive die Ministerien für Finanzen, Auswärtiges, Verteidigung, Inneres und Information der direkten Kontrolle („direct control“[52]) der UNTAC. Der zweiten Stufe, die durch die UNTAC-Befugnis der Überwachung und Kontrolle („supervision and control“[53]) gekennzeichnet ist, wurden zunächst nur die kambodschanischen Polizeikräfte unterstellt[54]. Im Übrigen legte das Agreement fest, dass der UN-Sonderbeauftragte in Konsultation mit dem SNC bestimmen sollte, welche Ressorts die Wahl beeinflussen konnten und dementsprechend der zweiten Stufe unterstellt werden sollte. Innerhalb der dritten Stufe wurde dem UN- Sonderbeauftragten – unter Beratung mit dem SNC – die Aufgabe zugewiesen, diejenigen Verwaltungseinheiten zu identifizieren, die normal weiterarbeiten sollten um das tägliche Leben in Kambodscha aufrechtzuerhalten und gegebenenfalls der Überwachung („supervision“[55]) der UNTAC unterstellt werden sollten. Inhaltlich waren mit dem dreistufigen Kontrollsystem folgende Befugnisse verbunden: Die Stufe der „direct control“ gab dem UN-Sonderbeauftragten das Recht, Verwaltungsvorschriften („directives“[56]) zu erlassen, die für alle Parteien in Kambodscha verbindlich waren. Die zweite Stufe sah die Möglichkeit von Anleitungen („guidance“[57]) an alle Verwaltungseinheiten vor, die ebenfalls bindenden Charakter hatten. Auf der dritten Stufe besaß die UNTAC zumindest noch eine Aufsichtsbefugnis über die verbleibenden Verwaltungseinheiten, die

50 *Bardehle*, VN 1993, S. 81, 82; Annex 1, Abschnitt A, Para. 2 des Comprehensive Political Settlement.

51 Bericht des Generalsekretärs v. 19.02.1992, UN Doc. S/23613, Para. 7.

52 Annex 1, Abschnitt B, Para. 1 des Comprehensive Political Settlement.

53 Annex 1, Abschnitt B, Para. 2 des Comprehensive Political Settlement.

54 Annex 1, Abschnitt B, Para. 5 (b) des Comprehensive Political Settlement.

55 Annex 1, Abschnitt B, Para. 3 des Comprehensive Political Settlement.

56 Annex 1, Abschnitt B, Para. 1 des Comprehensive Political Settlement.

57 Annex 1, Anschnitt B, Para. 2 des Comprehensive Political Settlement.

mit einem Weisungsrecht verbunden war, sollten Verletzungen des Friedensvertrages auftreten[58].

Als weitere Möglichkeit der Einflussnahme hatte der Sonderbeauftragte des Generalsekretärs die Befugnis, in allen Verwaltungseinheiten UN-Personal einzusetzen, denen uneingeschränkter Zugang zu allen Informationen und Verwaltungsvorgängen zu gewähren war. Darüber hinaus konnte er die Entfernung von Mitarbeitern und Neubesetzung von Stellen in allen Verwaltungseinheiten fordern[59]. Zuletzt war für die UNTAC ein Untersuchungsrecht für den Fall vorgesehen, dass es Beschwerden über die Arbeit einzelner Verwaltungseinheiten geben würde[60].

Das UNTAC-Mandat legte die Zuständigkeit der Vereinten Nationen für eine direkte Kontrolle Kambodschas mit weitgehenden Rechten zum Eingriff in Exekutive[61], Legislative[62] und Judikative[63] fest, womit das hier erteilte Mandat über den Umfang aller vorherigen vom Sicherheitsrat erteilten Mandate hinausging[64]. Zu beachten ist allerdings, dass aufgrund des ehemals sozialistischen Staatsaufbaus eine Trennung der drei klassischen Gewalten kaum vorhanden war. Vielmehr gab es eine starke Exekutive, die jedoch kaum durch ein übergeordnetes Normgefüge kontrolliert wurde. Eine funktionstüchtige Legislative und Rechtsprechung fehlten teils völlig. Dementsprechend galt es für die UNTAC, die Macht der Exekutive zu beschränken und einen Aufbau von Legislative und Judikative in die Wege zu leiten[65].

Die Mission der UNTAC war insofern einzigartig, als das Mandat die UN zum ersten Mal in der Geschichte mit der Verwaltung eines Mitgliedstaates, mit der Organisation und Durchführung freier Wahlen sowie der Verantwortung für die Sicherstellung von Menschenrechten auf nationaler Ebene betraute.

3. Somalia

In Somalia übernahmen die Vereinten Nationen ebenfalls die komplette Regierungsgewalt eines Staates. Rechtsgrundlage für UNSOM II (UN-Peace-Keeping

---

58 UN Doc. A/46/61-S/22059, Annex III, S. 35f., zit. nach Bardehle, Fn. 50.
59 Annex 1, Sect. B, Para. 4 des Comprehensive Political Settlement.
60 Annex 1, Sect. B, Para. 6 des Comprehensive Political Settlement.
61 Einfluss durch das dreistufige Kontrollsystem in allen Bereichen der Verwaltung, vgl. oben.
62 Z.B. Schaffung eines Wahlrechts, Einflussnahme auf den SNC bei dessen Gesetzgebungstätigkeit.
63 Strafverfolgung, Streitschlichtung, Untersuchung von Menschenrechtsverletzungen und nicht zuletzt Aufbau eines Gerichtswesens.
64 Vgl. Bericht des Generalsekretärs der VN Pérez de Cuellar über die Lage Kambodschas an die 46. Generalversammlung, UN Doc. A/46/617 v. 7.11.1991.
65 *Hufnagel*, S. 129.

Operation in Somalia) war die Sicherheitsratsresolution 814 (1993) vom 26.03.1993, die die zuvor ebenfalls durch Sicherheitsratsresolutionen mandatierte Friedenstruppe UNSOM und den militärischen Invasionsverband der multinationalen UNITAF (Unified Task Force) vereinte. Anders als in den vorangegangenen Missionen handelte die UN dieses Mal jedoch nicht auf der Basis eines Friedensvertrages, sondern ausdrücklich in Ausübung einer Zwangsmaßnahme, die unter Kapitel VII der UN-Charta beschlossen worden war, was auch aus dem Wortlaut der Resolution klar hervorging[66].

Im Unterschied zu den beiden Vorgängermissionen, die auf Friedensverträgen mit den ehemaligen Konfliktparteien beruhten und bei denen die Befugnisse der UN aus diesen Verträgen abgeleitet wurden – und sei das vertragsschließende Organ, wie z. B. der SNC, auch nur zu diesem Zweck geschaffen worden – war in Somalia nach jahrelangen Unruhen kein einheitlicher Träger staatlicher Souveränität mehr vorhanden. Das Fehlen eines staatlichen Hoheitsträgers, der der UN die Staatsgewalt hätte übertragen können, wurde durch den Sicherheitsrat bereits in seiner Resolution 794 (1992) berücksichtigt, die die UNITAF als Zwangsmaßnahme unter Kapitel VII der Charta einsetzte. Mit dem Einmarsch der multinationalen Truppe begründete diese dann effektive Hoheitsgewalt, die sie später auf UNOSOM II übertrug. Anders als in den beiden anderen Missionen gab es also zunächst kein Zusammenspiel der UN mit einem einheimischen Hoheitsträger. Zwar wurde bereits im März 1993 auf einer Aussöhnungskonferenz in Addis Abeba die Schaffung grundlegender Organe der öffentlichen Verwaltung beschlossen. Es sollte insbesondere neben Bezirks- und Regionalräten auf nationaler Ebene ein Transitional National Council (TNC) gebildet werden, das während einer Übergangszeit bis zur Wiederherstellung einer somalischen Regierung Träger nationaler Souveränität sein sollte[67]. Da sich dessen Bildung aber wiederholt verzögerte, war UNOSOM II bis zu dessen Bildung ein Jahr später alleinige Trägerin der landesweiten Hoheitsgewalt.

Ebenso wie später für das Kosovo zu sehen sein wird, bestand UNOSOM II aus einer beträchtlichen militärischen Komponente und einer Komponente für zivilen Wiederaufbau, die für die langfristige Wiedererrichtung von Staat und Gesellschaft in Somalia zuständig war. Die von UNOSOM II ausgeübten Befugnisse und deren Einfluss auf Legislative, Exekutive und Judikative sind entsprechend dem oben Gesagten im Zusammenhang mit dem völligen Zusammenbruch staatlicher Strukturen in Somalia zu betrachten. Während UNTAG und UNTAC auf noch vorhandene Staatsstrukturen zurückgreifen konnten, galt es

---

[66] UN Doc. S/RES/814 (1993): „*Determining that the situation in Somalia continues to threaten the peace and security in the region (...) Acting under Chapter VII of the Charter of the United Nations (...)*".

[67] Bericht des Generalsekretärs v. 17.08.1993, UN Doc. S/26317, Para. 24.

für UNOSOM II, diese staatlichen Strukturen überhaupt erst wieder aufzubauen[68].

Im Bereich von Justiz und Strafvollzug bestand die Aufgabe von UNOSOM II im Wiederaufbau des gesamten Justizsystems. Im einzelnen waren hier neben der direkten Übernahme von Streitschlichtungsfunktionen auch der Wiederaufbau des Gerichtswesens, des Strafvollzugs und die Neuerrichtung der Polizei nötig. Während man im legislativen Bereich zwar versuchte, sich entweder auf den Aufbau legislativer Gremien (bis zur Errichtung des TNC zunächst Bezirks- und Regionalräte) in Somalia zu beschränken oder sich bei der Rechtssetzung an der früher in Somalia gültigen Rechtsordnung zu orientieren, wurde UNOSOM II im Bereich des Strafrechts und des Strafprozessrechts unmittelbar rechtssetzend tätig, indem sie die Wiederanwendbarkeit des somalischen Straf- und Strafprozessrechts erklärte[69]. Insofern war UNOSOM II bis zur Konstituierung des TNC einziger Träger legislativer Gewalt auf nationaler Ebene[70]. Das Ausmaß des Einflusses der UNOSOM II auf die Exekutive war von der Funktionsfähigkeit der Verwaltung in den einzelnen Gebieten abhängig. In erster Linie beschränkte sich die Tätigkeit jedoch auf die Unterstützung des Wiederaufbaus einheimischer Strukturen. Anders hingegen verhielt es sich mit der Wiederherstellung der öffentlichen Sicherheit und Ordnung. Während zunächst die militärische Komponente der UNOSOM II für die Herstellung öffentlicher Sicherheit zuständig war, betrieb UNOSOM II gleichzeitig den Wiederaufbau einer einheimischen Polizei[71]. Zu beachten ist jedoch, dass die operative Kontrolle der somalischen Polizei bei UNOSOM II verblieb[72].

Wie unten noch zu sehen sein wird, bemühte man sich im Gegensatz zu den Anfangsjahren der UNMIK im Rahmen von UNOSOM II hauptsächlich um die Unterstützung beim Aufbau nationaler Strukturen, ohne in jedem Bereich internationale Mitarbeiter einzusetzen. Dennoch ist charakteristisch für UNOSOM II die erstmalige umfassende Übernahme staatlicher Hoheitsgewalt eines Mitgliedstaates der Vereinten Nationen durch die Weltorganisation mit dem Ziel, den Wiederaufbau einer eigenen Staatlichkeit durch die Bevölkerung zu ermöglichen und zu fördern[73].

---

68 *Hufnagel*, S. 177.
69 Bericht des Generalsekretärs v. 17.08.1993, UN Doc. S/26317, Annex I, Paras. 29 und 32.
70 *Hufnagel*, S. 185.
71 Bericht des Generalsekretärs v. 17.08.1993, UN Doc. S/26317, Annex I, Paras. 22, 25.
72 Bericht des Generalsekretärs v. 29.06.1993, UN Doc. A/47/916/Add.1, Annex IV, Para. 137.
73 *Hufnagel*, S. 193.

4. Zusammenfassung

Wie die drei dargestellten Missionen zeigen, sind die Vereinten Nationen von ihrer Rolle als klassischer „Puffer“ zwischen zwei Streitparteien abgerückt und übernehmen ein wachsendes Aufgabenspektrum. Hierzu gehört unter anderem die Durchführung von demokratischen Wahlen, die Wahrung der öffentlichen Sicherheit, der Wiederaufbau von Regierungsstrukturen, humanitäre Hilfe, Wiederaufbau von Infrastruktur, Minenräumung und der Wiederaufbau von Zivilverwaltung insgesamt[74]. Dieses gewachsene Aufgabenfeld kann insbesondere in Gebieten, in denen durch jahrelange Konflikte sämtliche Staatsstrukturen zerstört worden sind, eine umfassende Übernahme von Staatsstrukturen durch die Vereinten Nationen bedeuten. Während dies in Somalia schon in zuvor nicht da gewesenem Maße geschehen ist, war die UNO hier noch bestrebt, zumindest so weit wie möglich auf ehemalige nationale Strukturen zurückzugreifen. Am Beispiel Kosovo wird eine weitere Entwicklung hin zur umfassenden Ausübung von Hoheitsgewalt durch die Vereinten Nationen zu sehen sein.

III. Die UN-Verwaltung im Kosovo

1. Umfang der UNMIK

a) Mandat

Um die Sicherheit des internationalen Personals und die Umsetzung des Auftrags der UNMIK sicherzustellen, erließ der Sicherheitsrat am 10. Juni 1999 unter Kapitel VII der Charta der Vereinten Nationen die Resolution 1244[75]. Die Resolution enthält den Beschluss, eine internationale Militärpräsenz in das Kosovo zu entsenden, die das erneute Aufbrechen von Feindseligkeiten verhindern, die UCK entwaffnen und zunächst – nämlich bis diese Aufgabe von zivilen Einheiten übernommen werden konnte – für die öffentliche Sicherheit sorgen sollte. Gleichzeitig wurde der Generalsekretär der Vereinten Nationen in dieser Resolution ermächtigt, „mit Hilfe der zuständigen internationalen Organisationen eine internationale zivile Präsenz im Kosovo einzurichten, um eine Übergangsverwaltung für das Kosovo bereitzustellen, unter der die Bevölkerung des Kosovo eine substantielle Autonomie innerhalb der Bundesrepublik Jugoslawien genießen kann und die für eine Übergangszeit die Verwaltung wahrnehmen und gleichzeitig vorläufige demokratische Selbstverwaltungsinstitutionen schaffen und deren Entwicklung überwachen wird, um die Bedingungen für ein friedli-

[74] Vgl. auch *Korhonen*, LJIL 14 (2001), S. 495f.

[75] UN Doc. S/RES/1244 (1999).

ches und normales Leben für alle Einwohner des Kosovo sicherzustellen"[76]. Zwei Tage später, am 12. Juni 1999, stellte Generalsekretär Kofi Annan dem Sicherheitsrat in seinem Bericht[77] ein Konzept vor, in dem die von den Vereinten Nationen geführte zivile Mission im Kosovo unter der Bezeichnung Interimsverwaltung der Vereinten Nationen im Kosovo (United Nations Interim Administration Mission in Kosovo, UNMIK) skizziert wird.

Das Konzept, den Wiederaufbau eines Landes unter Beteiligung verschiedener internationaler Organisationen (im Wege der „Arbeitsteilung"[78]) unter der Führung der Vereinten Nationen durchzuführen, war bis zu diesem Zeitpunkt einzigartig. Unter der Führung eines Sonderbeauftragten des Generalsekretärs sind jeweils vier stellvertretende Sonderbeauftragte tätig, wovon jeder einzelne jeweils für eine der vier Komponenten, aus denen sich die UNMIK zusammensetzt, zuständig ist. Im einzelnen ergibt sich aus Paragraph 5 des Berichts des Generalsekretärs[79] folgende Aufteilung der Zuständigkeiten: Der Aufbau der zivilen Übergangsverwaltung wird von der UN selbst geleitet, während die Zuständigkeit für den Bereich der humanitären Hilfe bei dem UNHCR liegt und der Aufbau demokratischer Institutionen sowie die Organisation der Wahlen von der OSZE übernommen wird. Schließlich ist die EU zuständig für den wirtschaftlichen Wiederaufbau und die wirtschaftliche Entwicklung des Landes.

[76] UN Doc. S/RES/1244 (1999), Para. 10; deutsche Übersetzung aus *Krause*, (Hrsg.) Kosovo, S. 207ff.

[77] Bericht des Generalsekretärs v. 12.06.1999, UN Doc. S/1999/672.

[78] *Wouters/Naert*, ICLQ 50 (2001), 540, 561.

[79] Bericht des Generalsekretärs v. 12.06.1999, UN Doc. S/1999/672.

Grafik 1:

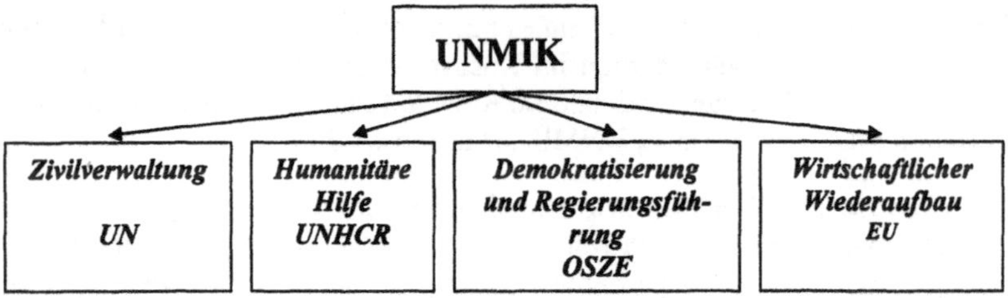

b) Aufgaben der Mission

Durch die Resolution 1244 werden die Aufgaben der UNMIK definiert. Als Endziel wird die Errichtung von substantieller Autonomie und einer eigenständigen Regierung im Kosovo festgelegt. Zu diesem Zweck soll die UNMIK unter Berücksichtigungen der Verträge von Rambouillet[80] einen politischen Prozess unterstützen, der den zukünftigen Status des Kosovo bestimmt[81]. Dies bedeutete vor allem die Einrichtung und Entwicklung von Übergangsverwaltungsstrukturen sowie die Abhaltung von Wahlen, aus denen schließlich eine selbständige demokratische Regierung hervorgehen sollte. Mit dem Voranschreiten der Entwicklung der so geschaffenen Strukturen soll die UNMIK sukzessive ihre Verantwortung an die lokale Bevölkerung übertragen[82]. Bis der Bevölkerung aber selber die Verwaltung des Landes überlassen werden kann, ist die UNMIK dafür zuständig, in Kosovo grundlegende Funktionen der Zivilverwaltung zu verrichten[83]. Zusätzlich hat die UNMIK die Aufgabe, den Wiederaufbau von essentieller Infrastruktur, Menschen- und Katastrophenschutz voranzutreiben[84], die Innere Sicherheit durch den Aufbau von lokaler Polizei bzw. übergangsweise die Entsendung internationaler Polizeieinheiten zu gewährleisten[85], die ungehinderte Rückkehr aller Flüchtlinge und verschleppten Personen in ihre Heimat sicherzustellen[86] sowie sich für die Einhaltung der Menschenrechte einzusetzen[87].

---

80 UN Doc. S/1999/648 v. 07.06.1999.
81 UN Doc. S/RES/1244 (1999), Para. 11 lit. (a).
82 UN Doc. S/RES/1244 (1999), Para. 11 lit. (c) und (d).
83 UN Doc. S/RES/1244 (1999), Para. 11 lit. (b).
84 UN Doc. S/RES/1244 (1999), Para. 11 lit. (g) und (h).
85 UN Doc. S/RES/1244 (1999), Para. 11 lit. (i).
86 UN Doc. S/RES/1244 (1999), Para. 11 lit. (k).
87 UN Doc. S/RES/1244 (1999), Para. 11 lit. (j).

2. Strategie der UNMIK – Fünf-Phasen-Plan

Vorgestellt wurde die Strategie, die langfristig zur Autonomie und zur Selbstverwaltung führen soll, im Bericht des Generalsekretärs an den Sicherheitsrat vom 12. Juli 1999[88]. Sie gliedert sich in fünf aufeinander folgende und ineinander übergehende Abschnitte, die jeweils die Aufgaben der UNMIK skizzieren. Dabei nimmt die Rolle der UNMIK immer mehr ab, je weiter die von ihr wahrgenommenen Aufgaben auf eine eigenständige lokale Verwaltung, die es während des Prozesses aufzubauen gilt, übergeht. Langfristig soll die UNMIK lediglich noch unterstützende und beratende Funktionen haben, bevor sie sich schließlich ganz zurückzieht.

Die *erste Phase* umfasste die Schaffung der Voraussetzungen für die weitere Tätigkeit der UNMIK. Dazu gehörte vor allem zunächst die Errichtung von grundlegenden Verwaltungsstrukturen. Um von Anfang an die einheimische Mitwirkung sicherzustellen, wurden lokale beratende Gremien eingerichtet. Zum Schutz der öffentlichen Sicherheit wurden die Entsendung der internationalen Polizeitruppe und der Einsatz von KFOR-Sicherheitseinheiten vorangetrieben, während parallel dazu mit der Ausbildung von Polizei und Justiz begonnen wurde. Ein weiterer wichtiger Bestandteil dieser ersten Phase war die Bereitstellung humanitärer Hilfe für zurückkehrende Flüchtlinge, wozu auch der frühzeitige Wiederaufbau von Unterkünften noch rechtzeitig vor dem Wintereinbruch gehörte. Vorgesehen war des Weiteren die Erstellung eines Stufenplanes für die Erholung und Entwicklung der Wirtschaft. Endziel ist dabei eine sich selbst tragenden Wirtschaft; unter anderem geht es um Hilfestellung hinsichtlich des öffentlichen Haushalts, bezüglich Handelsfragen, der Währung und Geldpolitik, Zölle sowie Steuer- und Bankfragen[89].

In der *zweiten Phase* sollten die Grundlagen für den wirtschaftlichen Aufbau und die Schaffung eines Rechtsstaates gelegt werden. Letzteres umfasst auch das Vorantreiben politischer Aktivität unterstützt durch den Aufbau politischer Strukturen. Die öffentliche Meinungsäußerung als Voraussetzung für die politische Auseinandersetzung sollte durch die Entwicklung der Medien, sei es durch Presse oder durch Rundfunk, gefördert werden. Ein weiterer Schwerpunkt lag in dem Wiederaufbau des sozialen Versorgungsnetzes. Man begann damit, die Verwaltung in einigen Bereichen, wie beispielsweise auf dem Gebiet des Gesundheits- und des Bildungswesens, auf die lokale, wenn möglich auch auf die regionale Ebene zu verlagern. Darüber hinaus galt als Ziel dieser zweiten Phase die Zusammenführung und Integration der ethnischen Gemeinschaften[90].

---

[88] UN Doc. S/1999/779, Abschnitt VII, Paras. 110-116.

[89] Bericht des Generalsekretärs v. 12.07.1999, UN Doc. S/1999/779, Abschnitt VII, Paras. 110-112.

[90] Bericht des Generalsekretärs v. 12.07.1999, UN Doc. S/1999/779, Abschnitt VII, Para. 113; *Wagner*, VN 2000, 132, 137.

Sobald die Maßnahmen der zweiten Phase ausreichend Wirkung gezeigt hatten, begann die *dritte Phase*. Das Hauptaugenmerk dieser Phase war die Vorbereitung und Durchführung von Wahlen für eine Übergangsregierung (Kosovo Transitional Authority, KTA). Zu den dafür notwendigen Voraussetzungen gehörte zum einen die Gewährleistung der freien Meinungsäußerung, Versammlungsfreiheit und die Möglichkeit für Parteien und Kandidaten, einen unbehinderten Wahlkampf zu führen, was auch einen gerechten Zugang zu den Massenmedien voraussetzte. Zum anderen zählte dazu die von der UNMIK organisierte und durchgeführte Wählerregistrierung, Wahlvorbereitung und die Überwachung von Stimmabgabe und Stimmauszählung. In dieser Phase sollte gleichzeitig die Erholung von Verwaltung und Wirtschaft weitergehen und vorangetrieben werden. Die Erhebung von Steuern auf kommunaler Ebene sollte zunehmend internationale Unterstützung ersetzen[91]. Die hier beschriebenen Tätigkeiten für die zweite und dritte Phase der Übergangsverwaltung fallen in die Periode der *Joint Interim Administrative Structure* (JIAS)[92].

In der *vierten Phase* hatte UNMIK die Aufgabe, die Arbeit der gewählten kosovarischen Vertreter (Abgeordneten) zu überwachen und diese, wenn nötig, bei der Organisation und Errichtung von Institutionen für eine demokratische und autonome Regierung zu unterstützen. Sobald diese Institutionen errichtet sind, überträgt ihnen die UNMIK ihre verbliebenen Verwaltungsaufgaben[93]. Die vierte Phase fällt von der Organisation der Übergangsverwaltung zusammen mit den Strukturen der *Provisional Institutions of Self- Government* (PISG).

Die letzte, *fünfte Phase*, hängt von einer anschließenden (politischen) Regelung ab. Wie in Paragraph 11(7) der Sicherheitsratsresolution 1244 vorgesehen, überwacht die UNMIK in einem letzten Stadium die Übergabe der Staatsgewalt von den provisorischen Institutionen auf Institutionen, die unter einer politischen Regelung geschaffen werden[94].

3. Struktur der UNMIK in den einzelnen Phasen

Die Struktur der UNMIK lässt sich grob in vier Pfeiler gliedern, die die verschiedenen Aufgaben der Mission darstellen. Im Laufe der verschiedenen Phasen ist jedoch durch die Erledigung gewisser Aufgaben ein wechselnder Inhalt der jeweiligen Pfeiler zu beobachten. Zu beachten ist allerdings, dass die wechselnde Besetzung der Pfeiler, wie sie sich im Folgenden ergibt, nicht immer de-

---

[91] Bericht des Generalsekretärs v. 12.07.1999, UN Doc. S/1999/779, Abschnitt VII, Para. 114.

[92] Vgl. 1. Kapitel, III. 4. c).

[93] Bericht des Generalsekretärs v. 12.07.1999, UN Doc. S/1999/779, Abschnitt VII, Para. 115.

[94] Bericht des Generalsekretärs v. 12.07.1999, UN Doc. S/1999/779, Abschnitt VII, Para. 116.

ckungsgleich mit einem Eintritt in eine neue Phase ist. Vielmehr sind auch hier die Übergänge fließend.

a) Anfangsstadium – 1999

Zu Beginn der Mission bestand folgende Aufteilung:

Pfeiler I: Humanitäre Unterstützung (→ UNHCR)

Pfeiler II: Zivilverwaltung (→ UN)

Pfeiler III: Aufbau demokratischer Strukturen (→ OSZE)

Pfeiler IV: Wiederaufbau und wirtschaftliche Entwicklung (→ EU)

b) Juni 2000

Nach Beendigung der ersten Phase konnte die humanitäre Unterstützung durch den UNHCR bis Juni 2000 auslaufen, so dass der erste Pfeiler (vorübergehend) wegfiel.

Pfeiler I: unbesetzt

Pfeiler II: Zivilverwaltung (→ UN)

Pfeiler III: Aufbau demokratischer Strukturen (→ OSZE)

Pfeiler IV: Wiederaufbau und wirtschaftliche Entwicklung (→ EU)

c) 2001

Seit Mai 2001 wurde der erste Pfeiler neu definiert, so dass sich folgendes Bild ergibt:

Pfeiler I: Polizei und Justiz (→ UN)

Pfeiler II: Zivilverwaltung (→ UN)

Pfeiler III: Aufbau demokratischer Strukturen (→ OSZE)

Pfeiler IV: Wiederaufbau und wirtschaftliche Entwicklung (→ EU)

4. Organisation und Einfluss der UNMIK in den einzelnen Phasen

a) Überblick

Die Entwicklung auf dem Weg zu der in Sicherheitsratsresolution 1244 vorgesehenen substantiellen Autonomie und Selbstregierung soll sich in verschiedenen Phasen vollziehen. Während dieser verschiedenen Phasen hat sich die Struktur der UNMIK immer wieder in ihrer Organisation den wechselnden Gegebenheiten anpassen müssen. Bezüglich des Einflusses auf die verschiedenen Teile der Staatsgewalt ergibt sich bereits aus dem vorgefundenen Zustand des Landes und aus der Zielsetzung der UNMIK, dass deren Einfluss zu Beginn so gut wie allumfassend war, während sich die Mitwirkung und Verantwortlichkeit der aufzubauenden lokalen Strukturen sukzessive vergrößerte. Insbesondere für den weiteren Fortgang der Arbeit, in dem untersucht werden soll, inwieweit zu welchem Zeitpunkt bereits demokratische und rechtsstaatliche Strukturen vorhanden waren, ist eine genaue Differenzierung der Organisation der internationalen Übergangsverwaltung in den einzelnen Entwicklungsstadien unverzichtbar.

Die Übergangsverwaltung lässt sich in drei Stadien einteilen, deren Übergänge teils fließend sind. Dabei gibt es zunächst die Strukturen im ***Anfangsstadium***, wie sie durch den Bericht des Generalsekretärs an den Sicherheitsrat vom 12.07.1999 (S/1999/779) festgelegt wurden, welche dann durch die UNMIK-Verordnung 2000/1 vom 14. Januar 2000[95] abgelöst wurden durch die Bestimmungen über die „Gemeinsame Struktur der Übergangsverwaltung" (*Joint Interim Administrative Structure, **JIAS***). Zuletzt sind ab Mai 2001 gemäß dem „New Constitutional Framework" die Strukturen der provisorischen Einrichtungen der Selbstregierung (*Structure of the Provisional Institutions of Self-Government, **PISG***) in Kraft.

Im Folgenden werden daher zunächst die jeweiligen Strukturen der Übergangsverwaltung ihrem Aufbau nach dargestellt und daran anschließend wird erörtert, welchen Einfluss die UN im jeweiligen Stadium auf die staatlichen Gewalten ausübte. Im Hinblick darauf, dass eventuelle Defizite hinsichtlich Demokratie, Rechtsstaatlichkeit und der Einhaltung von Menschenrechten im Rahmen der UN-Verwaltung nur aufgezeigt werden können, wenn im einzelnen ihr Einfluss auf die Staatsgewalt klar ist, dienen die Ergebnisse dieses Teils der Arbeit dann als Grundlage für die sich in Kapitel 3 ergebenden Fragestellungen.

---

[95] Abrufbar unter: http://www.unmikonline.org/regulations/2000/re2000_01.htm; Datum des letzten Aufrufs: 19.09.2005.

b) Strukturen und Befugnisse der UNMIK in der Anfangsphase, wie sie sich aus dem Bericht des Generalsekretärs S/1999/779 ergeben

Im Bericht des Generalsekretärs an den Sicherheitsrat vom 12.07.1999 wurden in Übereinstimmung mit Resolution 1244 durch einen umfassenden Rahmenplan[96] die Strukturen sowie Befugnisse und Kompetenzen der UNMIK und ihrer einzelnen Komponenten festgelegt. Auffällig ist hier bereits der diesbezügliche Einleitungssatz, in dem festgestellt wird, dass der Sicherheitsrat durch seine Resolution 1244 die Staatsgewalt über Gebiet und Bevölkerung auf die Übergangsverwaltung übertragen hat und daher alle legislative und exekutive Gewalt, einschließlich der Verwaltung der Justiz, auf die UNMIK übergegangen ist[97]. Im Folgenden soll ein kurzer Überblick gegeben werden über die jeweiligen Funktionen des Sonderbeauftragten und der die UNMIK ausmachenden vier Komponenten.

(1) Aufbau

aa) Der Sonderbeauftragte des Generalsekretärs

Der Sonderbeauftragte des Generalsekretärs fungiert als Oberhaupt der die Mission bildenden vier Komponenten, die jeweils durch stellvertretende Sonderbeauftragte des Generalsekretärs geleitet werden. Er ist als Leiter der Mission der ranghöchste internationale Zivilbeamte im Kosovo[98]. Er hat im zivilen Bereich zum einen die höchste Exekutivgewalt[99], zum anderen hat er die Befugnis, Gesetze in Form von Verordnungen („*regulations*“) zu erlassen. In Ausübung seiner Befugnisse ist er darüber hinaus berechtigt, Gesetze zu ändern, aufzuheben oder zu suspendieren, soweit dies für die Ausübung seines Amtes nötig ist oder bestehende Gesetze mit dem Mandat oder den Zielen der Übergangsverwaltung unvereinbar sind[100]. Der Sonderbeauftragte hat das Recht, Personal für die Ausübung von Funktionen in der Übergangsverwaltung, einschließlich der Justiz, einzusetzen oder zu entlassen, falls deren Amtsführung unvereinbar mit dem Mandat oder den Zielen der Übergangsverwaltung ist[101].

---

96 *„The report contains a comprehensive framework of the United Nations-led international civil operation in Kosovo (...).“* Abschnitt I, Para. 1 des Berichts des Generalsekretärs an den Sicherheitsrat, UN Doc. S/1999/779.

97 Bericht des Generalsekretärs v. 12.07.1999, UN Doc. S/1999/779, Abschnitt IV, Para. 35.

98 Bericht des Generalsekretärs v. 12.07.1999, UN Doc. S/1999/779, Abschnitt V, Para. 44.

99 Bericht des Generalsekretärs v. 12.07.1999, UN Doc. S/1999/779, Abschnitt V, Para. 44.

100 Bericht des Generalsekretärs v. 12.07.1999, UN Doc. S/1999/779, Abschnitt IV, Para. 39.

101 Bericht des Generalsekretärs v. 12.07.1999, UN Doc. S/1999/779', Abschnitt IV, Para. 40.

bb) UN – die Komponente der Zivilverwaltung

Die Komponente der Zivilverwaltung besteht aus drei verschiedenen Einheiten, und zwar der Einheit der öffentlichen Verwaltung, der Polizei sowie der Einheit für juristische Angelegenheiten.

Die Einheit der *Öffentlichen Verwaltung* war zunächst dafür zuständig, für den Wiederaufbau der grundlegenden Verwaltungsstrukturen zu sorgen, wobei Wert darauf gelegt wurde, dass an den neu aufzubauenden Strukturen alle Bevölkerungsgruppen beteiligt wurden. Die Auswahl der lokalen Mitarbeiter, die sofort in der Übergangsverwaltung eingesetzt werden, traf die UNMIK. Die verschiedenen Tätigkeitsbereiche der öffentlichen Verwaltung, angefangen bei der Gesundheitsversorgung bis hin zu Postwesen und Telekommunikation, wurden von kleinen Gruppen internationaler Mitarbeiter unterstützt, die über besondere Erfahrungen auf dem jeweiligen Gebiet, in dem sie tätig wurden, verfügten. Ihre Aufgaben reichten von der Organisation über die Überwachung von deren Umsetzung bis hin zur direkten Leitung der Verwaltung. Bei der Umsetzung von Richtlinien in den Kommunen leisteten die internationalen Mitarbeiter Hilfestellung und überwachten die Tätigkeit der lokalen Einrichtungen. Wenn nötig, konnten sie auch selbst durch die Ausübung von Exekutivbefugnissen eingreifen. Wichtige Reformen standen zudem im Bereich des Bildungssystems an, wo die Hauptaufgabe in der Angleichung der serbischen und kosovarischen Parallelstrukturen[102] bestand[103].

Im Bereich der *Polizei* bestand die Aufgabe der UNMIK zunächst in der Bereitstellung von Übergangspolizeieinheiten, die die öffentliche Sicherheit und Ordnung sicherstellen sollten, bis – worin die zweite Aufgabe bestand – der Aufbau lokaler Sicherheitskräfte (*Kosovo Police Service = KPS*) so weit vorangeschritten war, dass diese die Aufgabe der Wahrung der öffentlichen Sicherheit übernehmen konnten. Nachdem die Gewährleistung der öffentlichen Sicherheit zunächst vollständig von KFOR übernommen wurde, ging diese Aufgabe später mehr und mehr auf die UNMIK über. Die internationale Polizei wird geleitet von einem UNMIK Police Commissioner, der dem Sonderbeauftragten und dem Stellvertretenden Sonderbeauftragten für Zivilverwaltung unterstellt ist. Gleichzeitig begann die Rekrutierung und Ausbildung lokaler Polizei, die von der OSZE-Komponente geleitet wurde. Sobald lokale Polizeieinheiten in ausreichendem Maße vorhanden sind, soll die UNMIK die Verantwortung für die öffentliche Sicherheit ganz den lokalen Kräften übergeben. Allerdings sind weiterhin Ausbildungs- Beratungs- und Überwachungsfunktionen vorgesehen[104].

---

102 Vgl. oben.

103 Bericht des Generalsekretärs v. 12.07.1999, UN Doc. S/1999/779, Abschnitt VI, Paras. 55-59.

104 Bericht des Generalsekretärs v. 12.07.1999, UN Doc. S/1999/779, Abschnitt VI, Paras. 60-65.

Die Abteilung für *juristische Angelegenheiten* war verantwortlich für alle Bereiche, die mit der Komponente Jurisdiktion im weitesten Sinne zusammenhängen, wobei auch Bereiche der Gesetzgebung betroffen waren. Die innerhalb der Zivilverwaltungskomponente bestehende Abteilung für juristische Angelegenheiten war dementsprechend zuständig für vier Hauptaufgaben: die Verwaltung der Gerichte, Anklageverfahren und Gefängnisse; die Entwicklung von Rechtsrichtlinien; die Überprüfung und das Entwerfen von Gesetzen, die für die Ziele der UNMIK erforderlich sind; sowie schließlich die Überwachung der Justiz und Ausbildung in diesem Bereich[105]. Die vorherige ethnisch motivierte einseitige Politik, der zufolge von 756 Richter- und Staatsanwaltsposten lediglich 30 mit Albanern besetzt waren, hatte nach der Flucht der Kosovo-Serben zu dem völligen Zusammenbruch des Gerichtswesens geführt. Der Wiederaufbau eines funktionsfähigen Gerichtswesens war aber nicht zuletzt aufgrund der zahlreichen von KFOR festgenommenen Personen von großer Wichtigkeit[106]. Deshalb wurden bis zu der Aufnahme eines Kosovo-weiten Auswahlprozesses durch eine von UNMIK eingerichtete juristische Kommission übergangsweise Richter und Staatsanwälte von einem Notgremium eingesetzt, die die Amtsgeschäfte so lange führen sollten, bis das reguläre Auswahlverfahren beginnen konnte. UNMIK setzte des Weiteren eine Beratungskommission ein, die die Effizienz der Gerichtsverfahren überprüfte und dem „Office for Judicial Affairs“ Vorschläge für dessen Verbesserung machen sollte. Was die Gerichtsinstanzen betrifft, wurde zunächst der Oberste Gerichtshof wieder eingerichtet, der für Berufungsverfahren gegen Entscheidungen der Distriktgerichte zuständig ist. Gleichzeitig nahm das Büro der Generalstaatsanwaltschaft wieder seine Tätigkeit auf und UNMIK unterstützte zur Verbesserung eines effektiven Rechtswesens die Wiedereinrichtung einer Anwaltskammer. Als Rahmenbedingung für ein funktionsfähiges Rechtssystem übernahm UNMIK die Aufgabe, Verfahrensregeln im Bereich des Prozessrechts zu entwickeln, in denen vor allem der Zugang zu den Gerichten und rechtlicher Beistand sowie die Rechte des Einzelnen geregelt werden sollen. Die zu diesem Zeitpunkt gültigen Gesetzte sollten insofern überprüft und geändert werden, dass sie sowohl mit den Zielen der Resolution 1244 als auch mit internationalen Menschenrechtsstandards in Einklang gebracht werden. Die Wiederbelebung eines funktionierenden Personenstandswesens, das insbesondere im Hinblick auf die zahlreichen Flüchtlinge und die damit zusammenhängenden Probleme im Bereich der Feststellung von Eigentumsverhältnissen von besonderer Bedeutung war, rundete die Arbeit dieser Abteilung ab[107].

---

105 Bericht des Generalsekretärs v. 12.07.1999, UN Doc. S/1999/779, Abschnitt VI, Para. 67.

106 Vgl. hierzu auch *Strohmeyer*, AJIL 95 (2001), S. 46, 49.

107 Bericht des Generalsekretärs v. 12.07.1999, UN Doc. S/1999/779, Abschnitt VI, Paras. 68-78.

cc) OSZE – die Komponente für Demokratisierung und Regierungsführung (Staatsaufbau)[108]

Die Komponente für Demokratisierung und Wiederaufbau des Staatsapparates befasste sich zunächst mit der Ausbildung von Mitarbeitern in den Bereichen der Justiz, Polizei und der öffentlichen Verwaltung. Die Wiederbelebung einer pluralistischen Gesellschaft war in jeder Hinsicht das dominierende Ziel. Dazu wurde die Bildung von Bürger-, Frauen- und Jugendgruppen sowie Kultur- und Berufsvereinigungen ebenso unterstützt wie die Schaffung von Rahmenbedingungen, die ein pluralistisches System politischer Parteien und ein demokratisch ausgerichtetes politisches Klima fördert. In diesen Zusammenhang gehörte auch die Schaffung einer unabhängigen Medienlandschaft, um den Zugang zu objektiven Informationen sicherzustellen. Zu diesem Zweck und zur Erstellung eines Rahmenplanes für Wiederaufbaumaßnahmen wurde ein unabhängiges Mediengremium bestehend aus Vertretern der Medien und der Gesellschaft ins Leben gerufen[109].

Die zweite Hauptaufgabe der OSZE-geführten Komponente war die Organisation und Durchführung von Wahlen. Als Voraussetzung waren sowohl vertrauensbildende Maßnahmen bei der Bevölkerung notwendig als auch die Unterstützung der Entwicklung demokratischer Institutionen und Organisationen. Ein wichtiges Augenmerk musste angesichts der gewaltigen Vernichtung öffentlicher Register auch auf die Wählerregistrierung gerichtet werden[110].

Der dritte wichtige Bereich galt der Sicherstellung von Menschenrechten. Dazu sollten Strukturen geschaffen werden, die dazu dienen, sicherzustellen, dass Polizei, Gerichte sowie andere juristische Einrichtungen in Übereinstimmung mit internationalen Verfahrens- und Menschenrechten operieren. Es sollte überprüft werden, ob die Gefängnisse den internationalen Standards entsprechen. Zu diesen Zwecken wurde ein Stab von Beratern und Überwachern tätig, die die Einhaltung von Menschenrechten in ganz Kosovo kontrollieren sollten. Für die Zukunft geplant war in diesem Zusammenhang auch die Schaffung der Position des „Ombudsperson's Office", die dafür zuständig sein sollte, Beschwerden gegen Handeln der Übergangsverwaltung oder nationaler Institutionen entgegenzunehmen und zu überprüfen[111]. Auf die Institution des Ombudsmannes wird im Rahmen der Darstellung der Periode der JIAS, in die die Einrichtung der Institution zeitlich fällt, noch ausführlicher einzugehen sein.

---

108 Zur Einordnung in den Gesamtzusammenhang der UNMIK vgl. Grafik 4.

109 Bericht des Generalsekretärs v. 12.07.1999, UN Doc. S/1999/779, Abschnitt VI, Paras. 82 und 83.

110 Bericht des Generalsekretärs v. 12.07.1999, UN Doc. S/1999/779, Abschnitt VI, Para. 84.

111 Bericht des Generalsekretärs v. 12.07.1999, UN Doc. S/1999/779, Abschnitt VI, Paras. 89 und 90.

Grafik 2: Aufgaben der OSZE

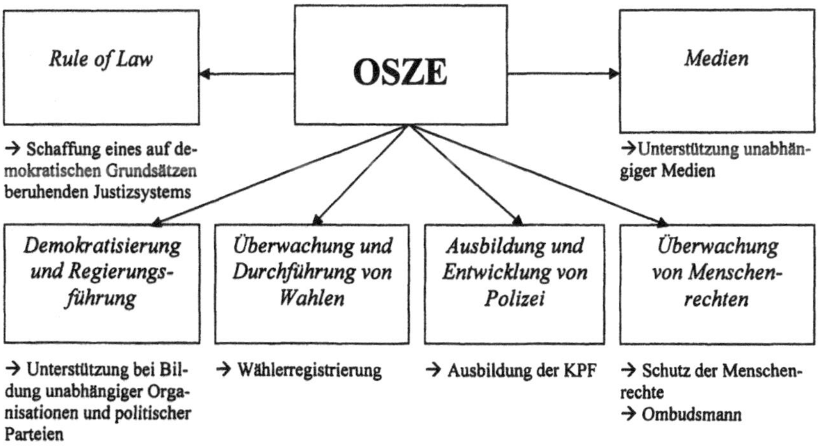

dd) UNHCR – Humanitäre Hilfe

Die vom UNHCR geführte Komponente für Humanitäre Hilfe kann hier in gebotener Kürze dargestellt werden, zum einen, weil sie nur übergangsweise einen Bestandteil der UNMIK bildete, zum anderen, weil sie im Themenbereich dieser Arbeit eine untergeordnete Rolle spielt. Der Vollständigkeit halber soll dennoch ein kurzer Überblick über das Tätigkeitsfeld gegeben werden. Zunächst galt es, die Grundversorgung der Bevölkerung sicherzustellen, insbesondere für Unterbringung, sauberes Trinkwasser, Nahrung, medizinische Hilfe und Beschäftigung zu sorgen. Zudem musste gerade in den ersten Wochen der Schutz der rückkehrenden Flüchtlinge gewährleistet werden. Hinsichtlich des herannahenden Winters galt es, die Bevölkerung beim Aufbau wetterfester Unterkünfte zu unterstützen, wobei eine enge Zusammenarbeit mit dem vierten Pfeiler, der „Wiederaufbaukomponente“, vorgesehen war. Neben der humanitären Hilfe im engeren Sinne wurde auch eine Verbindungsstelle zur Koordination der verschiedenen Minenbekämpfungsaktivitäten eingerichtet[112].

ee) EU – Wirtschaftlicher Wiederaufbau

Entsprechend dem zur humanitären Komponente gesagten können auch die Ausführungen zum durch die EU geführten Wiederaufbau kurz gehalten werden. Die auf drei ineinander übergehende Phasen angelegten Maßnahmen umfassen die unmittelbare Hilfe sowie den Wiederaufbau und langfristig die Schaffung

---

112 Bericht des Generalsekretärs v. 12.07.1999, UN Doc. S/1999/779, Abschnitt VI, Paras. 91-100.

einer stabilen, nach marktwirtschaftlichen Gesichtspunkten ausgerichteten Wirtschaft. Der Aufbau von Infrastruktur und funktionierenden Sozialsystemen gehören ebenso in diesen Bereich wie die Wiederherstellung grundlegender Dienstleistungen wie die Bereitstellung von Energie, Wasser und Gesundheitsvorsorge.

Grafik 3: Aufbau der UNMIK nach S/1999/672

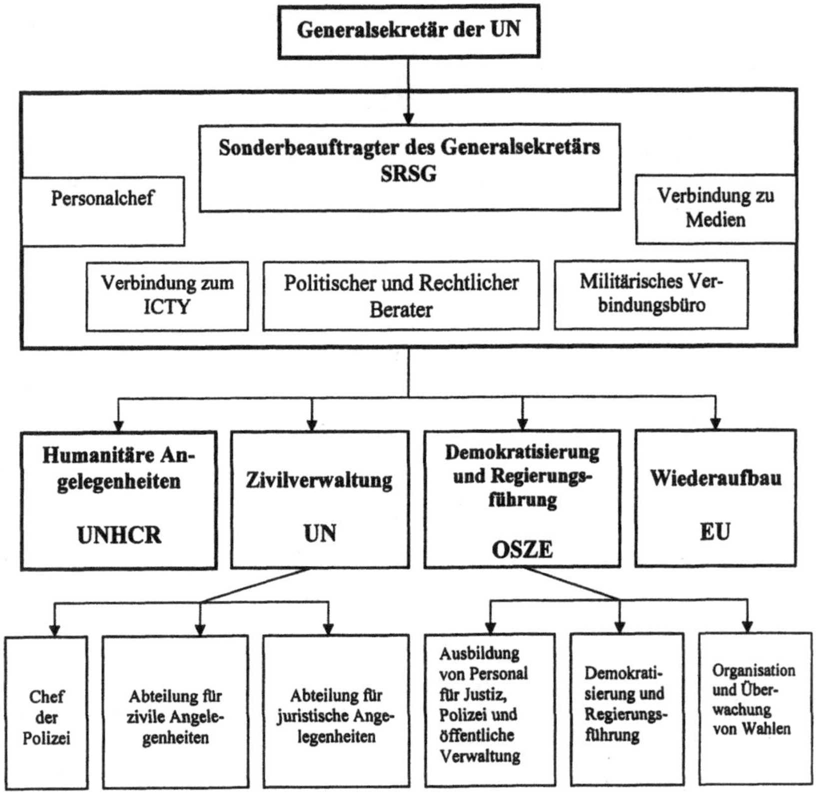

(2) Einfluss auf die staatlichen Gewalten

Wie oben bereits dargestellt wurde, legt schon der Bericht des Generalsekretärs vom 12. Juli 1999 den weit reichenden Umfang der von der UNMIK ausgeübten

Staatsgewalt nahe[113]. Dennoch soll im folgenden die Ausprägung dieser umfassenden Ausübung von Staatsgewalt, wie sie durch Sicherheitsratresolution 1244 angelegt ist, näher beleuchtet und ein Überblick über den Einfluss der UNMIK auf die einzelnen staatlichen Gewalten gegeben werden.

aa) Exekutive

(i) Sonderbeauftragter des Generalsekretärs (SRSG)

Die der internationalen Zivilverwaltung durch Resolution 1244 (1999) eingeräumten Befugnisse werden von dem Sonderbeauftragten des Generalsekretärs als ranghöchstem internationalen Zivilbeamten im Kosovo ausgeübt. Ihm wurde dementsprechend auch die höchste Exekutivgewalt zugewiesen[114], was sich auf den verschiedensten Gebieten auswirken kann. Zunächst war er im weitesten Sinne zuständig für die Überprüfung der rechtlichen Rahmenbedingungen, unter denen die Übergangsverwaltung arbeitet. Sowohl bezüglich der Frage, ob geltende Gesetze mit den Zielen der Übergangsverwaltung übereinstimmen, als auch bezüglich der der UNMIK durch Sicherheitsratsresolution 1244 (1999) übertragenen Befugnisse, hat der Sonderbeauftragte des Generalsekretärs die letztinstanzliche Interpretationsbefugnis[115]. Auch in Personalfragen kann der Sonderbeauftragte weitgehend eingreifen, da er – unter Beachtung der existierenden Gesetze und Verordnungen der UNMIK – die Möglichkeit hat, Personal für die Arbeit in der Übergangsverwaltung einzusetzen, aber auch zu entlassen, sofern deren Arbeit als unvereinbar mit den Zielen der Übergangsverwaltung befunden wird[116]. Innerhalb der Struktur der UNMIK ist der Sonderbeauftragte des Generalsekretärs zuständig für die Koordination der von den verschiedenen internationalen Organisationen geleiteten einzelnen Komponenten der Mission und deren Tätigkeit[117]. Die stellvertretenden Sonderbeauftragten, die aus der internationalen Organisation stammen, die für die jeweilige Komponente zuständig ist, erstatten dem Sonderbeauftragten Bericht über die Umsetzung ihrer Aufgaben in ihrem jeweiligen Zuständigkeitsbereich[118]. Der erste stellvertretende Sonderbeauftragte und die vier stellvertretenden Sonderbeauftragten bilden unter Vorsitz des Sonderbeauftragten des Generalsekretärs das „Executive Committee“. Es ist das Organ, das in erster Linie für die Umsetzung der Ziele der UNMIK verantwortlich ist. Es unterstützt insbesondere den Sonderbeauftragten

---

[113] Bericht des Generalsekretärs v. 12.07.1999, UN Doc. S/1999/779, Abschnitt VI, Para. 35 lautet: *"The Security Council, in its resolution 1244 (1999), has vested in the interim civil administration authority over the territory and people of Kosovo. All legislative and executive powers, including the administration of the judiciary, will, therefore, be vested in UNMIK".*

[114] Bericht des Generalsekretärs v. 12.07.1999, UN Doc. S/1999/779, Abschnitt V, Para. 44.

[115] Bericht des Generalsekretärs v. 12.07.1999, UN Doc. S/1999/779, Abschnitt V, Para. 44.

[116] Bericht des Generalsekretärs v. 12.07.1999, UN Doc. S/1999/779, Abschnitt IV, Para. 40.

[117] Bericht des Generalsekretärs v. 12.07.1999, UN Doc. S/1999/779, Abschnitt V, Para. 45.

[118] Bericht des Generalsekretärs v. 12.07.1999, UN Doc. S/1999/779, Abschnitt V, Para. 45.

bei der Koordination der von der Übergangsverwaltung zu bewältigenden Aufgaben[119]. Zur Unterstützung des Executive Committee wurde eine Gemeinschaftliche Planungsgruppe (Joint Planning Group = JPG) eingerichtet, die vom ersten stellvertretenden Sonderbeauftragten des Generalsekretärs geleitet wird und sich aus hochrangigen Mitarbeitern der beteiligten internationalen Organisationen zusammensetzt. Hauptaufgabe dieser Planungsgruppe ist es wiederum, die Koordination zwischen den verschiedenen Komponenten sicherzustellen, insbesondere zwischen Krisenhilfe und langfristigem Wiederaufbau und zwischen den Bereichen der zivilen Übergangsverwaltung und dem von der OSZE geleiteten demokratischen staatlichen Wiederaufbau. Zur Abstimmung von zivilen und militärischen Angelegenheiten wird auch ein Vertreter der KFOR an der Arbeit der Planungsgruppe beteiligt[120].

Dem Sonderbeauftragten des Generalsekretärs ist ein „Executive Office" beigeordnet, dass den Sonderbeauftragten bei seiner Arbeit unterstützt. Das Executive Office besteht neben einem Direktor aus einem Beraterstab aus hochrangigen Mitarbeitern, das den Sonderbeauftragten in juristischen, politischen und wirtschaftlichen Fragen berät. Ein führender Berater für Menschenrechte überprüft insbesondere die Vereinbarkeit von UNMIK-Verordnungen auf ihre Vereinbarkeit mit internationalen Menschenrechtsstandards[121].

Ebenfalls dem Sonderbeauftragten beigeordnet ist ein Chief Military Officer, der das militärische Verbindungsbüro der UNMIK leitet. Das militärische Verbindungsbüro entsendet Mitarbeiter (Offiziere) in die KFOR Hauptquartiere, regionale und multinationale Brigadeebenen und berät die UNMIK darüber hinaus in allen militärischen Angelegenheiten und solchen Fragen, die die Sicherheit der zivilen Einheiten betreffen[122].

---

[119] Bericht des Generalsekretärs v. 12.07.1999, UN Doc. S/1999/779, Abschnitt V, Para. 47.
[120] Bericht des Generalsekretärs v. 12.07.1999, UN Doc. S/1999/779, Abschnitt V, Para. 48.
[121] Bericht des Generalsekretärs v. 12.07.1999, UN Doc. S/1999/779, Abschnitt V, Para. 49.
[122] Bericht des Generalsekretärs v. 12.07.1999, UN Doc. S/1999/779, Abschnitt V, Para. 50.

Grafik 4: Der Sonderbeauftragte des Generalsekretärs

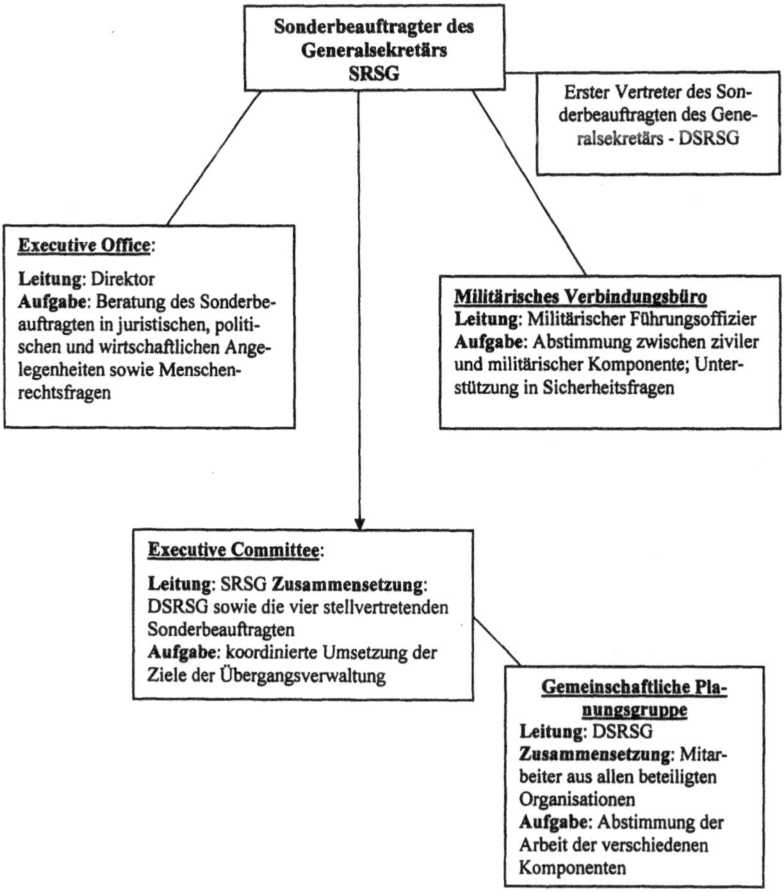

(ii) Komponente der Zivilverwaltung

Die Komponente der Zivilverwaltung, bestehend aus den oben dargestellten verschiedenen Einheiten[123], wird in den verschiedensten Bereichen der Verwaltung tätig, wobei sie zum Teil lediglich Unterstützung für lokale Behörden bietet, zum Teil aber auch Kontrolle über die Tätigkeit lokaler Behörden ausübt und

123 Öffentliche Verwaltung, Polizei, Juristische Angelegenheiten.

gegebenenfalls auch durch die Ausübung eigener Exekutivbefugnisse selbst in die Verwaltungstätigkeit eingreift (Stichwort „Kontrolle und Selbstvornahme").

(a) Öffentliche Verwaltung

Die zentrale Leitung der Öffentlichen Verwaltung wird von der Abteilung für Zivile Angelegenheiten[124] übernommen. Hier liegt die Zuständigkeit für den Wiederaufbau funktionierender Verwaltungsstrukturen, wobei von vorneherein lokale Mitarbeiter so weit wie möglich in die Arbeit der Übergangsverwaltung eingebunden werden sollten. Die Auswahl dieser Mitarbeiter oblag dabei der UNMIK. Bei der Organisation und Überwachung der Umsetzung von Verwaltungsaufgaben helfen kleine Gruppen internationaler UNMIK-Mitarbeiter mit besonderer Erfahrung in dem jeweiligen Tätigkeitsbereich, die gegebenenfalls die Durchführung von Aufgaben selber leiten. Auch in den Kommunen sorgen UNMIK-Mitarbeiter für die Umsetzung von Richtlinien, erstatten Bericht über die Effektivität der lokalen Verwaltungseinheiten und üben, wo notwendig, selbst Exekutivbefugnisse aus. Gleichzeitig dienen sie auch als Ratgeber für KFOR und Sicherheitskräfte in der Region[125].

(b) Polizei

Ziel der UNMIK im Bereich der öffentlichen Sicherheit und Ordnung war und ist der möglichst schnelle Aufbau einer vertrauenswürdigen, professionellen und unabhängigen kosovarischen Polizei (Kosovo Police Service = KPS). Bis diese vollständig zur Verfügung steht, helfen übergangsweise bereitgestellten internationale Polizeieinheiten bei der Wahrnehmung von Polizeiaufgaben. Diese Polizei setzt sich zusammen aus drei verschiedenen Einheiten, nämlich der „civil police", Spezialeinheiten und Grenzschutz. An deren Spitze steht der UNMIK Police Commissioner[126], der im Rahmen der Zivilverwaltungseinheit dem Sonderbeauftragten des Generalsekretärs untersteht und diesem durch den stellvertretenden Generalsekretär Bericht erstattet[127]. Damit liegen die Exekutivbefugnisse auch für den Bereich der inneren Sicherheit in den Händen der UNMIK.

(c) Abteilung für Juristische Angelegenheiten

Die Abteilung für Juristische Angelegenheiten (= Judicial Affairs Office) hat aufgrund des Umstandes, dass sie für alle mit dem Justizwesen im weitesten Sinne zusammenhängende Bereiche verantwortlich ist, innerhalb der Zivilverwaltungskomponente einen vielschichtigen Aufgabenbereich. Daher wird sie zur

---

[124] Zur Einordnung in den Gesamtzusammenhang der Mission vgl. Grafik 3.

[125] Bericht des Generalsekretärs v. 12.07.1999, UN Doc. S/1999/779, Abschnitt VI, Paras. 55-58.

[126] Vgl. Grafik 3.

[127] Bericht des Generalsekretärs v. 12.07.1999, UN Doc. S/1999/779, Abschnitt VI, Para. 60.

Erfüllung ihrer Aufgaben nicht nur exekutiv, sondern auch im Bereich der Gesetzgebung tätig. Zu den exekutiven Aufgaben gehörte zunächst die Verwaltung der Gerichte bzw. der Wiederaufbau eines funktionsfähigen Gerichtswesens, inklusive Auswahlverfahren für Richter und Staatsanwälte. Aufgrund des dringenden Bedürfnisses, so schnell wie möglich wieder ein funktionierendes Gerichtswesen zu schaffen, wurden, bis eine entsprechende Auswahlkommission für die Besetzung von Posten innerhalb der Rechtspflege eingerichtet war, Richter und Staatsanwälte, die im Sinne von möglichst guten Kenntnissen des dortigen Rechts nach Möglichkeit einheimische Juristen sein sollten, übergangsweise von einem Notgremium eingesetzt[128]. Außerdem erging in diesem Bereich bereits am 4. September 1999 eine der ersten UNMIK-Verordnungen[129], nämlich die Verordnung 1999/5 „On the Establishment of an *Ad Hoc Court of Final Appeal* and an *Ad Hoc Office of the Public Prosecutor*". In dieser Verordnung wird ad hoc ein Oberster Gerichtshof eingerichtet, dessen Zuständigkeit in Berufungssachen für Strafverfahren und Haftbeschwerden liegt[130]. Die fünf Richter des Gerichts wurden vom Sonderbeauftragten unter Rücksprache mit dem *Joint Advisory Council on Provisional Judicial Appointments* (Gemeinsame Beratungsgruppe für Übergangsernennungen für die Justiz) für Übergangsbesetzungen im Justizwesen ernannt[131], worin sich gleichsam der exekutive Einfluss des Sonderbeauftragten in Angelegenheiten der rechtsprechenden Gewalt zeigt. Gleiches gilt im Übrigen für die Ernennung des Chefanklägers und dessen Stellvertreter. Unter bestimmten in der Verordnung festgelegten Voraussetzungen hat der Sonderbeauftragte schließlich auch das Recht, Richter oder Ankläger ihres Amtes zu entheben[132]. Gewissermaßen als Beratungsgremium für die Abteilung für juristische Angelegenheiten setzt UNMIK eine Technische Beratungskommission ein, die die Funktion der Organisation und Verwaltung der rechtsprechenden Gewalt und der Anklagebehörde übernimmt. Diese Kommission berät die Abteilung für juristische Angelegenheiten in Angelegenheiten betreffend die Rechtsprechung der existierenden Gerichte sowie die Auslastung von Richtern und Staatsanwälten im Hinblick auf Effizienz dieser Behörden und mögliche Reduzierung des Personalbestandes[133]. Zudem obliegt der Abteilung für Juristische Angelegenheiten die Verwaltung von Anklageverfahren und Gefängnissen. Schließlich hat die UNMIK im exekutiven Bereich die Aufgabe, die Wiedereinrichtung eines Personenstandswesens voranzutreiben, was insbeson-

---

128 Bericht des Generalsekretärs v. 12.07.1999, UN Doc. S/1999/779, Abschnitt VI, Para. 68; *Strohmeyer*, AJIL 95 (2001), S. 46, 52.

129 Abrufbar unter: http://www.unmikonline.org/regulations/1999/re99_05.pdf; Datum des letzten Aufrufs: 19.09.2005.

130 Abschnitt 1 der UNMIK/REG/1999/5 (04.09.1999).

131 Abschnitt 1.2. der UNMIK/REG/1999/5 (04.09.1999).

132 Abschnitt 4.3. der UNMIK/REG/1999/5 (04.09.1999).

133 Bericht des Generalsekretärs v. 12.07.1999, UN Doc. S/1999/779, Abschnitt VI, Para. 70.

dere im Hinblick auf die Klärung von Eigentumsverhältnissen von besonderer Wichtigkeit ist[134].

Grafik 5:

(iii) Wiederaufbaukomponente, Demokratisierung und Regierungsführung

Die OSZE-Komponente der UNMIK gehört zwar nicht zur Zivilverwaltung im engeren Sinne, ist mit ihr aber so stark verwoben, dass auch sie in die Darstellung einbezogen werden muss. Die enge Verknüpfung der UN- und OSZE-Komponente erklärt sich unter anderem aus dem Umstand, dass die OSZE in den meisten der von der UN aufzubauenden Zivilverwaltungseinheiten beispielsweise die Ausbildung des Personals übernimmt. Zusätzlich obliegt der OSZE die Organisation und Durchführung sämtlicher Wahlen, deren Ausgang dann wiederum Einfluss auf die Besetzung der Zivilverwaltung hat.

Die Aufgabe der OSZE-geführten Komponente ist in drei verschiedene Bereiche eingeteilt. Es geht hier zunächst um eine Demokratisierung in allen Bereichen der Gesellschaft, weiter um die Organisation und Durchführung von Wahlen und schließlich um die Schaffung eines Systems zur Einhaltung der Menschenrechte. Die Maßnahmen, die zum Wiederaufbau in diesen Bereichen getroffen werden müssen, sind nicht durchführbar ohne exekutive Befugnisse der OSCE.

(a) Ausbildung

Innerhalb der Demokratisierungskomponente liegt der Schwerpunkt der Aufgaben bei der Ausbildung der Angestellten in der öffentlichen Verwaltung, der Unterstützung der Entwicklung von nichtstaatlichen Organisationen (= NGOs) und demokratischen Parteien, die in der Lage sind, sich in dem bevorstehenden Wahlkampf zu präsentieren und später die ihnen von den Wählern übertragende Gewalt nach den Prinzipien demokratischer Regierungsführung auszuüben. Längerfristig angelegt ist die Stärkung demokratischer Regierungsstrukturen,

[134] Bericht des Generalsekretärs v. 12.07.1999, UN Doc. S/1999/779, Abschnitt VI, Para. 76.

was durch die Ausbildung von Regierungs- und Verwaltungsbeamten erreicht werden soll[135]. Zur Ausbildung der lokalen Regierungsbeamten, die insbesondere die Bereiche demokratischer Regierungsführung, aber auch alle anderen Angelegenheiten umfasst, die die Zivile Verwaltung betreffen, existiert ein Institut für Zivilverwaltung (= *Institute for Civil Administration*)[136]. Für die Unterstützung der NGOs bestehen die sogenannten *NGO Support Centres*. Diese sind wiederum zuständig für Ausbildungsangelegenheiten, hier im Bereich der nichtstaatlichen Organisationen. Darüber hinaus bieten sie aber auch logistische Unterstützung und helfen, entsprechend dem Ziel, eine pluralistische, demokratisch aktive Gesellschaft, in denen die Bürgerrechte geachtet werden, wiederzubeleben, ein Netzwerk von Vereinigungen und Interessensgemeinschaften ins Leben zu rufen. Zur Schaffung einer unabhängigen Medienlandschaft, insbesondere im Bereich elektronischer Medien, überwacht die UNMIK die Einhaltung internationaler Medienstandards. Der Sonderbeauftragte beauftragt eine *Medienregulierungskommission*, die die Aufgabe hat, Verhaltensregeln für Presse und Rundfunk aufzustellen und Lizenzen zu erteilen[137]. Für die Schaffung der Rahmenbedingungen für einen erfolgreichen Wiederaufbau der Medien wurde ein *Mediengremium*, bestehend aus Vertretern der Gesellschaft und der Medien eingerichtet. Dieses Gremium hatte unter anderem die Prioritäten beim Wiederaufbau der Medieninfrastruktur festzusetzen[138].

(b) Organisation und Durchführung von Wahlen

Die nächste Hauptaufgabe der Wiederaufbaukomponente, die bereits durch Sicherheitsratsresolution 1244 (1999) vorgegeben war[139], war die Organisation und Durchführung von Wahlen. Gerade in diesem Bereich, nämlich der Schaffung von organisatorischen Rahmenbedingungen für die Abhaltung von Wahlen, sind exekutive Befugnisse der OSCE unabdingbar.

(c) Wiederaufbau des Justizwesens

Als die institutionenbildende Komponente der UNMIK ist die OSCE nicht zuletzt auch für den Wiederaufbau eines funktionierenden Rechtssystems zuständig. Nachdem das Gerichtswesen bei Eintreffen der UNMIK im Kosovo im Juni 1999 völlig zusammengebrochen war, teils dadurch, dass die in den letzten zehn Jahren in der Justiz beschäftigten Richter und Ankläger sich nicht mehr in der Provinz aufhielten, teils aufgrund des Umstandes, dass die verbliebenen Beam-

135 Bericht des Generalsekretärs v. 12.07.1999, UN Doc. S/1999/779, Abschnitt VI., Para. 81.

136 Seit 2003: „Kosovo Institute of Public Administration“, vgl. OSZE, Democratization Factsheet, abrufbar unter: http://www.osce.org/kosovo/item_11_14833.html; Datum des letzten Aufrufs: 19.09.2005.

137 Bericht des Generalsekretärs v. 12.07.1999, UN Doc. S/1999/779, Abschnitt IV, Para. 82.

138 Bericht des Generalsekretärs v. 12.07.1999, UN Doc. S/1999/779, Abschnitt IV, Para. 83.

139 UN Doc. S/RES/1244 (1999), Para. 11 lit. (c).

ten wegen ihrer Vergangenheit im serbischen System als für die Bevölkerung untragbar erschienen oder ihnen aber auch einfach nur die Kenntnisse bzw. die Erfahrung für die anstehenden Aufgaben fehlten, war ein sofortiger Wiederaufbau des Justizsystems dringend notwendig. Dazu wurde zunächst ein Juristisches Notsystem (*Emergency Judicial System = EJS*) eingerichtet, das folgendermaßen aussah: Per Eilverordnung richtete der Sonderbeauftragte eine „Gemeinsame Beratungsgruppe für Übergangsernennungen im Bereich der Justiz" (*Joint Advisory Council on Provisional Judicial Appointments = JAC*) ein[140], die aus drei internationalen und vier kosovarischen Mitgliedern (davon ein Serbe, zwei Kosovo-Albaner und einem Bosnier) bestand und auf deren Vorschläge hin der Sonderbeauftragte zunächst fünfundfünfzig Richter und Ankläger ernannte. Die „Gemeinsame Beratungsgruppe für Übergangsernennungen für die Justiz" wurde bereits mit der UNMIK Verordnung 1999/7 (7. September 1999) wieder aufgelöst und durch die „Juristische Beratungsgruppe" (*Advisory Judicial Commission = AJC*) ersetzt. Diese setzte sich zusammen aus drei internationalen und acht einheimischen (sieben Kosovo-Albaner und ein Kosovo-Serbe) Mitgliedern. Im Gegensatz zur JAC ist die AJC nicht nur zuständig für die Auswahl der Richter und Ankläger, sondern hat auch die Befugnis, eine Empfehlung für deren Absetzung und evtl. Disziplinarverfahren abzugeben[141]. Nachdem die AJC am 27. Oktober 1999 ihre Arbeit aufgenommen hatte, erhielt sie von November bis Dezember mehr als 700 Bewerbungen und führte ungefähr 560 Bewerbungsgespräche durch. Am 13. Dezember konnte die Kommission dem Sonderbeauftragten dann das Ergebnis ihrer Arbeit mitteilen und ihm im die Vorschläge für die Ernennung von 328 Richtern und Anklägern sowie 238 Laienrichtern überreichen[142].[143]

bb) Legislative

Bezüglich der geltenden Gesetze findet sich im Bericht des Generalsekretärs an den Sicherheitsrat vom 12.07.1999 folgende Regelung: Die UNMIK respektiert die geltenden Gesetze der Bundesrepublik Jugoslawien und der Republik Serbien, soweit sie nicht gegen international anerkannten Menschenrechtsstandards

---

[140] UNMIK Emergency Decree No. 1999/1 (28.06.1999) als Rechtsgrundlage für die Errichtung der JAC und UNMIK Emergency Decree No. 1999/2 (28.06.1999) für die Ernennung der Mitglieder der Beratungsgruppe.

[141] Vgl. zu den Anfangsmaßnahmen beim Wiederaufbau des Justizsystems: *Strohmeyer*, AJIL 95 (2001), S. 46, 52.

[142] Vgl. OSZE, Department of Human Rights and Rule of Law, Report 2 (17.12.1999) – The Development of the Kosovo Judicial System (10.06.1999-15.12.1999), abrufbar unter: http://www.osce.org/documents/mik/1999/12/963_en.pdf; Datum des letzten Aufrufs: 19.09.2005.

[143] Im April 2001 wurde die Kommission dann durch UNMIK/REG/2001/8 durch das *Kosovo Judicial and Prosecutorial Council* ersetzt, das auch noch unter dem Constitutional Framework für die Beratung des SRSG bezüglich der Besetzung von Richter- und Staatsanwaltsstellen zuständig ist.

oder gegen von der UNMIK erlassene Verordnungen verstoßen. Ebenso bleibt solches Recht in Kraft, das vor dem 24. März 1999 auf dem Gebiet des Kosovo anwendbar war, ebenfalls unter dem Vorbehalt der Vereinbarkeit mit internationalen Menschenrechtsstandards, der Resolution 1244 und der von der UNMIK erlassenen Verordnungen[144]. Da ein eigenes kosovarisches Gesetzgebungsorgan in der Anfangsphase der UNMIK noch nicht vorhanden war[145], erwachsen dem Sonderbeauftragten des Generalsekretärs als ranghöchstem Zivilbeamten der UNMIK auch im Bereich der Legislative weitreichende Befugnisse. Er ist berechtigt, durch das Erlassen von Verordnungen legislativ tätig zu werden. Sofern ihm dies für die Ausübung seines Amtes und zur Erfüllung der Vorgaben aus Resolution 1244 (1999) notwendig erscheint, hat er auch die Befugnis, existierende Gesetze zu ändern, zurückzunehmen oder außer Kraft zu setzen[146].

Eines der Hauptfelder, in denen die UNMIK gesetzgeberisch tätig wurde, war der Bereich der Justiz, der innerhalb der Komponente der Zivilverwaltung von dem *Judicial Affairs Office* geleitet wurde. Zu den Aufgaben gehörten dementsprechend das Entwerfen von Gesetzen im Bereich der Justiz, darunter Regelungen im Bereich des Prozessrechts, insbesondere Zugang zu den Gerichten und zu Rechtsbeistand[147]. Außerdem gehörten die Anpassung der Strafgesetze, der Gesetze über Innere Angelegenheiten sowie über die öffentliche Sicherheit und Ordnung an die Zielsetzungen der Resolution 1244 (1999), internationale Menschenrechtsstandards und die bereits bestehenden UNMIK-Verordnungen zu den beabsichtigten legislativen Tätigkeiten im Bereich der Justiz[148]. Im institutionellen Bereich wurden durch die UNMIK-Verordnung 1999/5 vom 4. September 1999 ein Ad Hoc Oberster Gerichtshof und ein Ad Hoc Büro eines Chefanklägers eingerichtet.

cc) Justiz und Strafvollzug

Angesichts des bereits oben dargestellten Zusammenbruchs des Justizwesens umfasst das Tätigkeitsfeld der UNMIK in der Anfangsphase nicht ausschließlich Funktionen, die der Judikative als Staatsgewalt im engeren Sinne zugeordnet werden können, sondern zunächst in der Hauptsache die Tätigkeiten, die zur Aufbauarbeit für die Wiederherstellung der rechtsprechenden Gewalt im weitesten Sinne gehören. Diese Tätigkeiten sollen daher, obwohl sie bisweilen exekutive oder legislative Befugnisse voraussetzen, wegen ihres inhaltlichen Bezuges zur Rechtsprechung unter diesem Gliederungspunkt erörtert werden. Wie bereits

---

[144] Abschnitt 3 der UNMIK/REG/1999/1 (25.07.1999).

[145] Dies war erst wieder mit Einrichtung des KTC der Fall, vgl. unten.

[146] Bericht des Generalsekretärs v. 12.07.1999, UN Doc. S/1999/779, Abschnitt IV, Paras. 35, 39, 41.

[147] Bericht des Generalsekretärs v. 12.07.1999, UN Doc. S/1999/779, Abschnitt VI, Paras. 67ff. sowie Bericht des Generalsekretärs v. 16.09.1999, Abschnitt D, Para. 33.

[148] Bericht des Generalsekretärs v. 12.07.1999, UN Doc. S/1999/779, Abschnitt VI, Para. 75.

oben erwähnt, waren die ersten Maßnahmen der UNMIK darauf gerichtet, grundlegende Institutionen im Bereich des Justizwesens wiederherzustellen. So betrafen zwei der ersten zehn von UNMIK erlassenen Verordnungen im Juli 1999[149] die Wiedereinsetzung eines Obersten Gerichtshofes (*Ad Hoc Court of Final Appeal*) und die Errichtung einer Institution eines Chefanklägers (*Ad Hoc Office of the Public Prosecutor*). Das Notgerichtssystem (*Emergency Judicial System*) bestand außerdem aus zunächst vier[150] Übergangs-Distriktgerichten und Staatsanwaltschaften in Pristina, Prizren, Pec und Mitrovica, in denen insgesamt 55 vom Sonderbeauftragten ernannte Richter und Ankläger beschäftigt waren. Trotzdem war in den ersten sechs Monaten ein großer Mangel an Richtern und Laienrichtern zu verzeichnen. Dies war zum Teil darauf zurückzuführen, dass zwischen dem 7. September 1999, an dem die durch die Notverordnung 1999/1 (28. Juni 1999) geschaffene *Joint Advisory Council on Provisional Judicial Appointments* aufgelöst wurde, und der Aufnahme der Arbeit der durch UNMIK-Verordnung 1999/7 (7.September 1999) ins Leben gerufenen *Advisory Judicial Commission* (*AJC*), die ihre Arbeit erst am 27. Oktober 1999 aufnahm, keine Ernennungen von Richtern, Laienrichtern und Anklägern erfolgen konnten, weil kein offizielles Gremium arbeitete, das dem Sonderbeauftragten Personen zur Ernennung für das Richteramt hätte vorschlagen können[151]. Dies hatte den Missstand zur Folge, dass außer im Distriktgericht von Prizren die für die Durchführung von Strafverfahren erforderlichen Laienrichter fehlten, so dass allein tausende Verfahren, die vor der NATO-Intervention eingeleitet wurden, in der Luft hingen. Hinzu kam, dass bis Mitte Dezember 20 von 80 der durch KFOR, der UN-Zivilverwaltung oder der UN-Zivilpolizei in Untersuchungshaft verbrachten Gefangenen bereits 6 Monate festgehalten wurden, jedoch noch nicht angeklagt waren, so dass ein Anspruch auf Freilassung bestand, ohne dass das gerichtliche Verfahren überhaupt erst in Gang gebracht werden konnte[152]. Auch wenn in dem hier als „Anfangsphase" bezeichneten Zeitabschnitt bis einschließlich Dezember 1999 ausschließlich einheimische Richter und Ankläger eingestellt wurden[153], so geschah dies immerhin durch Ernennung durch die internationale Übergangsverwaltung.

---

[149] UNMIK/REG/1999/5 (04.09.1999) und UNMIK/REG/1999/7 (07.09.1999).

[150] Später kam ein weiteres Distriktgericht in Gnjilane dazu.

[151] OSZE, Department of Human Rights and Rule of Law, Report 2 (17.12.1999) – The Development of the Kosovo Judicial System (10.06.1999-15.12.1999), abrufbar unter: http://www.osce.org/documents/mik/1999/12/963_en.pdf; Datum des letzten Aufrufs: 19.09.2005.

[152] OSZE, Department of Human Rights and Rule of Law, Report 2 (17.12.1999) – The Development of the Kosovo Judicial System (10.06.1999-15.12.1999), vgl. Fn. 151.

[153] Seit Februar 2000 dann auch Einsetzung internationaler Richter, um faire Verfahren insbesondere in Verfahren um ethnisch motivierte Straftaten sicherzustellen.

(3) Zusammenfassung

Bedingt durch den Umstand, dass der Schwerpunkt des ersten halben Jahres der Übergangsverwaltung darauf gerichtet war, grundlegende Strukturen der Zivilverwaltung überhaupt erst wieder aufzubauen, ist die Anfangsphase der UNMIK geprägt von einem beinah allumfassenden Einfluss der internationalen Übergangsverwaltung. Dabei obliegt dem Sonderbeauftragten des Generalsekretärs nicht nur die höchste Exekutivgewalt im Kosovo, sondern er erlässt auch bedingt durch die Abwesenheit eines kosovarischen Gesetzgebungsorgans Gesetze in Form von Verordnungen. Bei der Entscheidung darüber, welche der geltenden Gesetze mit den Zielen der Mission und Sicherheitsratsresolution 1244 (1999) vereinbar sind und welche als hiermit unvereinbar zu ändern, aufzuheben oder zu suspendieren sind, hat der Sonderbeauftragte die letztinstanzliche Entscheidungsbefugnis, die von keiner Institution überprüfbar ist. Gleiches gilt auch bei der Überprüfung der Eignung von Personen, die vom Sonderbeauftragten für die Arbeit innerhalb der UNMIK eingesetzt, aber auch entlassen werden können, sofern er deren Arbeit für unvereinbar mit den Zielen der Übergangsverwaltung hält. Die Komponente der Zivilverwaltung sorgt zwar dafür, dass bei dem Wiederaufbau der öffentlichen Verwaltung so viele lokale Mitarbeiter wie möglich beteiligt werden, die Auswahl erfolgt jedoch durch die UNMIK. Bei den umfangreichen Tätigkeiten der Zivilverwaltungskomponente innerhalb des Bereiches der öffentlichen Verwaltung werden die lokalen Mitarbeiter nicht nur durch einen Stab von internationalen Mitarbeitern unterstützt, sondern auch bei der Umsetzung entsprechender Richtlinien kontrolliert. Die Befugnis geht in diesem Bereich bis hin zum direkten Eingreifen in die Verwaltungstätigkeit durch Ausübung eigener Exekutivbefugnisse, so dass sich das System der Arbeit in der Verwaltung als ein System der Kontrolle und Selbstvornahme darstellt. Auch die Aufrechterhaltung der öffentlichen Sicherheit und Ordnung liegt in der Anfangsphase noch ganz in den Händen der KFOR und später der UNMIK. An der Spitze der Polizei steht mit dem UNMIK Police Commissioner ebenfalls ein internationaler Mitarbeiter.

c) JIAS (= Joint Interim Administrative Structure) – Die gemeinsame Struktur der Übergangsverwaltung (Januar 2000 - Mai 2001)

(1) Überblick

Bereits am 15. Dezember 1999 wurde die Gemeinsame Übergangsverwaltung (JIAS) von UNMIK ins Leben gerufen, um die Verantwortung für die zentrale und lokale Verwaltungstätigkeit, die bis dahin für sechs Monate bei der UNMIK gelegen hatte, nun in gemeinsame Hände der lokalen Bevölkerung und der UNMIK zu legen. Zu diesem Zweck wurden zunächst lokale Mitarbeiter ernannt (später gewählt). Gemäß der UNMIK-Verordnung 2000/1 sollten die bis zu diesem Zeitpunkt im Kosovo bestehenden Einrichtungen, seien sie exekutiver, legislativer oder judikativer Art, soweit wie möglich umgewandelt und in Übereinstimmung mit der genannten Verordnung in die JIAS integriert werden[154]. Bis Februar 2000 hatte JIAS offiziell die bisherigen parallel bestehenden Sicherheits- und Verwaltungsstrukturen gänzlich ersetzt[155]. Die Strukturen der JIAS waren darauf angelegt, in Kraft zu bleiben, bis demokratisch durchgeführte Wahlen es erlauben würden, dauerhafte Verwaltungsstrukturen zu errichten[156]. Bei der Leitung der Übergangsverwaltung sollten die Gemeinden durch die in der die JIAS betreffenden Verordnung vorgesehenen Abläufe mit einer gerechten Repräsentation aller Volksgruppen beteiligt sein[157]. Die Rechtsgrundlage für diese Aufteilung der Verantwortung wurzelt in der Sicherheitsratsresolution 1244, die als Aufgabe der UNMIK definiert, Übergangsinstitutionen für eine demokratische und autonome Selbstverwaltung des Kosovo zu errichten und, sobald diese vorhanden sind, die Verantwortung für deren Führung sukzessive auf die lokale Bevölkerung zu übertragen. Gemessen an dem von der UN vorgesehenen Zeitplan für die Mission fällt die Periode der JIAS in die zweite und dritte Phase des 5-Phasen-Planes.

(2) Aufbau

Zunächst ist festzustellen, dass durch die UNMIK-Verordnung über das Inkrafttreten der JIAS festgeschrieben bleibt, dass der Sonderbeauftragte des Generalsekretärs nach wie vor legislative und exekutive Gewalt ausüben kann[158]. Der Sonderbeauftragte ist also weiterhin wichtiges einflussnehmendes Organ in den Strukturen der JIAS. Weitere Organe der JIAS sind der Rat der Übergangsverwaltung/Übergangsverwaltungsrat (*IAC = Interim Administrative Council*) und der Kosovo-Übergangsrat (*KTC = Kosovo Transitional Council*). Im folgenden sollen zunächst die einzelnen Komponenten der JIAS vorgestellt werden um im Anschluss daran zu untersuchen, welchen Einfluss diese jeweils auf die staatlichen Gewalten ausüben.

---

[154] Abschnitt 1, lit. (c) der UNMIK/REG/2000/1 (14.01.2000).

[155] Offizielle Website der UNMIK, Hintergrund zu JIAS, abrufbar unter: http://www.unmikonline.org/1styear/unmikat18.htm; Datum des letzten Aufrufs: 25.09.2005.

[156] Offizielle Website der UNMIK, UNMIK-JIAS Fact Sheet; abrufbar unter: http://www.unmikonline.org/1styear/jias.htm, Datum des letzten Aufrufs: 25.09.2005.

[157] Abschnitt 1, lit. (d) der UNMIK/REG/2000/1 (14.01.2000).

[158] Abschnitt 1, lit. (a) der UNMIK/REG/2000/1 (14.01.2000).

aa) Übergangsverwaltungsrat – Interim Administrative Council (IAC)

Der Übergangsverwaltungsrat bestand aus acht Mitgliedern, wovon sich die eine Hälfte aus den führenden UNMIK Mitarbeitern[159] zusammensetzte und die andere Hälfte aus den drei politischen Führern der Kosovo Albaner[160] und einem vom Serbischen Nationalrat entsandten Beobachter bestand. Der Sonderbeauftragte des Generalsekretärs führte den Vorsitz im IAC, hatte aber selbst kein Stimmrecht. Der Übergangsverwaltungsrat diente als Beratungskabinett für den Sonderbeauftragten des Generalsekretärs und erfüllte die Funktion eines Exekutivorgans der JIAS. Als Exekutivorgan hatte der IAC die Aufgabe, die Richtlinien festzulegen, nach denen die anderen JIAS Organe, die zwanzig Verwaltungsressorts und die Strukturen auf lokaler Ebene arbeiteten. Dem Sonderbeauftragten machte der IAC Vorschläge für neue Verordnungen und Änderungen bezüglich geltenden Rechts[161]. Was das Verfahren im Rat der Übergangsverwaltung betraf, so sollte die Entscheidungsfindung möglichst im Wege des Konsenses stattfinden. Traf der IAC seine Entscheidungen einstimmig oder mit einer Zwei-Drittel-Mehrheit, galt diese als vom SRSG akzeptiert, es sei denn, er gab dem Rat innerhalb von sieben Tagen und unter Angabe von Gründen eine anders lautende Empfehlung. Sollte der Rat weder einstimmig noch mit einer Zwei-Drittel-Mehrheit zu einer Entscheidung kommen, so traf der Sonderbeauftragte eine Entscheidung[162]. Dem IAC direkt beigeordnet war ein Expertenkomitee für Sicherheit, das sich aus UNMIK-Mitarbeitern und Kosovaren zusammensetzte.

bb) Der Kosovo-Übergangsrat – Kosovo Transitional Council (KTC)

Der *Kosovo-Übergangsrat* (KTC) hatte den Zweck, die pluralistische Gesellschaft des Kosovo zu repräsentieren. Mitglieder waren hier zunächst automatisch sämtliche Mitglieder des IAC, die die Aufgabe hatten, den Übergangsrat über die Arbeit der Verwaltungsressorts zu informieren[163]. Die übrigen der insgesamt 36 Mitglieder, die vom Sonderbeauftragten des Generalsekretärs ernannt wurden, stammten aus den verschiedensten Gruppen der Gesellschaft, die in vier

---

159 Jock Covey, Principal Deputy SRSG; Tom Koenigs, Deputy SRSG for Civil Administration; Daan Everts, Deputy SRSG for Democratization and Institution-Building; Joly Dixon, Deputy SRSG for Economic Reconstruction.

160 „Rambouillet Three“: Hashim Thaci, PDK (Kosovo Democratic Party); Ibrahim Rugova, LDK (Democratic League of Kosovo); Rexhep Qosja, LBD (United Democratic Movement).

161 Offizielle Website der UNMIK, UNMIK-JIAS Fact Sheet, abrufbar unter: http://www.unmikonline.org/1styear/jias.htm, Datum des letzten Aufrufs: 25.09.2005.

162 Abschnitt 6 der UNMIK/REG/2000/1 (14.01.2000).

163 Abschnitt 2 der UNMIK/REG/2000/1 (14.01.2000).

Bereiche eingeteilt werden können: die wichtigsten politischen Parteien[164], Führer der Religionsgemeinschaften[165], Vertreter der nationalen Volksgruppen[166] sowie Unabhängige und Vertreter der Zivilgesellschaft[167].[168] Der Übergangsrat stellte damit das Verbindungsglied zwischen der kosovarischen Bevölkerung und den Komponenten der JIAS dar und fungierte durch die Einbindung der verschiedenen Bevölkerungsgruppen gewissermaßen als „Embryo-Parlament"[169]. Durch seine Teilnahme an den verschiedensten Arbeitsgruppen und Tagungen bildete der KTC ein „Versuchsobjekt" für demokratische Abläufe und Toleranz in den verschiedenen Institutionen. Der Übergangsrat wurde regelmäßig sowohl von KFOR als auch vom Police Commissioner über die Sicherheitslage unterrichtet. Der KTC wurde des weiteren sowohl von den Vorsitzenden der Verwaltungsressorts über die Arbeit ihres jeweiligen Zuständigkeitsbereichs informiert als auch über Entscheidungen des IAC bzw. über beabsichtigte neue Verordnungen durch den SRSG in Kenntnis gesetzt. Sollte eine Mehrheit der Mitglieder des Übergangsrates mit einer vom IAC getroffenen Entscheidung nicht einverstanden sein, so hatte der KTC das Recht, dem Sonderbeauftragten eine abweichende Lösung vorzuschlagen, woraufhin dieser dann eine endgültige Entscheidung treffen konnte[170]. Für die Detailarbeit des KTC wurden bereits in der Anfangsphase der JIAS zunächst vier Ausschüsse gebildet: Die „Arbeitsgruppe für Toleranz und Schutz lokaler Bevölkerungsgruppen" mit der schwierigen Aufgabe, für Toleranz und friedliches Zusammenleben in den Gemeinden einzutreten, die „Arbeitsgruppe für verhaftete und vermisste Personen", die sich damit befasste, das Schicksal der in serbischen Gefängnissen inhaftierten Personen herauszufinden und Informationen über vermisste Personen zu gewinnen. Des Weiteren gab es die „Arbeitsgruppe

---

164 Democratic League of Kosovo (LDK), Liberal Party of Kosovo (PLK), Republican Party of Kosovo (PRK), Kosovo Democratic Party (PDK), National Movement for Liberation of Kosovo (LKCK), Parliamentary Party of Kosovo (PPK), United Democratic Movement (LBD), Albanian Christian- Democratic Party of Kosovo (PShDK), Social Democratic Party of Kosovo (PDSK).

165 Muslimische Glaubensgemeinschaft, Römisch- Katholische Kirche, Serbisch- Orthodoxe Kirche (Beobachter).

166 Zwei Beobachter aus dem Serb National Council (SNC); Zwei Vertreter der Turkish People's Party (TPP) sowie ein weiterer türkischer Vertreter; Party for Democratic Action (Bosnisch); Zaman (Bosnische NGO); ein Vertreter der Roma.

167 Association of Political Prisoners, Mother Theresa society, Association of Trade Unions, Council for the Defence of Human Rights and Freedoms, Centre for the Protection of Women and Children, Zeri Newspaper (publishers), Civic House/ Radio Contact, Former Rector of Pristina University, Kosova Action for Civic Initiatives (KACI), Kosovo Chamber of Commerce and Industry.

168 Offizielle Website der UNMIK, UNMIK-JIAS Fact Sheet; Kosovo Transitional Council, abrufbar unter:
http://www.unmikonline.org/1styear/ktc.htm, Datum des letzten Aufrufs: 25.09.2005.

169 Offizielle Website der UNMIK, UNMIK at Two, In-depth Kosovar involvement, abrufbar unter: http://www.unmikonline.org/2ndyear/unmikat2p5.htm, Datum des letzten Aufrufs: 25.09.2005.

170 Abschnitt 2 der UNMIK/REG/2000/01 (14.01.2000).

für wirtschaftliche Angelegenheiten", die im wesentlichen den Vorgaben der Übergangsverwaltung folgte. Zuletzt existierte noch die „Arbeitsgruppe für Bildung", die Schulen besuchte, sich mit den Vorsitzenden der Ressorts für Bildung und Wissenschaft traf und ihre Ergebnisse dem KTC mitteilte[171]. Dem KTC war ein Sekretariat beigeordnet, dessen Besetzung alle zwei Monate wechselte.

cc) Verwaltungsressorts (Administrative Departments)

Unter der Führung der jeweiligen Stellvertretenden Sonderbeauftragten des Generalsekretärs für Zivilverwaltung, Demokratisierung und Wirtschaftlichen Wiederaufbau bestanden zwanzig *Verwaltungsressorts* in den Bereichen Landwirtschaft, Zivile Sicherheit und Katastrophenschutz, Kultur, Bildung und Wissenschaft, Umwelt, Public Services, Gesundheit und Soziale Sicherheit, Justiz, Arbeit und Beschäftigung, Kommunalverwaltung, Non-Resident Affairs, Post und Telekommunikation, Sport, Transport und Infrastruktur, Jugend (Bereich Zivilverwaltung – UN), Demokratische Regierungsführung und Civil Society Support (Bereich Demokratisierung – OSZE), Central Fiscal Authority, Wiederaufbau, Handel und Industrie, Utilities (Bereich Wirtschaftlicher Wiederaufbau – EU). An dieser Stelle lässt sich das Schwergewicht der UN im Gesamtaufbau der Mission verdeutlichen. Bereits aus der Anzahl der den verschiedenen Komponenten unterstellten Ressorts ist die dominierende Rolle des UN-Pfeilers ersichtlich. Während im JIAS-Aufbau der Bereich der Polizeiaufgaben ausdrücklich aus dem Bereich der Verwaltungsressorts ausgenommen war, wurde die Aufgabe der übrigen Verwaltungseinheiten mit der Umsetzung der im IAC verabschiedeten Politik und Richtlinien definiert. Die beiden Vorsitzenden (grundsätzlich ein Kosovo- und ein UNMIK-Mitarbeiter) der Verwaltungsressorts hatten die Möglichkeit, über den jeweils zuständigen stellvertretenden Sonderbeauftragten dem IAC Gesetzesvorschläge zu unterbreiten. Die jeweiligen Führungsspitzen der Verwaltungsressorts waren dem für ihren Bereich zuständigen stellvertretenden Sonderbeauftragten unterstellt und gemeinsam mit dem jeweils zuständigen stellvertretenden Sonderbeauftragten verantwortlich für die Umsetzung der im IAC erarbeiteten Richtlinien sowie für die Abstimmung mit den anderen Verwaltungsressorts. Sie hatten die Möglichkeit, nach Rücksprache mit dem IAC Veränderungen bezüglich der inneren Organisation ihres Ressorts vorzunehmen. Die beiden Vorsitzenden des Ressorts wurden vom Sonderbeauftragten des Generalsekretärs ernannt, wobei der IAC hinsichtlich des kosovarischen Mitarbeiters konsultiert werden musste. Was die Kompetenzen der beiden Vorsitzenden untereinander angeht, so mussten Entscheidungen grundsätzlich gemeinsam getroffen werden. Für den Fall, dass keine Einigung erzielt werden konnte, fiel die Entscheidung an den jeweils zuständigen stellvertretenden Sonderbeauftragten zurück[172].

---

[171] Offizielle Website der UNMIK, UNMIK-JIAS Fact Sheet; KTC, abrufbar unter: http://www.unmikonline.org/1styear/ktc.htm, Datum des letzten Aufrufs: 25.09.2005.

[172] Abschnitt 7 der UNMIK/REG/2000/01 (14.01.2001).

Grafik 6: JIAS

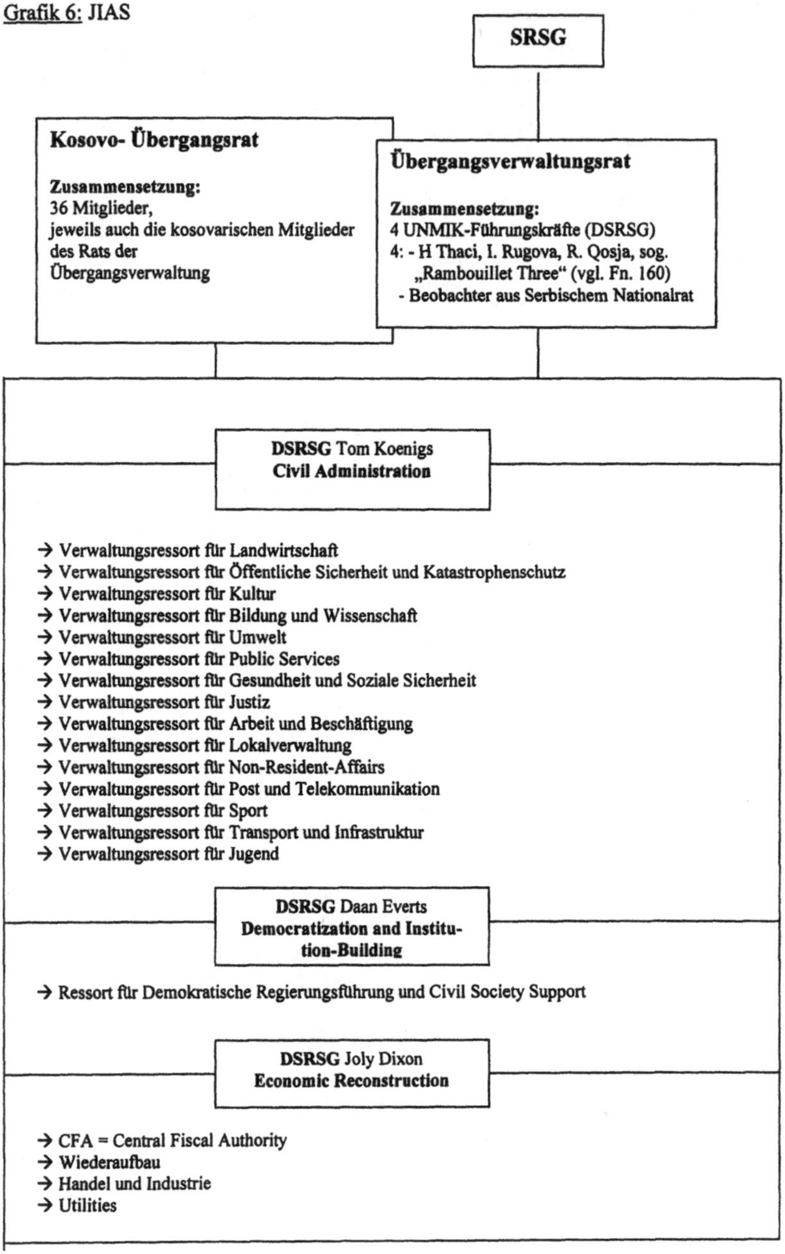

dd) Kommunale Verwaltungsgremien – Municipal Administrative Boards

Für die Kommunalverwaltungen wurden kommunale Verwaltungsgremien (= *Municipal Administrative Board*) eingesetzt, an deren Spitze ein Kommunalverwalter der UNMIK stand. Die kommunalen Verwaltungsgremien bestanden aus dem UNMIK Kommunalverwalter und den von ihm ernannten Mitarbeitern. Dies waren neben ihm selber ein Präsident, soweit der UNMIK-Kommunalverwalter einen solchen ernannte, ein oder mehrere Vizepräsidenten, Abteilungsleiter und andere vom Kommunalverwalter ernannte Mitarbeiter, wobei Angestellte der bisherigen Kommunalverwaltungsstrukturen soweit wie möglich integriert werden sollten. Die Aufgabe des Kommunalverwalters bestand in der Festsetzung der Verfahrensweise der Verwaltung und der Überwachung der Ausführung der von ihm diesbezüglich ausgegebenen Richtlinien. Übergangsweise hatte er auch kommunalen Besitz und anderes Vermögen direkt zu verwalten[173]. Neben dem Kommunalverwalter wurde ein beratendes Organ, nämlich der Gemeinderat *(= Municipal Council)* eingerichtet, dessen Mitglieder die Bevölkerung der Gemeinde repräsentieren sollten und vom Kommunalverwalter zunächst ernannt wurden[174].

ee) Einrichtungen der OSZE

Nicht in der obigen Grafik einzeln aufgeführt, aber große Bedeutung in dem hier beschriebenen Zeitraum hatten verschiedene durch die OSZE gegründeten Einrichtungen, die Einfluss in allen drei Staatsgewalten entfalteten. Eine der Hauptaufgaben der OSZE war die Organisation und Durchführung von Wahlen, für die das Ressort für Wahldurchführung (*Department of Election Operations*) eingerichtet wurde. In die Periode der JIAS fielen die Kommunalwahlen im Oktober 2000, die Wahl der Übergangsversammlung 2001 und zuletzt die Wahl im Zusammenhang mit dem „Constitutional Framework for Provisional Self-Government in Kosovo“[175]. Für die Durchführung der Wahlen wurde durch die UNMIK-Verordnung 2000/21 die Zentrale Wahlkommission (*Central Election Commission = CEC*) ins Leben gerufen, deren Befugnisse durch UNMIK-Verordnung 2000/65 noch einmal erweitert wurden. Unter Vorsitz des Stellvertretenden Sonderbeauftragten für Demokratisierung und Wiederaufbau besteht die Zentrale Wahlkommission aus neun kosovarischen und drei internationalen Mitgliedern[176]. Als zuständiges Gremium für die Durchführung der Wahlen hat die Kommission sowohl legislative, als auch exekutive und judikative Befugnisse, die unter den folgenden Unterpunkten dargestellt werden sollen.

---

[173] Abschnitt 8 der UNMIK/REG/2000/01 (14.01.2000).
[174] Abschnitt 8 der UNMIK/REG/2000/01 (14.01.2000).
[175] Vgl. UNMIK/REG/2001/9 (15.05.2001).
[176] Abschnitt 2 der UNMIK/REG/2000/21 (18.04.2001).

(3) Einfluss auf die staatlichen Gewalten

aa) Exekutive

Der IAC hatte als Exekutivorgan der JIAS bereits begriffsnotwendig exekutive Befugnisse. Diese bestanden zunächst darin, dass hier die Richtlinien ausgearbeitet wurden, nach denen die übrigen Komponenten der JIAS sowie die Kommunalverwaltungen arbeiteten. Zwar waren im Übergangsverwaltungsrat zu gleichen Teilen kosovarische Führungskräfte beteiligt und es galt das Prinzip des Konsenses bzw. der Zwei-Drittel-Mehrheit bei der Entscheidungsfindung. Für den Fall jedoch, dass keine Einigkeit erzielt werden konnte, hatte der Sonderbeauftragte des Generalsekretärs das Entscheidungsrecht. Konsequenz dieses Konzepts war folgendes: Ohne die Zustimmung der UNMIK-Spitze konnte die erforderliche Mehrheit nicht zustande kommen. Die UNMIK-Vertreter als Mitglieder des IAC hatten somit immer die Möglichkeit, gegen die kosovarischen Vertreter des IAC die Entscheidung des Sonderbeauftragten herbeizuführen, so dass die verbindliche Entscheidung letztlich von einem Organ der UNMIK getroffen wurde. Damit war ein System geschaffen worden, das - zumindest theoretisch - geeignet war, das Mitspracherecht der einheimischen Politiker auf Null zu reduzieren. Aber selbst im Falle einer Konsens- oder einer Zwei-Drittel-Mehrheitsentscheidung hatte der Sonderbeauftragte als – auch unter der JIAS - ranghöchster Exekutivbeamter noch die Möglichkeit, dem IAC eine anders lautende Empfehlung zu geben.

In den Verwaltungsressorts nahmen zum einen die jeweiligen UNMIK-Vorsitzenden Einfluss auf die Umsetzung der vom IAC ausgegebenen Politikrichtlinien, zum anderen galt auch hier – ähnlich dem Verfahren im IAC – der Grundsatz, dass bei Uneinigkeit der beiden Vorsitzenden die Entscheidungsbefugnis bei einem übergeordneten UNMIK-Mitarbeiter, in diesem Fall dem für das entsprechende Ressort zuständigen stellvertretenden Sonderbeauftragten des Generalsekretärs, lag.

bb) Legislative

Als legislative Funktionen sollen hier solche zusammengefasst werden, bei deren Wahrnehmung entweder die UNMIK selbst gesetzgebend tätig wurde oder durch ihre Mitwirkung in den entsprechenden Gremien beratend auf die Gesetzgebung Einfluss nehmen konnte.

Im IAC wurden Vorschläge für die später vom Sonderbeauftragten des Generalsekretärs zu erlassenden Verordnungen erarbeitet. Trotz gleichberechtigter Teilnahme der einheimischen Vertreter verblieb der UNMIK hier durch die Beteiligung der UNMIK-Führungskräfte eine erhebliche Möglichkeit, auf die Gesetzgebung Einfluss zu nehmen. Wie schon im Bereich der Exekutive, liegt auch hier im Falle von Uneinigkeit die letztinstanzliche Entscheidungskompetenz bezüglich der Gesetzgebung beim Sonderbeauftragten.

Im Zusammenhang mit der Durchführung der Wahlen, die von der OSZE-Komponente betreut wurde, erwuchsen der UNMIK auch alle legislativen Befugnisse, die hierfür nötig waren. Gemäß UNMIK-Verordnung 2000/21[177] hatte die Zentrale Wahlkommission die wichtigsten Grundregeln sowohl für die landesweiten Wahlen als auch für die Kommunalwahlen auszuarbeiten, die dann dem Sonderbeauftragten vorgelegt wurden, der sie dann in Form einer Verordnung verkündete. Regeln, die die Durchführung der Wahlen betrafen, umfassten die Amtszeit für gewählte Funktionäre, die Auswahl eines geeigneten Wahlsystems, die Festlegung der Zuständigkeit des Sonderbeauftragten, die Wählerregistrierung und die Feststellung des Endergebnisses sowie die Festsetzung des Wahltages[178]. In Ausgestaltung der oben genannten Verordnungen hatte die Zentrale Wahlkommission (CEC) auch Gesetze zu erarbeiten, die unter anderem den Ablauf für die landesweiten Wahlen festlegen sollten und entsprechende Stellen, wie die Örtlichen Wahlkommissionen und *Polling Station Committees* zu schaffen, die die Durchführung der Wahlen leiteten sowie ein Wahlgesetz auszuarbeiten und eine Beschwerdeinstanz einzurichten, die im Falle von Unregelmäßigkeiten Verletzungen von Regeln im Zusammenhang mit der Wahl nachgehen konnte[179].

cc) Judikative

Nachdem das *Emergency Judicial System* im Dezember 1999 ausgelaufen war, begann ab Januar 2000 die Wiederherstellung eines regulären Gerichtssystems. Für jede der fünf Regionen im Kosovo – Prizren, Pec, Pristina, Mitrovica und Gnjilane – ist ein Distriktgericht zuständig. Im Bereich von Strafverfahren kann ein Distriktgericht Urteile mit einer Freiheitsstrafe von über fünf Jahren aussprechen. Eine Instanz darunter existieren die *Municipal Courts*, die Freiheitsstrafen bis zu fünf Jahren verhängen dürfen. An unterster Stelle stehen 19 *Minor Offence Courts*, die Freiheitsstrafen bis zu 2 Monaten aussprechen können. Das höchste Berufungsgericht ist der Oberste Gerichtshof des Kosovo (*Kosovo Supreme Court*), der für Berufungsverfahren der 5 Distriktgerichte zuständig ist.

Im Folgenden wird dargestellt, inwiefern die UNMIK während des Zeitraumes der JIAS im Bereich der Judikative tätig war. Dabei sollen zum Bereich der Judikative die Funktionen der UNMIK gezählt werden, die sich mit der verbindlichen Schlichtung von Streitigkeiten zwischen Einzelnen beziehungsweise Einzelnen und Organen der Exekutive befasst.

---

[177] Abschnitt 4.2 der UNMIK/REG/2000/21 (18.04.2000).
[178] Abschnitt 4.2 lit. a) - d) der UNMIK/REG/2000/21 (18.04.2000).
[179] Abschnitt 4.3 der UNMIK/REG/2000/21 (18.04.2000).

(i) Die Institution des Ombudsmannes

In diesen Bereich fällt in erster Linie die durch die von der OSCE durch eine UNMIK-Verordnung vom 30. Juni 2000[180] geschaffene Institution des Ombudsmannes. Diese setzt sich zusammen aus dem Ombudsmann und mindestens drei Stellvertretern[181]. Der Ombudsmann muss eine internationale Persönlichkeit sein, die vom Sonderbeauftragten des Generalsekretärs ernannt wird. Da der Ombudsmann vor allem unparteiisch zu sein hat, darf er weder Bürger der Bundesrepublik Jugoslawien, noch aus einem Staat stammen, die ehemals zu Jugoslawien oder Albanien gehörte. Der Sonderbeauftragte des Generalsekretärs ernennt des Weiteren mindestens einen internationalen sowie zwei einheimische Stellvertreter[182]. Die Institution des Ombudsmannes hat unter anderem die Aufgabe, für die Einhaltung der Menschenrechte im Kosovo zu sorgen. Zu diesem Zweck geht sie Beschwerden von einzelnen Personen oder juristischen Personen im Kosovo nach, die entweder eine Menschenrechtsverletzungen oder eine Rechtsverletzung durch die Übergangsverwaltung oder die lokale Verwaltung betreffen. Gerade um letzteres sicherstellen zu können, ist die Institution des Ombudsmannes unabhängig; insbesondere hat die Zivilverwaltung keinen Einfluss auf die Durchführung ihrer Arbeit. Die zu untersuchende Rechtsverletzung kann in einem Handeln, einem Unterlassen oder einer Entscheidung bestehen[183]. Die Institution des Ombudsmanns hat die Befugnis, innerhalb ihres Aufgabenbereichs Beschwerden entgegenzunehmen, Untersuchungen durchzuführen und Ratschläge zu geben. Untersuchungen können entweder auf eine Beschwerde hin oder aber auch auf eigene Initiative des Ombudsmannes eingeleitet werden[184]. Im weiteren Verfahren hat der Ombudsmann folgende Möglichkeiten: Sobald ihm eine Beschwerde vorgelegt wird, unternimmt er die notwendigen Schritte um die Verletzung abzustellen, was auch bedeuten kann, dass er sich direkt mit den verantwortlichen Stellen in Verbindung setzt, die dann innerhalb einer bestimmten Zeit auf die Anfrage des Ombudsmannes antworten müssen. Sollte der Ombudsmann während einer Untersuchung zu dem Ergebnis kommen, dass die Vollstreckung einer Entscheidung der Verwaltung irreversiblen Nachteilen für den Beschwerdeführer zur Folge hätte, kann er die Empfehlung aussprechen, dass die zuständige Behörde die Vollstreckung der betreffenden Entscheidung aufschiebt. Dem Ombudsmann hat zu dem Zweck der Durchführung seiner Untersuchungen Zugang zu allen Unterlagen der Zivilverwaltung bzw. den neu errichteten lokalen Verwaltungsstrukturen gewährt zu werden. Er hat des Weiteren das Recht, jede Person aufzufordern, Unterlagen und Dokumente sowie Auskünfte zu erteilen. Zum Bereich der Sicherstellung der Menschenrechte gehört die Befugnis des Ombudsmannes, alle Orte zu besichtigen,

180 UNMIK/REG/2000/38 (30.06.2000).
181 Abschnitt 5 der UNMIK/REG/2000/38 (30.06.2000).
182 Abschnitt 6 der UNMIK/REG/2000/38 (30.06.2000).
183 Abschnitt 3 der UNMIK/REG/2000/38 (30.06.2000).
184 Abschnitt 4 der UNMIK/REG/2000/38 (30.06.2000).

an denen Menschen sich in Gewahrsam befinden sowie an Anhörungen dieser Personen teilzunehmen. Im Verlauf oder nach Abschluss einer Untersuchung kann er wiederum Empfehlungen an die zuständige Verwaltungseinheit bzw. an den zuständigen Beamten aussprechen, welche Maßnahmen ergriffen werden sollten. Nach einer Untersuchung kann die Empfehlung des Ombudsmannes auch lauten, gegen bestimmte Personen disziplinarische oder strafrechtliche Verfahren einzuleiten. Falls trotz einer entsprechenden Empfehlung des Ombudsmannes die betreffende Stelle weder geeignete Maßnahmen zur Abstellung der Rechtsverletzung ergreift, noch dem Ombudsmann plausible Gründe für ihr Nichttätigwerden nennen kann, so hat er die Befugnis, dem Sonderbeauftragten des Generalsekretärs den Fall vorzulegen. Gegen die Entscheidung des Ombudsmannes gibt es kein Rechtsmittel[185]. Die Diensträume des Ombudsmannes sind unverletzlich. Die Institution des Ombudsmannes genießt zudem Immunität in Bezug auf ihre Archive, Akten, Dokumente, Korrespondenz und ihren Besitz. Jedwede Einwirkung, wie Durchsuchung oder Beschlagnahme durch sowohl exekutive als auch legislative und judikative Organe ist ausgeschlossen. Einzig der Generalsekretär der Vereinten Nationen ist berechtigt, die oben dargestellte Unverletzlichkeit und Immunität aufzuheben[186].

Von ihrer Errichtung bis Anfang 2001 wurden der Institution des Ombudsmannes bereits 145 Fälle vorgetragen, von denen es sich bei dem überwiegenden Teil um angebliche Eigentumsverletzungen oder Diskriminierungen bei Sozialleistungen oder im Ausbildungssystem handelte[187].

(ii) Die Beteiligung internationaler Richter und Staatsanwälte

Noch bevor die Institution des Ombudsmannes im Juni 2000 eingesetzt wurde, kam es innerhalb des Gerichtssystems im Kosovo zu einem Phänomen, das ganz und gar gegenläufig zu dem normalen Fahrplan der Mission war. Statt der normalen Entwicklung, nach der der Einfluss der internationalen Verwaltung sukzessive abnehmen sollte, um Verantwortung wieder in die Hände der lokalen Bevölkerung zu legen, wurden im Gerichtssystem, in dem seit Juli 1999 Richter- und Staatsanwaltsposten ausschließlich mit Einheimischen besetzt worden waren, nach öffentlichen Unruhen und ethnisch motivierter Gewalt in Mitrovica gegenläufige Maßnahmen ergriffen. Grund dafür war in der Hauptsache die Infragestellung der Unparteilichkeit und Unabhängigkeit des Gerichtswesens gewesen, die insbesondere daraus resultierte, dass ethnische Minderheiten kaum repräsentiert waren. Als das *Emergency Judicial System* im Sommer 1999 ins Leben gerufen wurde, ernannte der Sonderbeauftragte insgesamt 55 Richter und

---

185 Abschnitt 4 der UNMIK/REG/2000/38 (30.06.2000).

186 Abschnitt 14 der UNMIK/REG/2000/38 (30.06.2000).

187 „Review of the OSCE Mission in Kosovo's Activities 1999-2001" von Daan Everts abrufbar unter: http://www.osce.org/kosovodocuments/articles/Everts_omik_review_53301.pdf, Datum des letzten Aufrufs: 01.12.2003.

Ankläger. Davon waren 42 Kosovo-Albaner, sieben Kosovo-Serben, vier slawische Moslems (Muslim Slavs), ein Türke und ein Roma. Anfang Oktober jedoch hatten bereits sämtliche Serben wegen Sicherheitsproblemen, Übergriffen von Kosovo-Albanern, Diskriminierungen und unzulänglicher Bezahlung ihr Amt wieder niedergelegt[188]. Mit der Einrichtung des regulären Gerichtssystems Anfang 2000 wurden acht Richter aus Minderheitsgruppen vereidigt, davon zwei Kosovo-Serben. Zur gleichen Zeit gehörten nur insgesamt 2 Ankläger einer ethnischen Minderheit an, keiner von ihnen war Kosovo-Serbe. Aufgrund von Sicherheitsproblemen und auf Druck aus Belgrad stellten die Kosovo-Serben ab September 2000 ihre Arbeit ganz ein.

Der Sonderbeauftragte erließ daher am 15. Februar 2000 die Verordnung 2000/6, die den Einsatz eines internationalen Richters und Staatsanwaltes in Mitrovica vorsah. Am 29. Mai 2000 erweiterte der Sonderbeauftragte auf öffentlichen Druck durch die Verordnung 2000/34[189] die Möglichkeit, internationale Richter und Ankläger zu ernennen, auf das gesamte Gebiet des Kosovo. Beide Verordnungen bestimmen im ersten Abschnitt wortgleich die Aufgaben der internationalen Richter und Staatsanwälte. Danach sind die internationalen Richter befugt und verpflichtet, innerhalb der Ausübung ihres Amtes und innerhalb der Zuständigkeit des Gerichts, dem sie zugewiesen wurden, sowohl neue als auch laufende Verfahren in Strafsachen auszuwählen und zu übernehmen[190]. Gleiches gilt für die Staatsanwälte mit der Maßgabe, Untersuchungen in Strafsachen einzuleiten, die Leitung neuer und laufender Ermittlungen zu übernehmen sowie laufende Strafverfahren an sich zu ziehen[191]. Im Januar 2001 wurde die Position der internationalen Staatsanwälte noch weiter gestärkt durch die UNMIK-Verordnung 2001/2, in der ihre Befugnis festgelegt wurde, Anklage in Fällen zu erheben, in denen die lokalen Ankläger keinen Anlass dazu gesehen hatten und Verfahren fortzuführen, die die lokalen Ankläger einzustellen beabsichtigten. Ein weiterer wichtiger Schritt, um die Unparteilichkeit im Gerichtswesen sicherzustellen, war die bereits am 15. Dezember 2000 erlassene UNMIK-Verordnung 2000/64, die vorsah, dass in einem laufenden Verfahren sowohl der mit dem Fall befasste Ankläger als auch der Angeklagte und die Verteidigung das Recht hat, das Verwaltungsressort für Justiz (*Administrative Department of Justice*) um die Zuteilung internationaler Ankläger und Richter oder um eine Verweisung an ein örtlich anderes Gericht zu ersuchen, soweit dies für die Gewährleistung der Un-

---

188 OSZE, Department of Human Rights and Rule of Law, Review 1 (10.08.2000) – The Criminal Justice System in Kosovo (01.02.2000-31.07.2000), S. 11f., abrufbar unter: http://www.osce.org/kosovo/documents.html, Datum des letzten Aufrufs: 02.10.2005.

189 UNMIK/REG/2000/34 (29.05.2000) On the Appointment and Removal from Office of International Judges and International Prosecutors.

190 Abschnitt 1.2 der UNMIK/REG/2000/6 (15.02.2000) und UNMIK/REG/2000/34 (29.05.2000).

191 Abschnitt 1.3 der UNMIK/REG/2000/6 (15.02.2000) und UNMIK/REG/2000/34 (29.05.2000).

abhängigkeit und Unparteilichkeit der Rechtsprechung notwendig ist[192]. Das Justizressort sollte dieses Ersuchen prüfen und es dann dem Sonderbeauftragten zur Entscheidung vorlegen, der über seine Anerkennung oder Zurückweisung befindet. Wird dem Ersuchen stattgegeben, wird dem betreffenden Verfahren ein internationaler Ankläger und Richter, in einem Fall, in dem eine Kammer aus drei Richtern entscheidet, mindestens zwei internationale Richter zugewiesen[193] (daher: „Regulation 64 panel"). Kritisch festzuhalten ist bei dieser Entwicklung allerdings, dass zwar die Unparteilichkeit der Justiz in den betreffenden Verfahren weitgehend sichergestellt werden kann und dies auch öffentlich anerkannt wird, jedoch das Hauptproblem, nämlich die Unparteilichkeit der Justiz aus sich heraus, insbesondere durch eine Beteiligung von Minderheiten im Justizsystem, noch nicht hergestellt werden konnte. Zudem greifen die oben beschriebenen Maßnahmen ausschließlich auf der Ebene der Distriktgerichte, während auf der Ebene der Municipal und Minor Offence Courts eine internationale Beteiligung nicht stattfindet[194].

Grafik 7:

Die ethnische Verteilung von Stellen innerhalb des Gerichtssystems am 7. Dezember 2000

	Insgesamt	Kosovo-Albaner	Kosovo-Serben	Muslim-Slav	Roma, Ägypter, Ashkali	Kosovo-Türken
Richter	315	294 (93,34 %)	2 (0,63 %)	11 (3,5 %)	3 (0,95 %)	5 (1,58 %)
Ankläger	48	45 (93,4 %)	0 (0 %)	1 (2,2 %)	1 (2,2 %)	1 (2,2 %)
Laienrichter, ehrenamtliche Richter	414	368 (88,98 %)	11 (2,65 %)	21 (5 %)	4 (0,96 %)	10 (2,41 %)

(Quelle: OSZE, Department of Human Rights and the Rule of Law, Legal Systems Monitoring Section, Report 9 – On the Administration of Justice [March 2002])

192 Abschnitt 1.1 der UNMIK/REG/2000/64 (15.12.2000) On the Assignment of International Judges/Prosecutors and/or Change of Venue.

193 Abschnitt 2.1 der UNMIK/REG/2000/64 (15.12.2000).

194 Vgl. zum Ganzen: OSZE, Department of Human Rights and Rule of Law, Report 9 (15.03.2002) – On the Administration of Justice, abrufbar unter: http://www.osce.org, Datum des letzten Aufrufs: 02.10.2005.

(iii) Zentrale Wahlkommission = CEC

Im Zusammenhang mit der Durchführung der Wahlen errichtete die Zentrale Wahlkommission (*Central Election Commission = CEC*) zwei Unterkommissionen für Wahlbeschwerden und Widersprüche (*Elections Complaints and Appeals Sub- Commission*), die für die Prüfung aller Beschwerden und Einsprüche in Bezug auf Verstöße im Wahlverfahren zuständig war[195].

(4) Zusammenfassung

Die Periode der JIAS war geprägt von dem Bestreben, die einheimische Bevölkerung Stück für Stück in die wichtigen Entscheidungsgremien zu integrieren. Dieses Ziel wurde aber gelegentlich schon dadurch eingeschränkt, dass Führungspositionen – wie zum Beispiel auf kommunaler Ebene die Position des Kommunalverwalters – von der UNMIK besetzt wurden. Die in den übrigen dargestellten Organen meist hälftige Besetzung aus UNMIK-Mitarbeitern und Kosovaren, wie sie beispielsweise im Rat der Übergangsverwaltung/Übergangsverwaltungsrat (IAC) oder an der Spitze der Verwaltungsressorts zu beobachten ist, konnte jedoch allenfalls den Zweck erfüllen, die Bevölkerung wieder an die Arbeit in demokratisch organisierten politischen Strukturen heranzuführen. Von einer wirklich gleichberechtigten Beteiligung bei der Entscheidungsfindung konnte hier noch keine Rede sein, was sich in dem Umstand manifestiert, dass bei Unstimmigkeiten in den paritätisch besetzten Gremien grundsätzlich die Entscheidung zurückfiel an den nächsthöheren UNMIK-Mitarbeiter, dem die letztinstanzliche Entscheidung bei Uneinigkeiten oblag. Als eine der wichtigsten Voraussetzungen für den Aufbau eines demokratischen Umfeldes diente die von der OSZE geleitete Vorbereitung der Wahlen. Zur Erfüllung dieser Aufgabe übernahm die OSZE auch Funktionen, die Einfluss auf alle drei Staatsgewalten beinhaltet, wozu auch die gesamte Gesetzgebung in diesem Bereich und die Streitschlichtung bei Unstimmigkeiten im thematischen Zusammenhang mit den Wahlen gehörte. Die einzige Institution im System der UNMIK, die als Beschränkung von deren Befugnissen angesehen werden könnte, ist die des von der Zivilverwaltung unabhängig arbeitenden Ombudsmannes. Problematisch ist hier jedoch, dass der Ombudsmann zum einen selbst als internationaler Mitarbeiter vom Sonderbeauftragten eingesetzt wird und zum anderen die Kompetenz nicht darüber hinausreicht, dem Sonderbeauftragten Fälle von Rechtsverletzungen zur verbindlichen Entscheidung vorzulegen. So ist die Institution des Ombudsmannes zwar in ihrer Arbeitsweise unabhängig, eine verbindliche Entscheidung, die eine Entscheidung der Zivilverwaltung aufhebt, kann sie jedoch nicht fällen.

---

195 Offizielle Website der UNMIK, UNMIK at Two - Building democracy, abrufbar unter: http://www.unmikonline.org/2ndyear/unmikat2p7.htm, Datum des letzten Aufrufs: 25.09.2005.

Zusammenfassend kann daher – gerade durch den in allen Bereichen überragenden Einfluss des Sonderbeauftragten des Generalsekretärs – insgesamt auch in der Periode der gemeinsamen Strukturen der Übergangsverwaltung (JIAS) die Rolle der UNMIK als dominierend gegenüber dem Einfluss der einheimischen Bevölkerung angesehen werden.

d) Provisional Institutions of Self-Government - PISG

(1) Überblick

Im Mai des Jahres 2001 befand sich die UNMIK an einem Wendepunkt, an dem es darum ging, den Grundstein für eine eigenständige demokratische Regierung des Landes zu legen, indem der überwiegende Teil von Regierungseinrichtungen von der UNMIK an das kosovarische Volk beziehungsweise deren gewählte Vertreter übergeben werden sollte. Es entstand ein neuer Pfeiler I, nämlich für Polizei und Justiz, in welchem die UNMIK-Polizei und das JIAS-Ressort für Juristische Angelegenheiten zu einer einzigen Institution zusammengefasst wurden[196]. Dieser vorletzte Schritt auf dem Weg zu der in der Sicherheitsratsresolution 1244 in Aussicht gestellten substantiellen Autonomie für die Region erhält seinen rechtlichen Rahmen durch die UNMIK-Verordnung 2001/9 mit dem Titel „Constitutional Framework for Provisional Self-Government"[197]. Dieses Constitutional Framework ist das Ergebnis von intensiven Gesprächen zwischen der UNMIK und den politischen Führern Kosovos unter Beteiligung von Kosovo-Albanern, Kosovo-Serben und der türkischen Volksgruppe[198]. Ausgearbeitet wurde der Text von einer gemeinsame Arbeitsgruppe, die aus Mitgliedern der drei wichtigsten Parteien im Kosovo, einem kosovo-serbischen Mitglied, einem bosnischen Vertreter, der die übrigen Minderheiten der kosovarischen Gesellschaft repräsentiert, einem Vertreter der Zivilgesellschaft, einem unabhängigen Experten sowie sieben internationalen Mitgliedern bestand. In diesem so entstandenen Dokument wurde sowohl der Grundstein für die nationalen Wahlen im November 2001 als auch für die Übergangszeit der letzten der fünf Phasen der UNMIK auf dem Weg zur selbständigen Eigenverwaltung des Landes – wie dies durch Sicherheitsratsresolution 1244[199] vorgegeben ist – gelegt. Gleichermaßen werden hierdurch die Übergangsinstitutionen der Regierung (→ *Provisional Institutions of Self-Government*) festgelegt, wobei jedoch an diversen Stellen darauf hingewiesen wird, dass die Ausübung der Tätigkeiten durch die PISG

[196] Offizielle Website der UNMIK, UNMIK at Two, People's rights: Challenges still, abrufbar unter: http://www.unmikonline.org/2ndyear/unmikat2p4.htm, Datum des letzten Aufrufs: 25.09.2005.

[197] UNMIK/REG/2001/9 (15.05.2001).

[198] Bericht des Generalsekretärs v. 07.06.2001, S/2001/565, Paras. 21ff.

[199] UN Doc. S/RES/1244 (1999), Para. 11 lit. (d): *„transferring (...) administrative responsibilities while overseeing and supporting the consolidation of Kosovo's local provisional institutions and other peace-building activities".*

in keiner Weise die letztinstanzliche Autorität des Sonderbeauftragten des Generalsekretärs hinsichtlich der Implementierung der Sicherheitsratsresolution 1244 einschränkt[200]. Insbesondere in seiner ihm durch Resolution 1244 direkt übertragenen Verantwortung für die Einhaltung der Menschenrechte bleibt der Sonderbeauftragte jederzeit zum Eingreifen befugt, wenn es um die Sicherstellung von Menschenrechten und Minderheitenschutz geht[201]. Interessant sind die in Kapitel zwei aufgeführten Prinzipien, an denen sich die PISG bei ihrer Arbeit zu orientieren hat. Abgesehen von der – nicht neuen – Verpflichtung der Mitarbeiter, sich an die Vorgaben der Sicherheitsratsresolution 1244 zu halten, wird nun auch explizit von den neuen Institutionen und deren Mitarbeitern die Achtung der Grundsätze von Rechtsstaatsprinzip, Menschenrechten sowie demokratischen Prinzipien verlangt[202]. Zudem wird erstmals das Prinzip der Gewaltenteilung zwischen Exekutive, Legislative und Judikative festgeschrieben[203]. In Kapitel fünf des „Constitutional Framework" werden die Bereiche aufgezählt, die künftig der Verantwortung der PISG unterstehen sollen. Sie umfassen:

(a) Wirtschafts- und Finanzpolitik;
(b) Steuern und Haushaltspolitik;
(c) Administrative and operational customs activities;
(d) Binnen- und Außenhandel, Industrie und Investitionen;
(e) Ausbildung, Wissenschaft und Technologie;
(f) Jugend und Sport;
(g) Kultur;
(h) Gesundheit;
(i) Umweltschutz;
(j) Arbeit und Soziales;
(k) Familie, und Jugend;
(l) Transport, Post, Telekommunikation und Informationstechnologie;
(m) Öffentliche Verwaltung
(n) Landwirtschaft, Forstwirtschaft und ländliche Entwicklung;
(o) Statistik;
(p) Raumplanung,
(q) Tourismus;

200 Präambel der UNMIK/REG/2001/9 (15.05.2001).
201 Kapitel 4, Abschnitt 4.6 der UNMIK/REG/2001/9 (15.05.2001).
202 Kapitel 2, lit. (b) der UNMIK/REG/2001/9 (15.05.2001); zur Bindungswirkung bzgl. UNMIK vgl. 2. Kapitel, II. 2. b) (5).
203 Kapitel 2, lit. (c) der UNMIK/REG/2001/9 (15.05.2001).

(r) *Demokratische Regierungsführung, Menschenrechte und Chancengleichheit; sowie*
(s) *Angelegenheiten von Nicht-Einwohnern.*[204]

Im Bereich der Kommunalverwaltung unterliegen dem Verantwortungsbereich der PISG folgende Bereiche:

(a) *Unterstützung der Kooperation zwischen den Gemeinden;*
(b) *Förderung der Entwicklung einer professionellen Gemeindeverwaltung;*
(c) *Unterstützung der Gemeinden bei der Entwicklung ihres Haushalts und Finanzmanagements;*
(d) *Überwachung der Qualität der kommunalen Dienstleistungen;*
(e) *Erschließung von Mitteln und Wegen für Schulungen der Gemeinden;*
(f) *Unterstützung der Gemeinden bei der Aufgabe, ihr Handeln für die Öffentlichkeit transparenter zu machen;*
(g) *Bereitstellen von rechtlichem Rat für die Gemeinden;*
(h) *Koordination der Aktivitäten von internationalen Vertretungen und Nichtstaatlichen Organisationen in den Gemeinden; und*
(i) *Aufsicht über die Einhaltung der Befugnisse und Pflichten der Gemeinden, die sich aus den Organisationsstrukturen, wie sie aus den Kommunalwahlen im Oktober 2000 hervorgegangen sind, ergeben sowie solche Befugnisse und Pflichten, die ihnen in der Zwischenzeit übertragen worden sind. Es versteht sich, dass den Gemeinden nach und nach zusätzliche Befugnisse in geordneter Weise übertragen werden.*[205]

Aus dem Bereich der Justiz werden der PISG zusätzlich folgende Verantwortungsbereiche überragen:

(a) *Entscheidungen bezüglich der Ernennung von Richtern und Anklägern;*
(b) *Verantwortung für die Organisation und das Funktionieren von Gerichten innerhalb der bestehenden Gerichtsstrukturen;*
(c) *Die Bereitstellung, Entwicklung und Aufrechterhaltung von Gerichten und Anklagebehörden;*

---

204 Kapitel 5, Abschnitt 5.1 der UNMIK/REG/2001/9 (15.05.2001).
205 Kapitel 5, Abschnitt 5.2 der UNMIK/REG/2001/9 (15.05.2001).

(d) Die Bereitstellung technischer und finanzieller Voraussetzungen sowie die Unterstützung von Personal und technischen Ressourcen zur Sicherstellung eines effektiven Gerichtswesens;

(e) In Zusammenarbeit mit der OSCE die Ausbildung des Justizpersonals;

(f) Die Organisation von Prüfungen für die Qualifikation von Richtern, Anklägern, Rechtsanwälten und anderen in der Rechtspflege tätigem Personal durch eine unabhängige, professionelle Einrichtung;

(g) Die Ernennung, Ausbildung, Überwachung und Entlassung von Angestellten in der Rechtspflege;

(h) Die Sicherstellung von Abstimmung zwischen Gerichtssystem und Strafvollzug;

(i) Kooperation mit den entsprechenden Organisationen, die die unabhängige Beobachtung von Rechtssystem uns Strafvollzug beobachten;

(j) Bereithalten von Informationen und Statistiken über Rechtspflege und Strafvollzug;

(k) Sicherstellen des Datenschutzes im Zusammenhang mit Rechtspflege und Strafvollzug;

(l) Sicherstellung der Kooperation in die Rechtspflege und den Strafvollzug betreffenden Fragen mit den entsprechenden Einrichtungen innerhalb des Kosovo;

(m) Unterstützung bei der Einstellung, Ausbildung und Überwachung des im Strafvollzug tätigen Personals.

(2) Aufbau der PISG

Im „Constitutional Framework for Provisional Self-Government" werden die Versammlung (Assembly), der Präsident (President of Kosovo), die Regierung (Government), das Justizsystem, eine Reihe anderer unabhängiger Institutionen sowie die dem Sonderbeauftragten vorbehaltenen Rechte aufgezählt[206].

aa) Die Versammlung - Assembly

Zusammensetzung und Aufgabenbereich der Versammlung sind im ersten Abschnitt des Kapitel neun des „Constitutional Framework" geregelt. Als höchstes legislatives Organ unter den Übergangsinstitutionen besteht die Versammlung aus 120 Sitzen, wovon zwanzig für die Vertretung von Minderheiten reserviert

[206] Kapitel 1, Abschnitt 1.5 der UNMIK/REG/2001/9 (15.05.2001).

sind[207]. Als Verantwortungsbereich der Versammlung werden insbesondere die Gesetzgebung und die Annahme von Beschlüssen in den Aufgabenbereichen genannt, die im fünften Kapitel des Constitutional Framework spezifiziert sind[208].

Nachdem ein Gesetz das Gesetzgebungsverfahren durchlaufen hat, legt der Präsident der Versammlung es dem Sonderbeauftragten des Generalsekretärs vor. Sobald dieser das beschlossene Gesetz verkündet, ist es als Legislativakt verbindlich gültig. Dagegen sind die Beschlüsse der Versammlung als bloße Erklärungen unverbindlich[209]. Des weiteren gehört zum Aufgabenbereich der Versammlung die Wahl des Präsidenten, die Bestätigung oder Ablehnung des Premierministers sowie der von diesem vorgeschlagenen Minister, die Beratung und Bestätigung von ihr vorgeschlagenen internationalen Übereinkommen und schließlich auch das Auffordern der Regierung, Gesetzesentwürfe vorzubereiten[210]. Die Versammlung bildet Ausschüsse, die beispielsweise Gesetzesentwürfe überprüfen und entsprechende Vorschläge machen. Die beiden Hauptausschüsse, nämlich der Finanzausschuss und der Ausschuss für die Rechte der Bevölkerungsgruppen sind im Constitutional Framework selbst geregelt. Die Bildung weiterer Fachausschüsse, die für die Erfüllung ihrer Aufgaben notwendig sind, obliegt der Versammlung.

bb) Der Präsident

Das Amt des Präsidenten wird im zweiten Abschnitt des neunten Kapitels des Constitutional Framework geregelt. Er wird in geheimer Wahl durch die Versammlung mit einer Zwei-Drittel-Mehrheit gewählt und gehört der Partei an, die entweder die Mehrheit in der Versammlung oder aber mindestens fünfundzwanzig Abgeordnete stellt[211]. Der Präsident hat unter anderem die Aufgabe, in Abstimmung mit dem Sonderbeauftragten des Generalsekretärs im Bereich außenpolitischer Angelegenheiten tätig zu werden und – nach Beratung mit den in der Versammlung vertretenen Parteien – den Premierminister vorzuschlagen[212].

cc) Die Regierung

Abschnitt drei des neunten Kapitels des Constitutional Framework regelt den Aufgabenbereich und die Zusammensetzung der Regierung. Diese besteht aus dem Premierminister und den Ministern[213]. Während der Präsident dem Parla-

---

[207] Kapitel 9, Abschnitt 1, Para. 9.1.2 und 9.1.3 der UNMIK/REG/2001/9 (15.05.2001).
[208] Kapitel 9, Abschnitt 1, Para. 9.1.26 der UNMIK/REG/2001/9 (15.05.2001).
[209] Kapitel 9, Abschnitt 1, Para. 9.1.27 der UNMIK/REG/2001/9 (15.05.2001).
[210] Kapitel 9, Abschnitt 1, Para. 9.1.26 der UNMIK/REG/2001/9 (15.05.2001).
[211] Kapitel 9, Abschnitt 2, Para. 9.2.8 der UNMIK/REG/2001/9 (15.05.2001).
[212] Kapitel 9, Abschnitt 2, Para. 9.2.4 der UNMIK/REG/2001/9 (15. 05.2001).
[213] Kapitel 9, Abschnitt 3, Para. 9.3.4 der UNMIK/REG/2001/9 (15.05.2001).

ment den Premierminister vorschlägt, präsentiert dieser der Versammlung wiederum eine Liste von Kandidaten für die Ministerposten. Der Premierminister wird zusammen mit den Ministern von der Mehrheit des Parlamentes gewählt[214]. Die Minister leiten die Ministerien, die durch Umwandlung aus den bestehenden Verwaltungsressorts, wie sie unter JIAS existierten, hervorgegangen sind. Dabei wurden die Verwaltungsressorts in der Form zusammengefasst, dass unter PISG nun nur noch die folgenden zehn Ministerien bestehen:

- *Ministerium für Wirtschaft und Finanzen,*
- *Ministerium für Handel und Industrie,*
- *Ministerium für Land- und Forstwirtschaft und ländliche Entwicklung,*
- *Ministerium für Bildung, Wissenschaft und Technologie,*
- *Ministerium für Umwelt und Raumplanung,*
- *Ministerium für Kultur, Jugend und Sport,*
- *Ministerium für Arbeit und Soziales,*
- *Ministerium für Transport und Kommunikation,*
- *Ministerium für Öffentliche Dienstleistungen,*
- *Ministerium für Gesundheit.*

Als Exekutivorgan der PISG ist die Regierung innerhalb des durch das Constitutional Framework festgelegten Rahmens zuständig für die Umsetzung der vom Parlament beschlossenen oder anders zustande gekommener Gesetze[215]. Des weiteren hat sie die Aufgabe, entweder auf Anfrage der Versammlung oder auf eigene Initiative hin der Versammlung Gesetzesentwürfe vorzulegen[216].

dd) Das Rechtssystem

Der vierte Abschnitt des neunten Kapitels befasst sich mit der Zuständigkeit für die Rechtsprechung, dem Zugang zu den Gerichten und dem Gerichtssystem. Vorgesehen sind hier ein Oberster Gerichtshof, Bezirksgerichte (District Courts), Municipal Courts und Minor Offense Courts. Neben der Vorstellung der Gerichtsstruktur wird die Möglichkeit jedes einzelnen garantiert, die Rechtmäßigkeit eines Handelns der PISG, das ihn selbst nachteilig betrifft, von den Gerichten überprüfen zu lassen. Zu diesen gerichtlich nachprüfbaren Handlungen gehören sowohl Entscheidungen der Regierung als auch Handlungen sonstiger der Exekutive angehörender Behörden, die dem Verantwortungsbereich der Regierung unterfallen.[217] Eine Sonderkammer des Obersten Gerichtshofes ist

---

[214] Kapitel 9, Abschnitt 3, Para. 9.3.8 der UNMIK/REG/2001/9 (15.05.2001).
[215] Kapitel 9, Abschnitt 3, Para. 9.3.1 der UNMIK/REG/2001/9 (15.05.2001).
[216] Kapitel 9, Abschnitt 3, Para. 9.3.2 der UNMIK/REG/2001/9 (15.05.2001).
[217] Kapitel 9, Abschnitt 4, Para. 9.4.2 der UNMIK/REG/2001/9 (15.05.2001).

speziell für Streitigkeiten und Angelegenheiten zuständig, die im Zusammenhang mit dem Constitutional Framework stehen. So entscheidet sie auf Antrag des Präsidenten, eines Mitgliedes des Vorsitzes der Versammlung, eines Ausschusses der Versammlung, mindestens fünf Mitgliedern der Versammlung oder der Regierung über die Vereinbarkeit eines durch die Versammlung verabschiedeten Gesetzes mit dem Constitutional Framework einschließlich der durch Kapitel drei des Constitutional Framework integrierten internationalen Menschenrechtsverträge. Zusätzlich ist sie zuständig bei Streitigkeiten zwischen oder innerhalb der PISG oder einer Provisional Institution of Self-Government und einem Ausschuss der Versammlung, einem oder mehreren Mitgliedern des Vorsitzes der Versammlung sowie einem oder mehreren Mitgliedern der Versammlung, die deren jeweilige Rechte und Pflichten, wie sie sich aus dem Constitutional Framework ergeben, betreffen. Das gleiche gilt für den Fall, dass sich eine der in Kapitel zehn und elf des Constitutional Framework genannten unabhängigen Institutionen durch eine Entscheidung einer Provisional Institution of Self-Government in ihrer Unabhängigkeit oder ihrem Verantwortungsbereich verletzt sieht. Schließlich entscheidet der Oberste Gerichtshof noch auf Antrag der Staatsanwaltschaft darüber, ob eine Handlung eines Mitgliedes des Parlamentes oder der Regierung oder des Präsidenten eine Amtshandlung gemäß dem Constitutional Framework darstellt und als solche unter die dort[218] vorgesehene Regelung der Immunität fällt.[219] Was die Ernennung von Richtern und Anklägern betrifft, so ist hier nach wie vor der Sonderbeauftragte des Generalsekretärs zuständig. Aus einer vom *Kosovo Judicial and Prosecutorial Council* vorgeschlagenen und von der Versammlung bestätigten Kandidatenliste wählt er sowohl Richter als auch Ankläger aus. Auch Entscheidungen über Beförderung, Versetzung und Absetzung von Richtern und Anklägern trifft der Sonderbeauftragte auf Empfehlung des *Kosovo Judicial and Prosecutorial Council*, in Ausnahmefällen aber auch auf eigene Initiative[220].

Nicht als integraler Bestandteil der PISG, aber immerhin durch ein eigenes Kapitel im „Constitutional Framework" geregelt[221], ist die Institution des Ombudsmannes. Sie hat als unabhängige Institution weiterhin die Aufgaben, die ihr schon unter JIAS erwachsen sind und stellt insofern auch unter dem „Constitutional Framework" die einzige Möglichkeit der Bevölkerung dar, sich gegen das Handeln von Organen der UNMIK zu wenden, also genau dem Bereich, der aus der Jurisdiktion des Gerichtssystem der PISG ausgenommen ist[222].

---

218 Für die Mitglieder der Versammlung : Kapitel 9, Abschnitt 1, Para. 9.1.24; für den Präsidenten: Kapitel 9, Abschnitt 2, Para. 9.2.6; für die Regierung: Kapitel 9, Abschnitt 3, Para. 9.3.19 der UNMIK/REG/2001/9 (15.05.2001).

219 Kapitel 9, Abschnitt 4, Para. 9.4.11 der UNMIK/REG/2001/9 (15.05.2001).

220 Kapitel 9, Abschnitt 4, Para. 9.4.8 der UNMIK/REG/2001/9 (15.05.2001).

221 Kapitel 10 des « Constitutional Framework ».

222 Vgl. 1. Kapitel, III. 4. c) (3) cc) (i).

ee) Der Sonderbeauftragte des Generalsekretärs

Wie eingangs schon erwähnt, verbleiben auch unter dem Constitutional Framework gewisse Verantwortungsbereiche und Befugnisse beim Sonderbeauftragten des Generalsekretärs, so dass dieser auch unter dieser neuen Form der Zusammenarbeit zwischen UNMIK und PISG noch eine wichtige Rolle einnimmt. Diese Verantwortungsbereiche und Befugnisse sind im achten Kapitel des Constitutional Framework geregelt. Aufgelistet werden hier zunächst nicht weniger als sechsundzwanzig Aufgaben, die der Kompetenz des Sonderbeauftragten unterfallen[223] und sodann noch einmal vier Bereiche, die die Zusammenarbeit des Sonderbeauftragten mit der KFOR betreffen[224]. Die genannten, dem Sonderbeauftragten vorbehaltenen Befugnisse lassen sich grob in vier Kategorien gliedern:

Zur ersten gehören alle Befugnisse, die *außenpolitische Angelegenheiten* betreffen oder auf andere Art und Weise im *Zusammenhang mit der Sicherheitsratsresolution 1244* stehen. In diese Kategorie fällt damit

- *das Recht des Sonderbeauftragten, die Versammlung aufzulösen und Neuwahlen anzuordnen, falls die PISG nicht in Übereinstimmung mit den Regelungen von SC/RES 1244 agiert*[225],
- *die Ausübung von Befugnissen im Bereich rechtlicher Angelegenheiten, die internationale Bedeutung haben*[226],
- *der Abschluss von Übereinkommen mit Staaten und internationalen Organisationen in dem durch die SC/RES 1244 vorgegebenen Umfang*[227],
- *die Überwachung der Einhaltung von Verpflichtungen aus internationalen Übereinkommen, die im Namen der UNMIK eingegangen wurden*[228],
- *außenpolitische Beziehungen mit Staaten und internationalen Organisationen, soweit dies zur Umsetzung des Mandats erforderlich ist, wobei hier die Institutionen der PISG zur Wahrnehmung ihrer Interessen durch Beratungen miteinbezogen werden*[229], *sowie*
- *die Kontrolle über das UNMIK Zollwesen*[230].

[223] Kapitel 8, Para. 8.1 lit. a) – z) der UNMIK/REG/2001/9 (15.05.2001).
[224] Kapitel 8, Para. 8.2 lit. a) – d) der UNMIK/REG/2001/9 (15.05.2001).
[225] Kapitel 8, Para. 8.1 lit. b) der UNMIK/REG/2001/9 (15.05.2001).
[226] Kapitel 8, Para. 8.1 lit. i) der UNMIK/REG/2001/9 (15.05.2001).
[227] Kapitel 8, Para. 8.1 lit. m) der UNMIK/REG/2001/9 (15.05.2001).
[228] Kapitel 8, Para. 8.1 lit. n) der UNMIK/REG/2001/9 (15.05.2001).
[229] Kapitel 8, Para. 8.1 lit. o) der UNMIK/REG/2001/9 (15.05.2001).
[230] Kapitel 8, Para. 8.1 lit. f) der UNMIK/REG/2001/9 (15.05.2001).

Die zweite Kategorie umfasst Befugnisse aus dem Bereich des Rechtssystems, der inneren Sicherheit und der Verwaltung. So gehört hierzu

- *die letztinstanzliche Autorität bezüglich Ernennung, Amtsenthebung und disziplinarischer Bestrafung von Richtern und Anklägern*[231],
- *die Entscheidungsbefugnis bezüglich der Einsetzung von internationalen Richtern und Anklägern sowie in Übereinstimmung mit den geltenden UN-MIK- Gesetzen Gerichtsstandswechsel*[232],
- *die Ausübung der Kontrolle über Einrichtungen der Rechtspflege und Strafvollzugsbehörden*[233],
- *Autorität und Kontrolle über die Kosovo Police Force*[234],
- *die Kontrolle über die Verwaltung und Finanzierung von Zivil- und Katastrophenschutz, wobei die Verantwortung hierfür schrittweise von der PISG übernommen werden soll*[235]*, sowie*
- *die Verantwortung dafür, sicherzustellen, dass das System der Kommunalverwaltung effektiv und im Einklang mit international anerkannten Grundsätzen arbeitet*[236].

Zur dritten Kategorie gehören die Befugnisse aus dem Gebiet der Wirtschaft und Finanzen bzw. der Geldpolitik. In diesem Bereich ist der Sonderbeauftragte zuständig für

- *die Festsetzung von Richtlinien für das Kosovo Consolidated Budget*[237],
- *Geldpolitik*[238],
- *Kontrolle über grenzüberschreitende Waren*[239],
- *Autorität über die Verwaltung von Staatseigentum*[240],
- *Regulierung von öffentlichen und sozialgebundenen Unternehmen nach Rücksprache mit dem Economic und Fiscal Council sowie der PISG*[241],

---

231 Kapitel 8, Para. 8.1 lit. g) der UNMIK/REG/2001/9 (15.05.2001).
232 Kapitel 8, Para. 8.1 lit. h) der UNMIK/REG/2001/9 (15.05.2001).
233 Kapitel 8, Para. 8.1 lit. j) der UNMIK/REG/2001/9 (15.05.2001).
234 Kapitel 8, Para. 8.1 lit. k) der UNMIK/REG/2001/9 (15.05.2001).
235 Kapitel 8, Para. 8.1 lit. l) der UNMIK/REG/2001/9 (15.05.2001).
236 Kapitel 8, Para. 8.1 lit. w) der UNMIK/REG/2001/9 (15.05.2001).
237 Kapitel 8, Para. 8.1 lit. c) der UNMIK/REG/2001/9 (15.05.2001).
238 Kapitel 8, Para. 8.1 lit. d) der UNMIK/REG/2001/9 (15.05.2001).
239 Kapitel 8, Para. 8.1 lit. p) der UNMIK/REG/2001/9 (15.05.2001).
240 Kapitel 8, Para. 8.1 lit. q) der UNMIK/REG/2001/9 (15.05.2001).
241 Kapitel 8, Para. 8.1 lit. r) der UNMIK/REG/2001/9 (15.05.2001.)

- *Verwaltungsmäßige Kontrolle und Amtsgewalt über Eisenbahn und Funktionen der zivilen Luftfahrt*[242],
- *Kontrolle und Autorität über das Housing and Property Directorate einschließlich der Housing Claims Commission*[243] *und*
- *die Befugnis zur Ernennung der Mitglieder des Economic und Fiscal Council, des Governing Board of the Banking and Payments Authority of Kosovo, der leitenden Angestellten der Zoll- und Steuerbehörde, des Abschlussprüfers sowie die Befugnis zur Einberufung des Economic and Fiscal Council und Stellung des Vorsitzes hiervon*[244].

Schließlich obliegen dem Sonderbeauftragten alle Befugnisse zur Sicherstellung des *Minderheitenschutzes* für die Bevölkerungsgruppen, Befugnisse im Zusammenhang mit den Medien, sowie in Zusammenarbeit mit der PISG die Aufsicht über das Personenstandswesen[245].

---

242 Kapitel 8, Para. 8.1 lit. s) der UNMIK/REG/2001/9 (15.05.2001).
243 Kapitel 8, Para. 8.1 lit. t) der UNMIK/REG/2001/9 (15.05.2001).
244 Kapitel 8, Para. 8.1 lit. x) der UNMIK/REG/2001/9 (15.05.2001).
245 Kapitel 8, Para. 8.1 lit. a), y) und z) der UNMIK/REG/2001/9 (15.05.2001).

Grafik 8: PISG

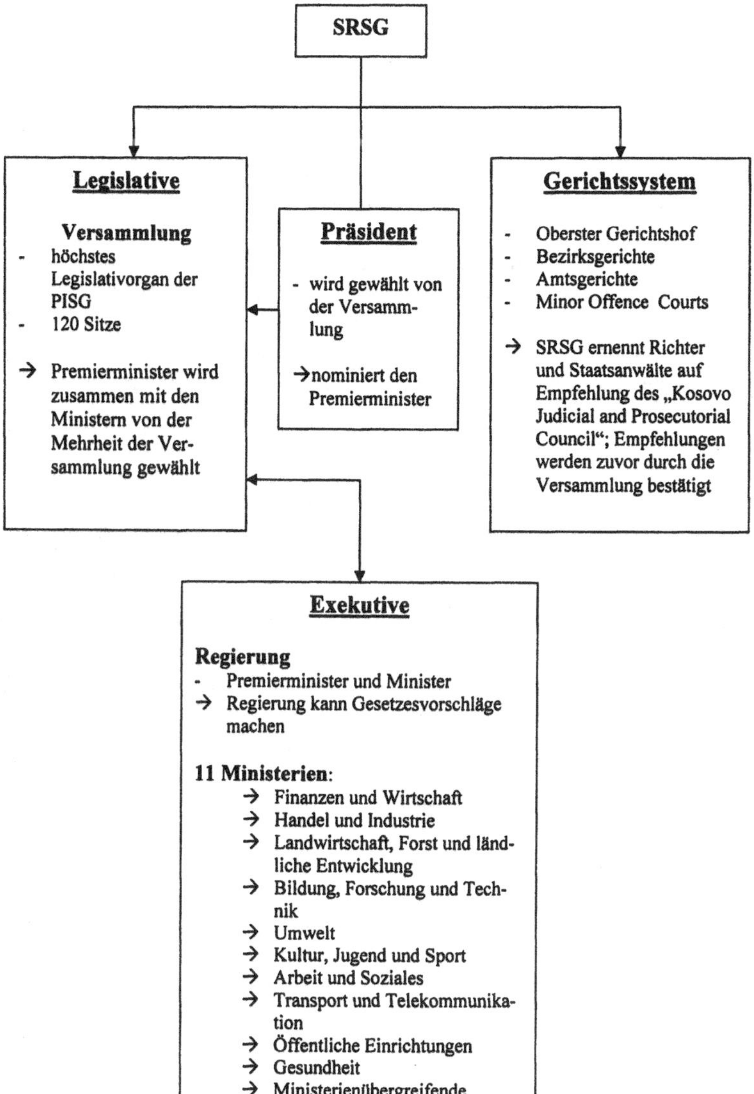

Quelle: http://www.unmikonline.org

(3) *Einfluss auf die staatlichen Gewalten*

aa) Exekutive

Ein großer Teil der Exekutive ist unter dem „Constitutional Framework" in kosovarische Hände übergegangen. An der Spitze der nationalen Exekutive steht der von der Versammlung gewählte Premierminister und darunter die von diesem vorgeschlagenen Minister. Während unter JIAS die nun zu zehn Ministerien zusammengefassten Verwaltungsressorts noch von jeweils einem UNMIK-Mitarbeiter und einem einheimischen Mitarbeiter geleitet wurden und Unstimmigkeiten unter diesen beiden gleichberechtigten Führungsspitzen von dem jeweils für das Ressort zuständigen Stellvertretenden Sonderbeauftragten entschieden wurden, stehen an der Spitze der Ministerien unter PISG nur noch die vom Premierminister vorgeschlagenen und von der Versammlung bestätigten Minister. Innerhalb der Zuständigkeit der PISG stellt die Regierung damit die exekutive Gewalt im Kosovo. Sie hat zudem die Aufgabe, auf Anfrage der Versammlung oder auf eigene Initiative Gesetzesentwürfe vorzulegen und für die Umsetzung der von der Versammlung beschlossenen Gesetze zu sorgen. Allerdings steht die Ausübung dieser Exekutivgewalt unter dem Vorbehalt der Zuständigkeit der der PISG durch das „Constitutional Framework" zugewiesenen Aufgabenbereiches und dessen Beschränkung durch die den Organen der UNMIK zugewiesenen Aufgaben. So fallen gemäß Kapitel 8 des „Constitutional Framework" gewisse Kompetenzbereiche dem SRSG zu. Damit sind diese Bereiche auch aus dem Bereich herausgenommen, für den das jeweilige Organ der PISG normalerweise zuständig wäre. Die Vorlage von Gesetzen im Bereich außenpolitischer Angelegenheiten oder solcher Angelegenheiten, die im Zusammenhang mit der Umsetzung der Resolution 1244 relevant werden sowie Angelegenheiten im Bereich des Rechtssystems und der inneren Sicherheit, auf dem Gebiet der Geldpolitik und des Minderheitenschutzes scheiden damit von vorneherein aus dem Kompetenzbereich der neuen Regierung als exekutiver Gewalt aus. Im den vorgenannten, die Kompetenz der Exekutive einschränkenden Bereichen, ist nach wie vor der Sonderbeauftragte des Generalsekretärs zuständig und übt die exekutive Gewalt im Kosovo aus. Eine zusätzliche Beschränkung der nationalen Exekutive ergibt sich aus Kapitel 12 des Constitutional Framework. Hier wird klargestellt, dass die Regelungen des Constitutional Framework nicht geeignet sind, die Stellung des Sonderbeauftragten als oberster Exekutivgewalt im Kosovo aufzuheben. Durch seine Aufgabe, die Tätigkeit der Organe der PISG auf ihre Vereinbarkeit mit Sicherheitsratsresolution 1244 zu überprüfen, bleibt er nach wie vor ranghöchster Exekutivbeamter im Kosovo.

bb) Legislative

Höchstes legislatives Organ unter den Übergangsinstitutionen ist die als Parlament fungierende Versammlung. Ihr obliegt die Gesetzgebung in den zahlreichen durch Kapitel fünf des „Constitutional Framework" festgelegten Bereichen. Von der Gesetzgebungsbefugnis der Versammlung sind allerdings – ähnlich wie bei der Begrenzung der exekutiven Gewalt der Regierung – diejenigen Bereiche ausgeschlossen, die dem Sonderbeauftragten im achten Kapitel ausschließlich zugewiesen sind, also die Bereiche der Außenpolitik und Fragen im Zusammenhang mit Resolution 1244; des Rechtssystems, der inneren Sicherheit und der Verwaltung; der Geldpolitik und schließlich des Minderheitenschutzes. Eine bedeutende Einschränkung der Zuständigkeiten der PISG ergibt sich aus Kapitel zwölf des „Constitutional Framework", in dem noch einmal festgeschrieben wird, dass die den PISG im „Constitutional Framework" übertragenen Zuständigkeiten die Befugnisse des Sonderbeauftragten des Generalsekretärs zur Umsetzung der Sicherheitsratsresolution 1244 weder beeinflussen noch verringern. Der Sonderbeauftragte überwacht dazu die PISG, deren Behörden und Mitarbeiter und ergreift geeignete Maßnahmen, sofern deren Handeln nicht in Übereinstimmung mit dem „Constitutional Framework" oder Sicherheitsratsresolution 1244 steht. Zur Frage, wann dies der Fall ist, werden keine neuen Regelungen getroffen, so dass nach wie vor gilt, dass diesbezüglich der Sonderbeauftragte selbst die letztinstanzliche Interpretationsbefugnis hat.

cc) Judikative

Das Gerichtssystem, das im vierten Abschnitt des neunten Kapitels vorgestellt wird, besteht aus dem Obersten Gerichtshof, den Bezirksgerichten, den Amtsgerichten und den „Minor Offence Courts". Dem Einzelnen wird nunmehr die Möglichkeit gewährt, die Rechtmäßigkeit einer ihn nachteilig betreffenden Handlung der PISG überprüfen zu lassen. Zudem wird angekündigt, eine Sonderkammer für Streitigkeiten im Zusammenhang mit dem „Constitutional Framework" einzurichten und auf diese Weise ein System der „verfassungsmäßigen Kontrolle" zu schaffen. Allerdings existiert nach wie vor kein Gericht, das die Handlungen der UNMIK auf ihre Rechtmäßigkeit überprüfen könnte. Diese steht vielmehr nach wie vor außerhalb des durch das „Constitutional Framework" geschaffenen Systems. Eine Kontrolle der UNMIK erfolgt – wie auch schon unter JIAS – nur über die Institution des Ombudsmannes, die aber, wenn auch formal unabhängig, selbst ein durch die UNMIK eingerichtetes Organ und zu verbindlichen Entscheidungen nicht fähig ist. Zudem bleibt dem Sonderbeauftragten dadurch eine beträchtliche Einwirkungsmöglichkeit in die Judikative erhalten, dass die Ernennung und Entlassung von Richtern und Staatsanwälten, auch wenn dies auf Vorschlag der „*Kosovo Judicial and Prosecutorial Council*" geschieht, weiterhin in den Kompetenzbereich des Sonderbeauftragten fällt.

(4) Zusammenfassung

Durch das „Constitutional Framework" wurden sowohl einige wichtige Tätigkeitsfelder im legislativen und exekutiven Bereich als auch im Bereich der Judikative auf die in dem Dokument genannten Institutionen übertragen[246]. Dennoch bleibt die UNMIK nach wie vor die bedeutendste Inhaberin öffentlicher Gewalt im Kosovo. Sie kontrolliert weiterhin Schlüsselpositionen wie die Aufrechterhaltung der öffentlichen Sicherheit und Rechtsdurchsetzung[247] und die Überwachung der örtlichen Kommunalverwaltung[248]. Darüber hinaus verbleiben wichtige Bereiche wie oberste Autorität im Bereich des Rechtssystems[249], Auswärtige Angelegenheiten[250], Minderheitenschutz und die Kontrolle über die Finanzen unter der direkten Verwaltung der UNMIK. Die Stellung des Sonderbeauftragten wird in Kapitel 12 des „Constitutional Framework" geregelt. Was seine Position betrifft, so werden seine Befugnisse durch das „Constitutional Framework" nicht eingeschränkt. Vielmehr wird festgelegt, dass die Ausführung der Aufgaben der PISG die letztinstanzliche Autorität des Sonderbeauftragten zur Implementierung der Sicherheitsratresolution 1244 (1999) in keiner Weise beeinflussen oder einschränken[251]. Ihm obliegt die Aufgabe der Überwachung und Kontrolle der PISG und er behält die Befugnis, in jegliche Entscheidung der Institutionen der Selbstverwaltung einzugreifen und deren Maßnahmen zu korrigieren, wenn er diese für unvereinbar mit der Sicherheitsratsresolution 1244 hält. Bei seiner Entscheidung diesbezüglich unterliegt der Sonderbeauftragte keiner Kontrolle, so dass er auch unter dem „Constitutional Framework" noch eine zentrale Machtposition ausübt. Eine weitere wichtige Möglichkeit der Einflussnahme des Sonderbeauftragten ergibt sich bereits aus der Form des „Constitutional Framework" an sich. Das Dokument wurde als UNMIK-Verordnung erlassen und ist insofern auch der Änderung durch die UNMIK, respektive des Sonderbeauftragten, zugänglich, was auch ausdrücklich in Kapitel zwölf des „Constitutional Framework" zum Ausdruck gebracht wird. So ergibt sich die theoretische Möglichkeit, dass die freiwillige Übertragung der Rechte an die Selbstverwaltungsinstitutionen auch wieder durch entsprechende Verordnung des Sonderbeauftragten rückgängig gemacht werden können. Hinzu kommt, dass, obwohl durch das „Constitutional Framework" erstmalig eine Art Gewaltenteilung zwischen Exekutive, Legislative und Judikative etabliert wird, der Sonderbeauftragte nicht in dieses System eingebunden ist, sondern außerhalb oder vielmehr über diesem System steht.

---

246 Kapitel 5 und 9 der UNMIK/REG/2001/9 (15.05.2001).
247 Kapitel 6 der UNMIK/REG/2001/9 (15.05.2001).
248 Kapitel 6.1 (l) und (w) der UNMIK/REG/2001/9 (15.05.2001).
249 Kapitel 6.1 (g) und Kapitel 9.4.8 der UNMIK/REG/2001/9 (15.05.2001).
250 Kapitel 8.1 (m) und (o) der UNMIK/REG/2001/9 (15.05.2001).
251 Kapitel 12 der UNMIK/REG/2001/9 (15.05.2001).

2. Kapitel: Legitimationsanforderungen

Nachdem im ersten Kapitel die Strukturen der UNMIK in den verschiedenen Stadien und ihr umfassender Einfluss auf die drei Staatsgewalten festgestellt wurde, befasst sich dieses Kapitel mit der Frage, welche Legitimationsanforderungen an eine internationale Verwaltung zu stellen sind. Der Begriff Legitimationsanforderungen dient dabei als Oberbegriff für zwei Sachverhalte: Zum einen für die völkerrechtliche Legitimation der UNMIK als Institution und die formale Legitimation ihrer Rechtssetzungsakte, die dann vorliegt, wenn sowohl für die UNMIK als auch für die durch sie erlassenen Gesetze eine Rechtsgrundlage im Völkerrecht existiert. Um dies herauszufinden, wird zunächst geprüft, wie sich die UNMIK in das System der Charta der Vereinten Nationen einfügt. Diese (formelle) Prüfung erfolgt hier im ersten Abschnitt als Untersuchung der „externen" Legitimation.

Zum anderen gehört zum Begriff der Legitimation aber auch die materielle Legitimation der UNMIK, die hier im zweiten Abschnitt unter dem Oberbegriff der „internen" Legitimation untersucht wird. In diesem Abschnitt soll untersucht werden, ob an die in Übereinstimmung mit ihren aus dem Völkerrecht hergeleiteten Befugnissen erlassenen Gesetze und an den Aufbau einer internationalen Verwaltung auch gewisse materielle Anforderungen zu stellen sind. Insbesondere wird hier geprüft, ob und warum die UNMIK an gewisse international anerkannte Menschenrechtsstandards, aber auch an Grundsätze der Demokratie, Rechtsstaatlichkeit und insbesondere der Gewaltenteilung gebunden ist, die es bei der Ausübung der Verwaltung umzusetzen gilt. Im Anschluss an die Prüfung dieser Bindungswirkung werden im letzten Teil des Kapitels kurz die einzelnen Anforderungen an die Erfüllung von Menschenrechten, Demokratie und Rechtsstaatlichkeit dargestellt, die dann als Grundlage für die Untersuchung der Verstöße gegen diese Grundsätze in Kapitel 3 dienen.

I. Externe Legitimation

1. Zivilverwaltung im System der UN-Charta – Einordnung der UNMIK

Bei der Verwaltung des Kosovo durch die Vereinten Nationen und andere Internationale Organisationen handelt es sich um ein in ihrem Umfang bisher nie da gewesenes Konzept. Die Einordnung in das System der Charta der Vereinten Nationen ist daher auf den ersten Blick nicht ganz eindeutig zu bestimmen.

Die gemeinsame Verwaltung eines Gebietes durch fremde Mächte in der Geschichte ist keine Neuheit. Jedoch war zum einen die Fremdverwaltung in früheren Zeiten zumeist in Form der Besatzung und zur Durchsetzung der Interessen der verwaltenden Macht anzutreffen, zum anderen hat sich insbesondere im 20. Jahrhundert die Form der möglichen Fremdverwaltungssysteme stetig weiterentwickelt. Hierbei kann schon jetzt festgestellt werden, dass die internationale Übergangsverwaltung der UNMIK, was ihre Befugnisse betrifft, weit über alle vorangehenden internationalen Verwaltungen hinausgeht. Als bislang einzigartige neue Form der internationalen Verwaltung stellt sich die Frage, wie sich die UNMIK – unter Umständen in ein durch die UN-Charta vorgegebenes System – systematisch einordnen lässt. Dabei werden in diesem Zusammenhang sowohl die Begriffe des internationalen Protektorates als auch der des UN-Treuhandsystems verwendet. Möglicherweise ist die UNMIK allerdings aufgrund ihrer besonderen Eigenart unter keines der genannten Systeme exakt zu subsumieren. Dann muss auf andere Bestimmungen der UN-Charta zurückgegriffen werden, um die Rechtsgrundlage der Übergangsverwaltung zu bestimmen.

a) Protektorat

Wie eingangs erwähnt, fällt für die Übergangsverwaltung der UNMIK gelegentlich der Begriff des Protektorates. Per Definition wird unter einem internationalen Protektorat allerdings ein rechtliches Verhältnis zwischen „Schutzmacht" und dem „beschützten" Staat oder einer Staatengruppe verstanden, wobei letztere(r) entweder teilweise oder gänzlich seine Herrschaft über auswärtige Angelegenheiten abgibt, während er für die Handhabung innerer Angelegenheiten weitgehend verantwortlich bleibt[252] oder mit dem „protector" in einem Vertrag festlegt, in welchem Maße dieser auch in innere Angelegenheiten einzugreifen befugt ist. Im Falle der UNMIK ist zwar die Zustimmung der Bundesrepublik Jugoslawien zur Einrichtung der UNMIK ausdrücklich in der Präambel und zu Beginn der Sicherheitsratsresolution 1244 enthalten und die Zustimmung der Entsendung von KFOR-Einheiten durch das „Military Technical Agreement"[253] zwischen KFOR und den Regierungen der Bundesrepublik Jugoslawien und Serbien geregelt, jedoch kann die Einrichtung der internationalen Übergangsverwaltung kaum als eine von beiden Seiten gleichermaßen gewollte Operation bezeichnet werden. Im Vordergrund steht vielmehr die unter Kapitel VII der UN-Charta getroffene Sicherheitsratsresolution, die der Bundesrepublik Jugoslawien sowohl die Duldung der Einrichtung der UNMIK als auch die Stationierung von KFOR-Truppen auferlegt und der UN die entscheidende Regierungsgewalt einschließlich der Kontrolle über innere und äußere Angelegenheiten überträgt. Zwar erfolgt die internationale Verwaltung des Kosovo nicht zuletzt auch zum Wohle der gesamten internationalen Gemeinschaft. Ob man jedoch gerade dies als Beleg für die Abgrenzung vom klassischen Protektorat, wo die

[252] *Hoffmann*, Protectorates, in: Bernhard (Hrsg.), EPIL III, 1153, 1154f.
[253] Abrufbar unter: http://www.kforonline.com, Datum des letzten Aufrufs: 10.08.2005.

Verwaltung zum Wohle eines einzelnen Staates erfolgt, heranziehen sollte[254], erscheint fraglich und kann im Hinblick auf die in Sicherheitsratsresolution 1244 festgelegte Zielsetzung des Mandats[255] nicht das entscheidende Kriterium sein. Nennenswerter ist hier der Umstand, dass es bei der UNMIK nicht in erster Linie auf die Übernahme der Führung von äußeren Angelegenheiten ankommt, sondern vielmehr die Aufgabe des inneren Wiederaufbaus mit dem Ziel im Vordergrund steht, ein sich selbst demokratisch verwaltendes, die Menschenrechte achtendes Gebiet zu schaffen. Nach alledem ist für den Fall der UNMIK die Bezeichnung des Protektorats nicht im eigentlichen Sinne zutreffend.

b) Treuhandsystem gem. Art. 75ff. UN-Charta

Das UN-Treuhandsystem ist in den Kapiteln XII und XIII der UN-Charta geregelt und betrifft die Verwaltung von Gebieten, die sich nicht vollständig selbst verwalten können. Die Verwaltung erfolgt zum Wohle der Bevölkerung des betreffenden Gebietes. Die Befugnis der Verwaltungsmacht zur Verwaltung des Treuhandgebietes ergibt sich im Gegensatz zum Protektorat nicht aus einem bilateralen Abkommen zwischen dem Staat und der „Schutzmacht", sondern daraus, dass das betreffende Gebiet durch die UN in einem besonderen Akt individuell unter das Treuhandsystem gestellt wird. Die Organe und der Ablauf der Überwachung werden durch die oder gemäß der Charta geschaffen[256]. Die Funktionen des Treuhandsystems sind allgemein durch Art. 73 und spezieller durch Art. 76 UN-Charta festgelegt. Hiernach dient das Treuhandsystem unter anderem den folgenden Zwecken: Der Festigung des Weltfriedens und der internationalen Sicherheit (lit. a), der Förderung des politischen, wirtschaftlichen, sozialen und erzieherischen Fortschritts der Einwohner der Treuhandgebiete und ihrer fortschreitenden Entwicklung zur Selbstregierung oder Unabhängigkeit (lit. b) sowie der Förderung der Achtung vor den Menschenrechten und Grundfreiheiten für alle ohne Unterschied der Rasse, des Geschlechts, der Sprache oder der Religion (lit. c).

Inhaltlich entsprechen diese Ziele fast wörtlich den Zielsetzungen, die in den Paragraphen zehn und elf der Sicherheitsratsresolution 1244 (1999) niedergelegt sind. Dort heißt es:

---

254 So *Stahn*, ZaöRV 61 (2001), S. 116.

255 Vgl. UN Doc. S/RES/1244 (1999), Para. 10, in der es heißt: *"... authorizes the Secretary General (...) to establish an international civil presence in Kosovo under which the people of Kosovo can enjoy substantial autonomy within the Federal Republic of Yugoslavia, and which will provide transitional administration while establishing and overseeing the development of provisional democratic self- governing institutions to ensure conditions for a peaceful and normal life for all inhabitants of Kosovo"...*

256 *Rauschning*, United Nations Trusteeship System in: Bernhard (Hrsg.), EPIL IV, S. 1193.

„Der Sicherheitsrat (...)

10. ***ermächtigt*** *den Generalsekretär, mit Hilfe der zuständigen internationalen Organisationen eine internationale zivile Präsenz im Kosovo einzurichten, um eine Übergangsverwaltung für das Kosovo bereitzustellen, unter der die Bevölkerung des Kosovo substantielle Autonomie innerhalb der Bundesrepublik Jugoslawien genießen kann und die für eine Übergangszeit die Verwaltung wahrnehmen und gleichzeitig vorläufige demokratische Selbstverwaltungsinstitutionen schaffen und deren Entwicklung überwachen wird, um die Bedingungen für ein friedliches und normales Leben für alle Einwohner des Kosovo sicherzustellen (...).*“[257]

Im Detail werden die Hauptaufgaben der internationalen Verwaltung dann in Paragraph 11 der Resolution genannt, wobei insbesondere Parallelen zu Art. 76 lit. b) UN-Charta zu verzeichnen sind. Die oben zitierte „*Förderung der fortschreitenden Entwicklung zur Selbstregierung oder Unabhängigkeit*“ findet in Paragraph 11 lit. a) bis f) der Resolution 1244 in der detaillierten Beschreibung der einzelnen Phasen des Aufbaus der Verwaltungsstrukturen und deren sukzessiver Übergabe an die örtliche Bevölkerung ihren Ausdruck. Dabei legt lit. a) ähnlich der Formulierung in Art. 76 UN-Charta das Ziel der „*Förderung und Herstellung substantieller Autonomie im Kosovo*“ fest. Lit. b) bis f) beschreiben als Programm zur Verwirklichung dieses Zieles den Aufbau der Verwaltungsstrukturen und deren Übertragung an die im Rahmen einer politischen Regelung zu schaffenden endgültigen Institutionen. Die ebenfalls in Art. 76 lit. b) aufgeführte „*Förderung des wirtschaftlichen Fortschritts*“ findet sich in Paragraph 11 lit. g) der Resolution 1244 wieder, wo als Hauptaufgabe der Übergangsverwaltung die „*Unterstützung des wirtschaftlichen Wiederaufbaus*“ genannt wird. Der „*Schutz und die Förderung der Menschenrechte*“, die in Paragraph 11 lit. j) genannt wird, findet seine beinah wörtliche Entsprechung in Art. 76 lit. c) UN-Charta, in dem von der „*Achtung vor den Menschenrechten*“ die Rede ist. Schließlich ist die „*Festigung des Weltfriedens und der Internationalen Sicherheit*“, wie sie in Art. 76 lit. a) UN-Charta ihren Ausdruck findet, in der Sicherheitsratsresolution bereits in der ersten Zeile der Präambel enthalten, in der auf die „*Hauptverantwortung des Sicherheitsrates für die Wahrung des Weltfriedens und der internationalen Sicherheit*“ Bezug genommen wird. Damit kann festgehalten werden, dass die hier beschriebenen Ziele der zu errichtenden UN-Übergangsverwaltung weitgehend mit denen des internationalen Treuhandsystems übereinstimmen und sich somit im Hinblick auf den Zweck der Verwaltung keine bedeutenden Unterschiede ergeben. Formal jedoch ergeben sich di-

---

[257] Deutsche Übersetzung aus *Krause*, (Hrsg.), Kosovo, S. 207ff.

verse Unterschiede zwischen der UN-Treuhandverwaltung und der Übergangsverwaltung der UNMIK im Kosovo.

Dies ergibt sich zum einen aus dem Umstand, wer im Treuhandsystem traditionell als Verwaltungsmacht fungiert. Zwar sieht Art. 81 der UN-Charta ausdrücklich vor, dass sowohl einzelne Staaten, als auch Staatengruppen oder aber auch die Vereinten Nationen selbst die verwaltende Obrigkeit darstellen können. Jedoch ist letztere Möglichkeit zum einen noch nie eingetreten[258], zum anderen ist das Treuhandsystem auch eher darauf angelegt, dass die Vereinten Nationen lediglich die *Aufsicht* über die Verwaltungsmacht führen. Zudem fallen im Treuhandsystem der Charta die Funktionen der UN (Zustimmung zum Einzelabkommen und Überwachung der Verwaltung des Treuhandgebietes) gemäß Art. 16, 85 UN-Charta in den Kompetenzbereich der Generalversammlung. Im Falle der UNMIK operiert die Verwaltung durch und unter der Schirmherrschaft der UN, die Überwachung der Verwaltung geschieht jedoch nicht durch die Generalversammlung, sondern durch den Sicherheitsrat, dem der Generalsekretär regelmäßig Bericht erstattet; es erfolgt jedenfalls definitiv keine Beteiligung des Treuhandrates. Zum anderen ergeben sich aber auch Unterschiede aus Art. 77 UN-Charta, in dem der Anwendungsbereich des Treuhandsystems geregelt ist. Danach sind drei Kategorien von Hoheitsgebieten vorgesehen, die dem Treuhandsystem unterstellt werden können, nämlich:

„a) gegenwärtig bestehende Mandatsgebiete;

b) Hoheitsgebiete, die infolge des zweiten Weltkrieges von Feindstaaten abgetrennt werden;

c) Hoheitsgebiete, die von den für ihre Verwaltung verantwortlichen Staaten freiwillig in das System einbezogen werden."

Nachdem die Varianten a) und b) von vorneherein ausscheiden, käme hier allenfalls die letzte Möglichkeit in Betracht. Aber auch eine freiwillige Unterstellung des Kosovo unter das UN-Treuhandsystem ist nicht ersichtlich. Im Gegenteil beruht die Verwaltungsmacht der Vereinten Nationen im Kosovo auf der der Bundesrepublik Jugoslawien von Außen auferlegten UN-Resolution 1244, die die Stationierung der KFOR-Truppen und die Einrichtung der UNMIK bestimmt (vgl. Ausführungen zum Protektorat). Aus dem in der Resolution enthaltenen Verweis auf das Rambouillet-Abkommen kann ebenfalls nicht auf eine etwaige freiwillige Unterstellung des Kosovo unter die UN-Verwaltung geschlossen werden, da eine komplette Unterzeichnung dieses Abkommens durch die Bundesrepublik Jugoslawien nicht erfolgte und ein Einlenken bezüglich der Errichtung der internationalen Zivil- und Militärpräsenz erst unter dem massiven militärischen Druck durch die NATO-Luftangriffe stattfand. Eine erzwungene Un-

---

[258] *Rauschning*, United Nations Trusteeship System in: Bernhard (Hrsg.), EPIL IV, S. 1195.

terstellung eines Gebietes unter das UN-Treuhandsystem sprengt aber eindeutig den Anwendungsbereich des Kapitels XII der UN-Charta[259]. Damit ist eine Einordnung der UNMIK als Treuhandverwaltung der UN, die nach den Vorschriften der Art. 75ff. der Charta zu beurteilen wäre, nicht möglich. Die Bezeichnung der UNMIK als eine *"neue Form der UN-Treuhandverwaltung"* ist aber im Hinblick auf die inhaltlich ähnlichen Zielsetzungen und unter dem Gesichtspunkt, dass auch unter dem Treuhandsystem der UN-Charta eine direkte Verwaltung durch die UN durchgeführt werden kann, angebracht[260].

2. Die Vereinten Nationen als Verwaltungsmacht - Befugnis des Sicherheitsrats zur Errichtung einer direkten internationalen Verwaltung unter Kapitel VII

Durch die Resolution 1244 (1999) in Verbindung mit dem Rambouillet-Abkommen wird der Bundesrepublik Jugoslawien für die Dauer der Übergangsverwaltung jegliche Staatsgewalt über das Kosovo entzogen und die UNMIK an deren Stelle mit der Ausübung sämtlicher normalerweise staatlicher Zuständigkeiten der Gebietshoheit auf dem Territorium des Kosovo betraut[261]. Da hier die direkte Anwendung der Vorschriften über das UN-Treuhandsystem aus verschiedenen Gründen nicht möglich ist[262] und eine sonstige ausdrückliche Ermächtigung zur Errichtung einer direkten Verwaltung eines Territoriums durch die Vereinten Nationen in der UN-Charta nicht vorgesehen ist, muss die Rechtsgrundlage für die Übergangsverwaltung der UNMIK in Kapitel VII der Charta der Vereinten Nationen, auf das in Resolution 1244 (1999) ausdrücklich verwiesen wird, gesucht werden. Im Hinblick auf die Ausgestaltung und den Umfang der Übergangsverwaltung muss gegebenenfalls auf allgemeine Bestimmungen, die die Befugnisse der einzelnen Organe regeln, zurückgegriffen werden[263].

Bevor die Bestimmungen des Kapitel VII näher untersucht werden, stellt sich die Frage, ob die Anwendbarkeit dieser Vorschriften möglicherweise aufgrund von besonderen Umständen von vorneherein ausgeschlossen sein könnte. Die Anwendung der Maßnahmen aus Kapitel VII könnte ausgeschlossen sein, wenn man für den Fall des Kosovo in Abrede stellt, dass es sich bei dem Konflikt um eine Bedrohung des internationalen Friedens handelt und man stattdessen annimmt, es handele sich hier um einen rein internen Konflikt der Bundesrepublik Jugoslawien. Jedoch hat der Sicherheitsrat bereits früher festgestellt, dass selbst

---

259 *Zimmermann/Stahn*, NJIL 70 (2001), S. 423, 436.
260 Vgl. auch *Bothe* in: Simma, Peace-Keeping, Rn. 68.
261 *Frowein* in: FS Rudolf, S. 44; *Bothe/Marauhn*, UN Administration in Kosovo and East Timor: Concept, Legality and Limitations of Security Council Mandated Trusteeship Administration, S. 217, 224, *Stahn*, ZaöRV 61 (2001), S. 136; *Stahn*, Max Planck UNYB 5 (2001), S. 107, 119.
262 Vgl. oben.
263 Vgl. *Bothe* in: Simma, Peace-Keeping, Rn. 83 m.w.N.

eine Bürgerkriegslage durchaus geeignet ist, zu einer Bedrohung des internationalen Friedens zu führen[264]. Im Falle des Kosovo-Konfliktes war zum einen durch die massiven grenzüberschreitenden Flüchtlingsströme in die Nachbarrepubliken Albanien und Mazedonien eine Destabilisierung der Region zu befürchten gewesen. Zum anderen begründete die Intervention von Drittstaaten die Annahme einer Lage, die sich nicht mehr als rein interner Konflikt Jugoslawiens darstellt[265]. Hierin lag auch kein gemäß Art. 2 Ziff. 7 UN-Charta unzulässiger Eingriff in die internen Angelegenheiten der Bundesrepublik Jugoslawien, da Art. 2 Ziff. 7 UN-Charta in seinem letzten Halbsatz klarstellt, dass diese Vorschrift die Anwendung von durch den Sicherheitsrat nach Kapitel VII beschlossenen Zwangsmaßnahmen unberührt lässt[266].

Ein weiteres Problem stellt der Umstand dar, dass die Bundesrepublik Jugoslawien im Zeitpunkt der Annahme der Resolution 1244 (1999) kein formales Mitglied der Vereinten Nationen war, beziehungsweise die Mitgliedschaft innerhalb der Vereinten Nationen widersprüchlich behandelt wurde: Dass das Sekretariat die Bundesrepublik Jugoslawien fortdauernd als Mitglied der Vereinten Nationen behandelte, stand im klaren Widerspruch dazu, dass der Sicherheitsrat 1992 in Resolution 757 beschlossen und in Resolution 777 bestätigt hatte, dass ein automatischer Eintritt in die Mitgliedschaft der ehemaligen sozialistischen Republik Jugoslawien nicht akzeptiert wurde. Auch die Generalversammlung entschied im September 1992, dass die Bundesrepublik Jugoslawien nicht weiter an der Arbeit der Generalversammlung teilnehmen könne und stattdessen eine neue Mitgliedschaft beantragen solle. War die Bundesrepublik Jugoslawien aber im Zeitpunkt des Erlasses der Resolution 1244 im Juli 1999 nicht Mitglied der Vereinten Nationen, stellt sich die Frage, ob der Sicherheitsrat befugt war, Zwangsmaßnahmen gemäß Kapitel VII gegen die formal als Drittstaat anzusehende Bundesrepublik Jugoslawien zu verhängen. Jedoch hat der Sicherheitsrat in der Vergangenheit von seinem Recht, Zwangsmaßnahmen zu verhängen, auch gegenüber Nichtmitgliedstaaten Gebrauch gemacht[267]. Zum anderen erübrigte sich das Problem zumindest seit November 2000, weil die Bundesrepublik Jugoslawien zu diesem Zeitpunkt als Mitglied der Vereinten Nationen aufgenommen worden ist. Aber auch vor diesem Zeitpunkt stellt sich die Frage nach der Zulässigkeit von Zwangsmaßnahmen gegenüber Drittstaaten im Fall des Kosovo deshalb nicht, weil die Bundesrepublik Jugoslawien – wenn auch lediglich unter dem Einfluss des militärischen Drucks der NATO – der Einrichtung der

---

264 Feststellung im Indonesien-Konflikt 1947, UN Doc. S/1150; vgl. *Frowein/Kirsch* in: Simma, Art. 39 Rn. 18f., vgl. *Martenczuk*, S. 165 ff.; *Lailach*, S. 133, 141 mit umfangreichen Nachweisen über die Praxis zur Annahme einer Friedensbedrohung durch den Sicherheitsrat.

265 *Zimmermann/Stahn*, NJIL 70 (2001), S. 423, 437.

266 Vgl. auch *Stahn*, ZaöRV 61 (2001), S. 107, 130.

267 *Vitzthum* in: Simma, Art. 2 Ziff. 6, Rn. 40 *(deutsch)*; *Zimmermann/Stahn*, NJIL 70 (2001) S. 423, 440.

UNMIK zugestimmt hat[268]. Nach alledem ist ein Rückgriff auf die Vorschriften des Kapitels VII der UN-Charta jedenfalls nicht ausgeschlossen.

Eine ausdrückliche Regelung über die Errichtung einer direkten Verwaltung eines Gebietes durch die UN – im Fall des Kosovo unterstützt durch weitere internationale Organisationen – lässt sich zwar auch in Kapitel VII der Charta der Vereinten Nationen nicht finden. Zieht man jedoch eine Parallele zu der Errichtung eines internationalen Strafgerichtes, welches ebenfalls nicht explizit in der Charta geregelt ist, lässt sich die Befugnis des Sicherheitsrates zur Errichtung einer internationalen Verwaltung bereits aus Art. 41 UN-Charta herleiten. Nach Auffassung des ICTY[269] ist nämlich die Errichtung eines internationalen Gerichtes durch Art. 41 UN-Charta gedeckt. Bei der Einrichtung einer zivilen Übergangsverwaltung handelt es sich um ein gewaltloses Instrument zur Wiederherstellung des Friedens. Der Sicherheitsrat ist bei der Auswahl der möglichen Maßnahmen nach Art. 41 UN-Charta nicht auf die im letzten Satz dieser Vorschrift explizit erwähnten wirtschaftlichen Sanktionen beschränkt[270]. Nach dem Wortlaut des Art. 41 UN-Charta hat der Sicherheitsrat vielmehr einen weiten Entscheidungsspielraum bei der Wahl seiner Maßnahmen zur Friedenssicherung[271], so dass auch die Errichtung einer Übergangsverwaltung durch die Vereinten Nationen eine durch Art. 41 UN-Charta legitimierte Maßnahme darstellen kann.

Eine andere Lösung des Problems, dass eine explizite Ermächtigung zur Errichtung einer Übergangsverwaltung durch die Vereinten Nationen in der Charta fehlt, bietet aber auch die Anwendung der *implied powers*-doctrine. Nach der Rechtsprechung des IGH müssen die Organe der Vereinten Nationen die Befugnisse haben, die sie zur pflichtgemäßen Erfüllung ihrer Aufgaben benötigen, auch wenn diese nicht ausdrücklich in der Charta genannt sind[272]. Wenn dem Sicherheitsrat also durch die Charta die Aufgabe zugewiesen ist, den Weltfrieden und die Internationale Sicherheit zu gewährleisten, kann die Errichtung einer internationalen Verwaltung zur Erreichung dieses Ziels nicht ausgeschlossen sein[273]. Daran ändert dann auch die Tatsache nichts, dass sich die Übergangsverwaltung, wie sie die UNMIK darstellt, nicht in eines der bekannten Muster oder

---

268 Vgl. Präambel der Sicherheitsratsresolution 1244 (1999), in der auf die Annahme der Resolution S/1999/649 durch die Bundesrepublik Jugoslawien verwiesen wird.

269 International Criminal Tribunal for the former Yugoslavia, Appeals Chamber, Decision of 2 October 1995 in the Case *Prosecutor ./. Tadic* (Jurisdiction), Case No. IT-94-1-AR 72, http://www.un.org/icty/judgement.htm, Datum des letzten Aufrufs: 10.01.2002; 35 ILM 32-74, Paras. 34-36.

270 *Matheson*, AJIL 95 (2001), S. 76, 83ff.

271 *Frowein/Kirsch* in: Simma, Art. 41, Rn. 21.

272 ICJ, *Reparation for Injuries Suffered in the Service of the United Nations* Case, ICJ Rep. 1949, 174, 182; *Ruffert*, ICLQ 50 (2001), S. 613, 621; *Herdegen*, in: Berichte DGVR (34), S. 72.

273 *Thürer* in: Berichte DGVR (34), S. 36ff; *Herdegen* in: Berichte DGVR, S. 49, 72; *Ruffert*, ILCQ 50 (2001), S. 613, 621.

das in der Charta zur Verwaltung eines fremden Territoriums vorgesehene Treuhandsystem einordnen lässt[274]. Zudem lässt sich für die Zulässigkeit und die Möglichkeit des Sicherheitsrates, sich dieser neuen Form der Verwaltung eines Gebietes zur Sicherung des Friedens zu bedienen, anführen, dass die Charta ihm, insbesondere in Art. 29, die Ausgestaltungsmöglichkeiten zur Errichtung einer internationalen Verwaltung an die Hand gibt.

Soll man das Gebilde der internationalen Übergangsverwaltung also in das System der UN-Charta einordnen, so ergibt sich, dass es sich bei der UNMIK um ein vom Sicherheitsrat gem. Art. 7 Abs. 2, Art. 29 UN-Charta geschaffenes, subsidiäres Organ der Vereinten Nationen handelt[275]. Die Organe der Vereinten Nationen sind geregelt in Art. 7 UN-Charta. Es werden zwei Gruppen unterschieden: Hauptorgane, die ihre Grundlage unmittelbar in der UN-Charta haben, und Nebenorgane, die durch einen speziellen Organisationsakt eines Hauptorgans im Rahmen seiner Kompetenz eingesetzt werden[276]. Ein Nebenorgan ist dann integraler Bestandteil der Organisation[277]. Zu beachten ist, dass sich Inhalt und Umfang der Funktionen und Befugnisse eines eingesetzten Nebenorgans innerhalb des Kompetenzbereichs des betreffenden Hauptorgans halten müssen[278].

Art. 29 der UN-Charta regelt die Befugnis des Sicherheitsrates zur Einsetzung von Nebenorganen. Nach dieser Vorschrift kann der Sicherheitsrat Nebenorgane einsetzen, soweit er dies zur Erfüllung seiner Aufgaben für erforderlich hält. Die Entscheidung des Sicherheitsrates, ob die Einsetzung eines Nebenorgans für erforderlich gehalten wird, obliegt dabei abschließend seiner eigenen Entscheidungsbefugnis; seine Entscheidung über die Notwendigkeit der Bildung eines solchen Nebenorgans kann daher nicht in Frage gestellt werden[279]. Welche Funktion dem Nebenorgan zukommen kann, bemisst sich nach dem Wortlaut des Art. 29 UN-Charta („*zur Wahrnehmung seiner Aufgaben*") nach den Aufgaben, die dem Sicherheitsrat als Hauptorgan durch die Charta zugeschrieben sind. Sie ergeben sich aus Art. 24 UN-Charta sowie aus anderen Vorschriften der Kapitel V bis VII der Charta. Als Hauptaufgabe des Sicherheitsrates ist in Art. 24 Abs. 1 UN-Charta seine Verantwortung für die Wahrung des Weltfriedens und der internationalen Sicherheit genannt. Soweit der Sicherheitsrat also ein Nebenorgan zur Wahrung des Friedens und der internationalen Sicherheit einsetzt, ist er dazu durch die Befugnis aus Art. 29 UN-Charta direkt legitimiert.

---

274 Vgl. 2. Kapitel, I. 1. b).

275 So *Bothe/Marauhn*, S. 217, 228.

276 *Jaenicke* in: Simma; Art. 7 Rn.1.

277 UN Doc. A/C.1/758: *"A subsidiary organ is one which is established by, or under the authority of, a principal organ of the United Nations in accordance with Article 7, paragraph 2, of the Charter, by resolution of the appropriate body. Such an organ is an integral part of the Organisation."*

278 *Jaenicke* in: Simma, Art. 7 Rn. 31.

279 *Jaenicke* in: Simma, Art. 7 Rn. 30.

Unter den verschiedenen Typen der Nebenorgane ist die UNMIK eines der Nebenorgane mit den weitreichendsten Aufgaben. Sie hat als Übergangsverwaltung umfassende Befugnisse, die zum Neuaufbau von Regierungsstrukturen und zur Durchführung freier demokratischer Wahlen notwendig sind[280]. Aus dem Umstand, dass es grundsätzlich dem Hauptorgan obliegt, Art und Umfang der seinem Nebenorgan übertragenen Kompetenzen und das Ausmaß der diesem Nebenorgan eingeräumten Entscheidungsautonomie zu bestimmen, vorausgesetzt, dass die übertragenen Kompetenzen sich innerhalb des Kompetenzbereichs des Hauptorgans halten, folgt, dass einzig der Sicherheitsrat in Ausübung seiner Befugnisse aus Kapitel VII die Macht hat, ein Nebenorgan mit sowohl legislativen und exekutiven, als auch mit der Aufgabe der Verwaltung der Gerichtsbarkeit auszustatten. Deshalb handelt der Sicherheitsrat auch ausdrücklich in Ausübung seiner Befugnisse aus Kapitel VII der Charta, wenn er in der Resolution 1244 die UNMIK mit den in Paragraph 11 enthaltenen weit reichenden Befugnissen ausstattet. Insoweit fügt sich die UNMIK in das Legitimationssystem der Charta ein. Sie wird als zivile Komponente zur Wahrung des Friedens und der internationalen Sicherheit tätig, indem sie für die übergangsweise Verwaltung des Kosovo tätig wird. Damit sprengt sie nicht den Kompetenzrahmen des Hauptorgans, da dem Sicherheitsrat die oben genannten Aufgaben durch die Charta zugewiesen sind.

Die Legitimation der UNMIK als Institution lässt sich daher über die Sicherheitsratsresolution durch die Charta der Vereinten Nationen direkt herleiten.

---

280 *Jaenicke* in: Simma, Art. 7 Rn. 18.

Grafik 9: Externe Legitimation von UNMIK

UN-Charta

→ **Art. 41**: Der Sicherheitsrat beschließt Maßnahmen zur Wahrung der internationalen Sicherheit und des Weltfriedens; Maßnahme kann auch die Errichtung einer internationalen Übergangsverwaltung sein.
→ **Art. 29**: Der Sicherheitsrat kann zur Erfüllung seiner Aufgaben (Art. 24 UN-Charta) Nebenorgane einsetzen; eine internationale Übergangsverwaltung kann ein solches Nebenorgan im Sinne dieser Vorschrift sein.
→ **Art. 98**: Der Generalsekretär nimmt Aufgaben wahr, die ihm vom Sicherheitsrat zugewiesen werden, dazu kann auch die Errichtung einer Übergangsverwaltung gehören.

↓

S/RES/1244 (1999)

→ Paragraph 10: Der Sicherheitsrat ermächtigt den Generalsekretär, eine internationale zivile Präsenz im Kosovo einzurichten, um eine Übergangsverwaltung für das Kosovo bereitzustellen.
→ Paragraph 6: der Sicherheitsrat ersucht den Generalsekretär (...), einen Sonderbeauftragten zu ernennen, der die Umsetzung der internationalen zivilen Präsenz überwachen soll.
→ Paragraph 20: Der Sicherheitsrat ersucht den Generalsekretär, dem Sicherheitsrat (...) über die Durchführung der Resolution 1244 Bericht zu erstatten.

↓

UNMIK/REG/1999/1 (25. Juli 1999)

→ Paragraph 1: Jegliche Gewalt – Legislative, Exekutive und Verwaltung der rechtsprechenden Gewalt - geht auf die UNMIK über und wird vom Sonderbeauftragten des Generalsekretärs ausgeübt.

3. Legitimität der Rechtssetzungsakte durch die UNMIK

Seit ihrer Einsetzung durch die Sicherheitsratsresolution 1244 (1999) bis August 2005 erließ die UNMIK 291 Verordnungen. Diese betreffen sowohl die Gebiete der Legislative und Exekutive, als auch die Verwaltung der Justiz. Dies entspricht der Festsetzung des Sonderbeauftragten des Generalsekretärs, der in seiner ersten Verordnung vom 25. Juli 1999 unter Bezugnahme auf die Resolution 1244 (1999) feststellte, dass jegliche Gewalt – Legislative, Exekutive und Judikative – auf die UNMIK übergegangen sei und vom Sonderbeauftragten des Generalsekretärs ausgeübt werde[281]. Fraglich ist nun, wie sich das durch die UNMIK mittels Verordnungen neu geschaffene Rechtssystem in das Gesamtsystem des Völkerrechts einfügt. Dabei müssten, damit die Rechtssetzung der UNMIK als völkerrechtlich legitimiert anzusehen wäre, eine direkte Legitimationskette von der UN-Charta an oberster Stelle bis hin zu den Verordnungen der UNMIK an unterster Stelle bestehen.

Wie bereits oben dargestellt, ist der Sicherheitsrat durch die verschiedenen Bestimmungen in der Charta zur Errichtung einer Übergangsverwaltung durch die Vereinten Nationen, wie dies durch Resolution vom 10.06.1999 geschehen ist, befugt. Formal ist die UNMIK als ein durch den Sicherheitsrat gemäß Art. 29 UN-Charta geschaffenes Nebenorgan der Vereinten Nationen zu qualifizieren.

Was die rechtliche Handlungsfähigkeit des Nebenorgans auf der zwischenstaatlichen oder innerstaatlichen Ebene angeht, so folgt diese aus ihrem Status als Organ der Vereinten Nationen, aus der völkerrechtlich anerkannten Rechtspersönlichkeit der Vereinten Nationen, aus Art. 104, 105 der Charta und aus dem Abkommen über die Privilegien und Immunitäten der Vereinten Nationen[282]. Ob und inwieweit ein Organ der Vereinten Nationen ermächtigt ist, mit Staaten oder anderen internationalen Organisationen in vertragliche oder sonstige Rechtsbeziehungen einzutreten oder auf der innerstaatlichen Ebene Verträge zu schließen und sonstige Rechtsakte vorzunehmen, regelt sich nach dem internen Organisationsrecht der VN; eine solche Ermächtigung ergibt sich entweder aus einer ausdrücklichen Vorschrift im Beschluss über die Einsetzung des Nebenorgans oder aus dem Charakter der dem Organ übertragenen Funktion[283]. Vorliegend werden die grundlegenden Aufgaben und die dafür notwendigen Befugnisse der UNMIK durch die Sicherheitsratsresolution 1244 (1999) geregelt. In der Resolution wird auch von einem weiteren Institut Gebrauch gemacht, das bei der Schaffung von Nebenorganen durch den Sicherheitsrat gemäß Art. 29 UN-Charta vorgesehen ist: Gemäß Paragraph 20 der Resolution 1244 (1999) wird der Generalsekretär zum Berichterstatter eingesetzt, der dem Sicherheitsrat in regelmäßigen Abständen über die Durchführung der Resolution Bericht erstatten soll, wozu auch Berichte der Führung der internationalen zivilen Präsenz und der internationalen Sicherheitspräsenz gehören. Der Generalsekretär wird damit also in Ausführung seiner ihm durch die Charta in Art. 98 zugewiesenen Aufgaben verantwortlich für die Durchführung der vom Sicherheitsrat beschlossenen Übergangsverwal-

[281] Abschnitt 1 der UNMIK/REG/1999/1 (25.07.1999).
[282] *Jaenicke* in: Simma, Art. 7, Rn. 26.
[283] *Jaenicke* in: Simma, Art. 7, Rn. 26; *Paulus* in: Simma, Art. 29, Rn. 21.

tung[284]. Zur Durchführung dieser Aufgabe ernennt er einen Sonderbeauftragten, wie dies auch bereits durch den Sicherheitsrat in Paragraph 6 der Sicherheitsratsresolution 1244 beschlossen worden ist. Erlässt nun dieser Sonderbeauftragte als Hauptverantwortlicher für die Mission Gesetze, die für die Aufgabe der Errichtung einer Übergangsverwaltung notwendig sind, so sind diese jedenfalls legitimiert durch die Sicherheitsratsresolution, die den Aufbau der Übergangsverwaltung anordnet und ihrerseits ihre Rechtsgrundlage in den dem Sicherheitsrat durch die UN-Charta zugewiesenen Befugnissen findet. Die von der UNMIK erlassenen Verordnungen stellen sich als internationale Rechtssetzungsakte eines durch den Sicherheitsrat im Rahmen seiner Befugnis aus Art. 29 UN-Charta geschaffenen Nebenorgans dar. Eine Legitimationskette von der Charta an oberster Stelle bis hin zu den vom Sonderbeauftragten erlassenen Verordnungen liegt damit vor.

II. Interne Legitimation

Als Gegenstück zur oben sogenannten externen – gewissermaßen formalen – Legitimation müsste die UNMIK aber auch intern legitimiert sein. Darunter soll hier die materielle Legitimation verstanden werden, die vorliegt, wenn sich die UNMIK bei der Ausübung der ihr übertragenen Aufgaben an international anerkannte Standards für die Ausübung von Staatsgewalt hält. Welches diese Standards sind und inwieweit die UNMIK an sie gebunden ist, soll in diesem Abschnitt untersucht werden.

1. Ausgangsüberlegung: Umfassende Ausübung von Herrschaft durch die UNMIK

Ausgangsüberlegung der Frage, welche Anforderungen an die Ausübung internationaler Verwaltungen zu stellen sind, ist die Bestimmung des Ausmaßes der durch die jeweilige Übergangsverwaltung ausgeübten Machtbefugnisse. Das Ausmaß der im Kosovo durch die UNMIK ausgeübten Herrschaft wird bestimmt durch die Sicherheitsratsresolution 1244 (1999) und ausgestaltet durch die von der UNMIK auf Grundlage dieser Resolution erlassenen Verordnungen. Eine weitere wichtige Rolle zur Bestimmung der Befugnisse der UNMIK liefern die Berichte des Generalsekretärs an den Sicherheitsrat über die Entwicklung der Übergangsverwaltung im Kosovo. Daher wird zur Bestimmung des Umfangs der von der UNMIK ausgeübten Herrschaft zunächst auf diese Dokumente zurückgegriffen. Gemäß Paragraph 11 der Sicherheitsratsresolution 1244[285] werden folgende Funktionen ausdrücklich auf die UN übertragen:

---

[284] *Paulus* in: Simma, Art. 29 Rn. 48.

[285] Deutsche Übersetzung aus: *Krause*, (Hrsg.), Kosovo, S. 207ff.

a) bis zu einer endgültigen Regelung die Förderung und Herstellung substantieller Autonomie und Selbstverwaltung im Kosovo;
b) Wahrnehmung grundlegender ziviler Verwaltungsaufgaben;
c) Organisation und Überwachung der Entwicklung vorläufiger Institutionen für eine demokratische und autonome Selbstverwaltung, einschließlich der Abhaltung von Wahlen;
d) Übertragung ihrer Verwaltungsaufgaben auf diese Institutionen, nachdem sie geschaffen werden, bei gleichzeitiger Überwachung und Unterstützung der Konsolidierung der örtlichen vorläufigen Institutionen des Kosovo sowie weitere friedenskonsolidierende Tätigkeiten;
e) Erleichterung eines politischen Prozesses mit dem Ziel, unter Berücksichtigung des Rambouillet- Abkommens (S/1999/648) den künftigen Status des Kosovo zu bestimmen;
f) in einer Endphase die Überwachung der Übertragung der Machtbefugnisse von den vorläufigen Institutionen des Kosovo auf die im Rahmen einer politischen Regelung geschaffenen Institutionen;
g) Unterstützung des Wiederaufbaus der grundlegenden Infrastruktur und des sonstigen wirtschaftlichen Wiederaufbaus;
h) Unterstützung der humanitären Hilfe und der Katastrophenhilfe in Abstimmung mit den internationalen humanitären Hilfsorganisationen;
i) Aufrechterhaltung der zivilen öffentlichen Ordnung, namentlich durch die Schaffung örtlicher Polizeikräfte und in der Zwischenzeit durch die Dislozierung internationalen Polizeipersonals für den Dienst im Kosovo;
j) Schutz und Förderung der Menschenrechte;
k) Gewährleistung der sicheren und ungehinderten Rückkehr aller Flüchtlinge und Vertriebenen in ihre Heimat im Kosovo.

Zusammenfassend lässt sich daher feststellen, dass bereits durch die Sicherheitsratsresolution 1244 alle wichtigen Staatsfunktionen, insbesondere die öffentliche Verwaltung, auf die UNMIK übergegangen sind. Im Einzelnen wird der UNMIK vor allem die Aufgabe übertragen, zunächst vorläufige, aber schrittweise auch sich selbst tragende Institutionen für die Wiedererrichtung demokratischer Strukturen aufzubauen. Während damit das langfristige Ziel der UNMIK auf die Schaffung eines funktionierenden Staatsapparates gerichtet ist, wird ihr für die Übergangsphase bis zur Schaffung dieser selbst tragenden Strukturen die Aufgabe auferlegt, sämtliche grundlegenden Aufgaben der Zivilverwaltung selbst zu übernehmen. Wichtig ist des Weiteren, dass der UNMIK die Zuständigkeit für den wirtschaftlichen Wiederaufbau und damit die wohl wichtigste Aufgabe, um eine substantielle Autonomie der Provinz zu ermöglichen, zugewiesen wird.

Noch deutlicher werden die umfassenden Befugnisse der UNMIK im ersten Bericht des Generalsekretärs an den Sicherheitsrat vom 12. Juli 1999, demgemäß das Mandat des Sicherheitsrates, grundlegende zivile Verwaltungsfunktionen wahrzunehmen, die Öffentliche Sicherheit und Ordnung aufrecht zu erhalten bei gleichzeitiger Schaffung von Verwaltungsstrukturen, die schließlich an die örtliche Bevölkerung übergeben werden sollen, die Ausübung jeglicher legislativer und exekutiver Befugnisse, einschließlich der Verwaltung der Justiz beinhaltet[286]. Gleiches ergibt sich auch aus der ersten von der UNMIK durch den Sonderbeauftragten des Generalsekretärs erlassenen Verordnung, UNMIK-Verordnung 1999/1, in der es um die der Übergangsverwaltung zustehenden Kompetenzen geht. In Abschnitt 1 wird verkündet, dass „jegliche legislative und exekutive Gewalt im Kosovo, einschließlich der Verwaltung der Gerichtsbarkeit, auf die UNMIK übergeht und vom Sonderbeauftragten des Generalsekretärs ausgeübt wird."[287] In seinem Bericht an den Sicherheitsrat vom 23. Dezember 1999 bezeichnet der Generalsekretär die UNMIK schließlich als die einzig legitime Autorität im Kosovo[288].

Erstaunlicherweise ergibt sich im scheinbaren Gegensatz zu dem oben Gesagten aus Paragraph 10 der Sicherheitsratsresolution 1244, dass es sich bei der Provinz des Kosovo nach wie vor um einen integralen Bestandteil der Bundesrepublik Jugoslawien handelt[289]. Bei Betrachtung des Umfangs der durch die Übergangsverwaltung der UNMIK ausgeübten Befugnisse kommt jedoch die Frage auf, ob die auf dem Papier nach wie vor bestehende Souveränität der Bundesrepublik Jugoslawien nicht unter der Verwaltung der UNMIK nur noch eine Hülle ohne Inhalt darstellt. In der Tat hat die Bundesrepublik Jugoslawien unter der UNMIK die meisten ihrer klassischen Rechte als Souverän über das Kosovo verloren. So hat die UNMIK eine neue Währung eingeführt, ein eigenes Rechtssystem geschaffen und Abkommen mit Nachbarstaaten[290] geschlossen. Darüber hinaus hatte das serbische Militär das Kosovo zu verlassen mit Ausnahme einiger mit Zustimmung der UN operierender Einheiten der Grenzkontrolle[291] oder der Minenräumung. Der UNMIK fehlt damit einzig die Befugnis, über das Territorium zu verfügen, wie es ein Souverän könnte. Im Übrigen aber ist die Bundesrepublik Jugoslawien als der eigentliche Souverän über das Gebiet von der Aus-

---

286 UN Doc. S/1999/779 (12.07.1999), Para. 35.

287 Übersetzung der Verf.

288 Bericht des Generalsekretärs v. 23.12.1999, UN Doc. S/1999/1250, Para. 35.

289 *"...the people of Kosovo can enjoy substantial autonomy **within** the Federal Republic of Yugoslavia..."*

290 Vgl. Cooperation Agreement on Cross-Border Economic Issues with Macedonia of 7 March 2000, UN Doc. S/2000/538 of 6 June 2000, Para. 20; UNMIK Press Release of 7 April 2000 on the Agreement with the Swiss Government on the Return of Refugees.

291 *Stahn*, LJIL 14 (2001), S. 531, 540.

übung jeglicher Staatsgewalt im Kosovo ausgeschlossen[292]. Im Falle des Kosovo fallen daher staatliche Souveränität und Staatsgewalt auseinander[293].

Zusammenfassend ergibt sich, dass die UNMIK die klassischen Machtbefugnisse eines Staates bzw. sämtliche normalerweise staatliche Zuständigkeiten der Gebietshoheit auf dem Territorium des Kosovo *vollständig* übernommen hat[294]. Es stellt sich nunmehr die Frage, welche Anforderungen an eine internationale Verwaltung mit diesen umfassenden Befugnissen zu stellen sind.

2. Anforderungen an internationale Verwaltungen

a) Einleitung

Im Zusammenhang mit Artikeln und wissenschaftlichen Abhandlungen ist häufig über die Verfehlungen der UNMIK im Bereich der Einhaltung von grundlegenden Menschenrechtsstandards zu lesen. Häufig genannt in diesem Zusammenhang werden die Beispiele der sog. „*unlawful KFOR-detentions*“[295]. Auch wenn der Bereich des KFOR-Einsatzes in dieser Arbeit bewusst ausgeklammert wurde, ist er im Zusammenhang der Vorwürfe, die gegen die UNMIK erhoben werden, mit zu erwähnen. Denn zwar bildete die KFOR zu den Anfängen der UNMIK keine reguläre Polizeieinheit im engeren Sinne. Dennoch fällt sie auch unter das Mandat der Sicherheitsratsresolution 1244 (1999), in der der Übergangsverwaltung in Paragraph 11 lit. i) die Aufrechterhaltung der öffentlichen Sicherheit und Ordnung übertragen wurde. Diese („Polizei“-)Aufgaben wurden bis zum Aufbau örtlicher Polizeikräfte von KFOR übernommen. Insofern werden einige Ausführungen bzgl. KFOR in einen Exkurs am Ende des dritten Kapitels gestellt.

Aber die Kritik ist nicht nur auf die militärische Komponente der UN-Mission beschränkt. Es findet sich vielmehr auch Kritik an der Gesetzgebung der UNMIK, und zwar durchgängig in den Bereichen des Zivil-, des Straf- und des öffentlichen Rechts[296]. Beispielhaft genannt wird im Bereich des Zivilrechts die Zweifelhaftigkeit der Schaffung des *Housing and Property Directorate (HPD)* und der *Housing and Property Claims Commission (HPCC)*[297] und deren Befugnis, als quasi-gerichtliches-Organ über die Zuweisung von Besitz zu entschei-

---

[292] Vgl. *Stahn*, LJIL 14 (2001), S. 531, 540.

[293] *Stahn*, Max Planck UNYB 5 (2001), S. 105, 119.

[294] *Frowein* in: FS Rudolf, S. 44; *Bothe/Marauhn*, S. 217, 224, *Stahn*, ZaöRV 61 (2001), S. 107, 136; *Stahn*, Max Planck UNYB 5 (2001), S. 105, 107, 119; *Irmscher*, GYIL 44 (2001), S. 353, 357; Ombudsperson Institution, 2nd Annual Report (2001-2002) v. 10.07.2002, S. 1.

[295] Vgl. z.B. *Stahn*, ZaöRV 61 (2001), S. 107, 152ff.

[296] Vgl. *Stahn*, ZaöRV 61 (2001), S. 107, 156ff.

[297] UNMIK/REG/1999/23 (15.11.1999.)

den, weil dies der ordentlichen Zivilgerichtsbarkeit, bei der diese Aufgabe bis 1989 angesiedelt war, diese Materie entzöge und gleichzeitig die Entscheidungen des HPCC jeglicher weiteren gerichtlichen oder zweitinstanzlichen Überprüfbarkeit entzöge. Des Weiteren wird kritisiert, dass im Rahmen der Rechtssetzung durch die UNMIK bisweilen Regelungen geschaffen worden seien, die unter rechtsstaatlichen Gesichtspunkten nicht zu rechtfertigen wären. Als Beispiel hierfür wird insbesondere die Verordnung 1999/24 vom 12. Dezember 1999 genannt, die sich mit dem anwendbaren Recht im Kosovo befasst. Ebenfalls als mit sowohl der EMRK als auch dem IPBürgR unvereinbar kritisiert wird die durch die Verordnung 1999/26 geschaffene Möglichkeit der Ausdehnung der Untersuchungshaft auf bis zu ein Jahr[298]. Jedenfalls aber gebe es nur wenige Mechanismen, um die Einhaltung internationaler Menschenrechtsstandards sicherzustellen, da zum einen die UNMIK-Verordnungen vor ihrem Inkrafttreten nicht systematisch auf ihre Vereinbarkeit mit internationalen Menschenrechtsstandards überprüft würden und zum anderen der nationalen Gerichtsbarkeit die Überprüfung von UNMIK-Rechtsetzungsakten entzogen sei[299]. Als unter internationalen Standards bedenklich bemängelt wird auch der Umstand, dass selbst unter den Regelungen des Constitutional Framework dem Obersten Gerichtshof lediglich die Kontrolle über die Rechtmäßigkeit der vom Parlament (*Kosovo-Assembly*) erlassenen Gesetze zugewiesen wird, er aber die „Verfassungsmäßigkeit" der vom Sonderbeauftragten erlassenen Gesetze oder sonstiges exekutives Handeln der UNMIK nicht überprüfen darf. Da von einem wirklichen System der Gewaltenteilung insofern keine Rede sein könne, fehle es auch an der wichtigsten Voraussetzung einer demokratischen Regierungsführung[300]. Es wird sogar vertreten, dass es einen immanenten Widerspruch gebe zwischen einer internationalen Verwaltung durch UNMIK und KFOR auf der einen Seite und Rechtsstaatlichkeit und Demokratie als Voraussetzung für die Einhaltung von Menschenrechten andererseits, solange der einzig legitimen Autorität – UNMIK und KFOR – so weitreichende Privilegien und Immunitäten eingeräumt würden[301], dass diese außerhalb der Gesetze operieren könnten[302] und auf diese Weise gleichsam den lokalen Gerichten ein wichtiger Teil ihrer Gerichtsbarkeit entzogen würde[303].

---

298 *Stahn*, ZaöRV 61 (2001), S. 107, 157.
299 *Zimmermann/Stahn*, NJIL 95 (2001), S. 423, 447.
300 *Brand*, NJIL 70 (2001), S. 461, 470, 471.
301 UNMIK/REG 2000/47 (18.08.2000) On the Status, Privileges and Immunities of KFOR and UNMIK.
302 *Brand*, NJIL 70 (2001), S. 461, 462.
303 *Zimmermann/Stahn*, NJIL 95 (2001), S. 447, 448.

b) Anwendbarkeit internationaler Menschenrechtsstandards auf internationale Zivilverwaltungen

Angesichts dieser Kritik ist also die Frage zu klären, welche Anforderungen an den Aufbau einer internationalen Übergangsverwaltung zu stellen sind. Wie oben festgestellt wurde, hat die UNMIK sämtliche klassischen Machtbefugnisse und Staatsfunktionen vollständig übernommen. Dennoch ist im folgenden im Auge zu behalten, dass es sich bei der UNMIK deshalb noch lange nicht um eine Regierung oder ein Regime handelt, auf das einfach diejenigen Maßstäbe übertragen werden können, die an Staaten zu stellen sind, insbesondere, weil UNMIK als solche nicht wie Staaten förmlich internationalen Menschenrechtsverträgen beitreten kann[304]. Es ist also zu untersuchen, woraus sich die Bindung der UNMIK an internationale Menschenrechtsstandards ergeben könnte. Hier sind verschiedene Möglichkeiten denkbar. So könnte sich eine Verpflichtung zur Einhaltung von Menschenrechten bereits aus dem der Mission zugrunde liegenden Mandat des Sicherheitsrates – Resolution 1244 – herleiten lassen. Sie könnte sich aber auch aus der Tatsache ergeben, dass die UNMIK im Kosovo sämtliche klassischen Machtbefugnisse eines Staates übernommen hat und insofern ebenso wie Staaten an die Einhaltung gewisser international anerkannter Menschenrechtsstandards gebunden ist. Denkbar ist auch, dass UNMIK mit der Übernahme der Staatsgewalt automatisch in die Menschenrechtsverträge eingetreten ist, die vor der Übernahme auf dem Staatsgebiet Geltung hatten. Schließlich bleibt die Möglichkeit, die UNMIK allein an den Maßstäben zu messen, die sie sich selber auferlegt hat.

(1) Bindung an international anerkannte Menschenrechtsstandards durch das Mandat des Sicherheitsrates S/RES/1244 – „...to protect and to promote human rights...“

Teilweise wird vertreten, dass eine internationale Zivilverwaltung, wie im vorliegenden Falle UNMIK, selbstverständlich an die Einhaltung der in der UN-Charta enthaltenen und völkergewohnheitsrechtlich anerkannten Menschenrechtsstandards gebunden sei[305], weil die Bindung an internationale Menschenrechtsstandards bereits im Mandat der UNMIK, der Sicherheitsratsresolution 1244, angelegt sei. Hier heißt es nämlich in Section 11 lit. j), dass einer der Hauptaufgabenbereiche der UNMIK in der Förderung und dem Schutz der Menschenrechte liegt[306]. Insofern lässt sich argumentieren, dass eine als die einzig

---

304 *Irmscher*, GYIL 44 (2001), S. 353, 354.

305 *Stahn*, Max Planck UNYB 5 (2001), S.105, 162; *Stahn*, ZaöRV 61 (2001), S. 107, 150.

306 UN Doc. S/RES/1244 (1999), Para. 11.: "*Decides that the main responsibilities of the international civil presence will include: j) protecting and promoting human rights; (...).*"

legitime Autorität im Kosovo eingesetzte Verwaltungsmacht[307] hier nicht nur die Verpflichtung übernimmt, der Achtung von Menschenrechten beim Aufbau demokratischer Institutionen zu Geltung zu verhelfen und insbesondere der Diskriminierung unter den verschiedenen Volksgruppen entgegenzuwirken. Vielmehr müsse das Bekenntnis zur Verbreitung und Verteidigung der Menschenrechte bereits im eigenen Handlungskreis der internationalen Zivilverwaltung beginnen. Denn es erscheint sehr fraglich, ob es möglich ist, die Verwirklichung von Menschenrechten in einer Gesellschaft völlig losgelöst von staatlichen Autoritäten zu betrachten, in anderen Worten: ob es also möglich ist, sich bei der Implementierung von Menschenrechten auf die Bekämpfung interethnischer Gewalt und Rassendiskriminierung zu konzentrieren oder sogar zu beschränken, während der Bevölkerung eine gerichtliche Nachprüfbarkeit von legislativem und exekutivem Handeln der internationalen Zivilverwaltung, die de facto die Staatsgewalt ausübt, in weiten Teilen verwehrt bleibt[308]. Zumindest auf den ersten Blick erscheint eine solche Praxis willkürlich und kaum akzeptabel. Allerdings kann es nicht vorrangig darum gehen, ob man es für wünschenswert erachtet, dass die internationale Zivilverwaltung selbst in gleichem Maße an Menschenrechtsstandards gebunden ist, wie sie für die neu zu schaffenden Institutionen bindend sind, sondern darum, ob aus Sicherheitsratsresolution 1244 eine solche Bindung der UNMIK unmittelbar abgeleitet werden kann. Die Aufgabe, Menschenrechte zu fördern und zu schützen, steht in der Resolution im Kontext der Aufgaben, die UNMIK übernimmt, um die *innere* Neuordnung des Kosovo so weit voranzutreiben, dass das Endziel, nämlich ein Zustand substantieller Autonomie für die Region innerhalb der Bundesrepublik Jugoslawien und eine demokratische Regierung im Kosovo, erreicht werden kann. Daraus lässt sich schließen, dass zumindest aus diesem Abschnitt des Mandates keine unmittelbar verbindliche Regelung darüber getroffen wird, an welche grundlegenden Menschenrechtsstandards die UNMIK in ihrer Eigenschaft als internationale Zivilverwaltung selbst gebunden ist[309].

Andererseits wäre es aber auch widersinnig, anzunehmen, dass es eine durch die UN eingesetzte Übergangsverwaltung geben könne, die sich selbst völlig willkürlicher und gegen grundlegende Menschenrechte verstoßender Methoden beim Durchsetzen ihres Mandates – nämlich der Herbeiführung eines demokratischen Rechtsstaates, in dem die Menschenrechte geachtet werden – bediente. Von vorneherein ließe sich hier absehen, dass eine solche Übergangsverwaltung nicht das Vertrauen der Bevölkerung gewinnen könnte und schon gar nicht dazu geeignet wäre, ein demokratisches Umfeld zu schaffen, das von der Achtung der Menschenrechte geprägt wäre. Die Erfüllung des Mandates wäre bei einer solchen Auslegung also nicht möglich. Insofern sprechen die besseren Argumente

[307] Vgl. Bericht des Generalsekretärs v. 12.06.1999, UN Doc. S/1999/672 Para. 3 und UNMIK/REG 1999/1 (25.07.1999).

[308] *Brand*, NJIL 70 (2001), S. 461, 462.

[309] *Irmscher*, GYIL 44 (2001), S. 353, 366.

für die Annahme, dass bereits in Sicherheitsratsresolution 1244 eine gewisse Bindung der UNMIK an internationale Menschenrechtsstandards angelegt ist.

(2) Bindung an international anerkannte Menschenrechtsstandards durch den Status der UNMIK als nach den Vorschriften der UN-Charta eingesetztes Nebenorgan

Ein weiteres Argument für die Bindung der UNMIK an international anerkannte Menschenrechtsstandards ergibt sich aus ihrem Status als ein gem. Art. 7 Abs. 2, Art. 29 UN-Charta durch den Sicherheitsrat eingesetztes Nebenorgan. Als solches ist sie den Prinzipien der Charta, die die Achtung der Menschenrechte als eines ihrer Hauptziele definiert (z. B. Art. 1 Nr. 3, 55 lit. c), verpflichtet[310]. Dies muss umso mehr gelten, wenn man die stetige Praxis der Organisation und ihrer Organe betrachtet, an Staaten zu appellieren, grundlegende Menschenrechtsstandards einzuhalten. Die immense Anzahl von Standards, die durch Generalversammlung, Wirtschafts- und Sozialrat und Menschenrechtskommission gesetzt werden, können nur als ein Bekenntnis zum Schutz und zur Einhaltung der Menschenrechte gewertet werden. Unabhängig von der rechtlichen Bindungswirkung, die entsprechende Deklarationen, Resolutionen und Prinzipienpapiere für die einzelnen Mitgliedstaaten der UNO haben, scheint es jedenfalls konsequent, wenn zumindest die Organisation selbst an die durch ihre eigenen Organe gesetzten Standards gebunden ist[311]. Insofern wäre ein Abweichen von diesen Menschenrechtsstandards durch ein Nebenorgan der Organisation, das quasistaatliche Macht in einem Gebiet ausübt, ausgesprochen widersprüchlich und unglaubwürdig[312].

Darüber hinaus ergeben sich gewisse Verpflichtungen im Hinblick auf den Status der UNMIK als „neue Form der UN-Treuhandverwaltung“. Aufgrund der ähnlichen Zielsetzungen und nur formalen Unterschiede[313] dürften die durch Art. 76 lit. c UN-Charta festgelegten Ziele auch als normative Richtlinie für UN-geführte Übergangsverwaltungen gelten, selbst wenn sich diese außerhalb des direkten Kontextes des Kapitel XII der Charta bewegen[314]. Laut Art. 76 lit. c UN-Charta dient das Treuhandsystem der Stärkung der Achtung der Menschenrechte und der Grundfreiheiten. Diese Verpflichtung lässt sich einteilen in zwei Kategorien[315]. Zum einen beinhaltet sie, dass während des Zeitraumes, zu der ein Territorium unter Treuhandverwaltung steht, die Menschenrechte der Bevölke-

---

310 *Kelly*, Restoring and Maintaining Order in Complex Peace Operations, S. 173; *Wilde*, Quis custodiet ipsos Custodes? Para. 17; *Irmscher*, GYIL 44 (2001), S. 353, 368.

311 *Wellens*, The Primary Model Rules of Accountability of International Organisations, S. 452f.

312 *Irmscher*, GYIL 44 (2001), S. 353, 368f.

313 Vgl. 2. Kapitel, I. 1.

314 Vgl. auch *Stahn*, ZaöRV 61 (2001), S. 107, 138.

315 *Rauschning* in: Simma, Art. 76, Rn. 32.

rung dieses Gebietes respektiert werden müssen. Dies entspricht der Verpflichtung der Übergangsverwaltung, die durch umfassende Übertragung von Staatsgewalt gewissermaßen von *außen* Einfluss auf die Gewährleistung von Menschenrechten der Bevölkerung nehmen kann. Auf der anderen Seite muss die Übergangsverwaltung bestrebt sein, die Achtung der Menschenrechte und Grundfreiheiten *innerhalb* der Bevölkerung des betreffenden Gebietes zu stärken beziehungsweise die Bevölkerung überhaupt erst für die Einhaltung von Menschenrechten und Demokratie zu sensibilisieren und an eine diese Werte achtende Staatsform heranzuführen. Zumindest aus erstgenannter Kategorie ergibt sich mithin die Verpflichtung der Achtung der Menschenrechte auch für die UNMIK. Inwiefern sich allerdings bei dem Bemühen, das unter UN-Verwaltung gestellte Territorium auch von innen heraus in eine die Menschenrechte achtende, demokratische Staatsform zu führen, ein Spannungsverhältnis zwischen der Garantie der Menschenrechte *für* die Bevölkerung und die Entwicklung der Achtung der Menschenrechte *innerhalb* der Bevölkerung ergeben kann, wird später noch zu untersuchen sein.

(3) Bindung der UNMIK an international anerkannte Menschenrechtsstandards durch umfassende Ausübung von Staatsgewalt

Es ließe sich auch an einen Vergleich mit einem Staatensystem denken, aufgrund dessen die UNMIK an die international anerkannten Menschenrechtsstandards gebunden sein müsste, die auch für Staaten gelten. Wie oben festgestellt wurde, hat die UNMIK sämtliche klassischen Machtbefugnisse und Staatsfunktionen vollständig übernommen. Hieraus folgert die Institution des Ombudsmannes in diversen Berichten, dass UNMIK als „Staatssurrogat“[316] zu behandeln sei mit der Konsequenz, dass auch die UNMIK nach demokratischen Grundsätzen gegliedert sein, in Übereinstimmung mit rechtsstaatlich gebotenen Regeln handeln und internationale Menschenrechtsstandards beachten müsste[317]. Wenn dies aber so ist, bleibt immer noch zu klären, welche inhaltlichen Anforderungen an die Begriffe Demokratie und Rechtsstaatlichkeit zu stellen und welche Menschenrechtsstandards anwendbar sein sollen. Denn beispielsweise geht das Demokratieverständnis, dass sich auf regionaler und insbesondere auf europäischer Ebene herausgebildet hat, zum Teil weit über das hinaus, was in den universell geltenden Völkerrechtsverträgen zum Ausdruck kommt. Fraglich ist dann, ob bei der Beurteilung der durch die Vereinten Nationen geführten Verwaltung im Kosovo Maßstäbe angelegt werden dürfen, die im Rahmen Europas hinsichtlich der Anforderungen an Menschenrechtsstandards, Demokratie und Rechtsstaatlichkeit entwickelt wurden und anerkannt sind. Eine solche Bindung ergibt sich jedoch nicht ohne weiteres, da die UNMIK eine Organisation der Vereinten Na-

[316] Ombudsperson Institution, Special Report No. 2 (27.10.2000) – On certain aspects of UNMIK Regulation No. 2000/59 amending UNMIK Regulation 1999/24 on the law applicable in Kosovo, Para.7; 2nd Annual Report (2001-2002) v. 10.07.2002, S. 1.

[317] Ombudsperson Institution, 2nd Annual Report (2001-2002) v. 10.07.2002, S. 1.

tionen ist, die durch regionale Regelungen ebenso wenig gebunden sein kann, wie durch einzelstaatliches Recht. Anderes könnte lediglich für die im Rahmen der UNMIK unter Führung der UN tätigen Organisationen – EU, OSZE, UNHCR – gelten, die unter Umständen zusätzlich auch noch durch die im Rahmen ihrer Organisation gesetzten Standards gebunden sein könnten. Für die UNMIK als solche können jedoch grundsätzlich nur diejenigen Standards gelten, die sich entweder aus dem universellen Völkerrecht herleiten lassen oder, wenn sie inhaltlich darüber hinausgehen, die sich die UNMIK selbst auferlegt hat.

Teilweise wird eine Bindung der UNMIK an Menschenrechtsnormen mit dem Argument bejaht, sie gehörten zum Völkergewohnheitsrecht[318]. Ausgangspunkt der Argumentation ist die Tatsache, dass die UN seit dem für die Völkerrechtssubjektivität Internationaler Organisationen grundlegenden Rechtsgutachten des IGH[319] grundsätzlich als Völkerrechtssubjekt gilt. Als solches sei sie prinzipiell an Völkergewohnheitsrecht gebunden, zumindest insoweit, als dieses im Grunde auf Staaten zugeschnittene Recht seinem Inhalt nach auf internationale Organisationen übertragbar sei[320]. Der Anwendungsumfang internationaler Menschenrechte umfasst generell die Art und Weise der Ausübung von Staatsgewalt – ein Sachverhalt, der normalerweise nicht auf internationale Organisationen zutrifft. Dies ist jedoch im Fall der UNMIK anders, da sie die Staatsgewalt im Kosovo umfassend übernommen hat und insofern mit einem Staat vergleichbar ist. Daraus lässt sich in einem weiteren Schritt die Bindung der UNMIK zumindest an völkergewohnheitsrechtlich anerkannte Menschenrechtsstandards ableiten, deren Garantien jedoch hinter denen der entsprechenden völkerrechtlichen Verträge zurückfallen können. Daher ist unten noch zu prüfen, ob für UNMIK über die völkergewohnheitsrechtlichen Verpflichtungen hinaus auch eine Bindung an völkerrechtliche Verträge besteht[321].

(4) Bindung der UNMIK an international anerkannte Menschenrechtsstandards durch territoriale Anwendbarkeit der Menschenrechtsverträge, die vor der Übernahme der Verwaltung durch UNMIK Geltung hatten

Möglicherweise ist die UNMIK im Wege der Staatennachfolge an die entsprechenden, ehemals von der Sozialistischen Republik Jugoslawien bzw. der Bun-

---

318 *Irmscher*, GYIL 44 (2001), S. 353, 369, der zumindest die „International Bill of Rights", also AEMR, IPBürgR und IPWSKR dem Völkergewohnheitsrecht zuordnet.

319 ICJ, Reparations for Injuries suffered in the service of the United Nations, Advisory Opinion, ICJ Reports 1949, 174.

320 *Shraga/Zacklin*, The Applicability of International Humanitarian Law to United Nations Peace-Keeping Operations, S. 47f.; *Irmscher*, GYIL 44 (2001), S. 353, 369f.

321 Vgl. (5) Selbstbindung der UNMIK durch UNMIK/REG/1999/24, 2000/59, Kapitel 3 des Constitutional Framework.

desrepublik Jugoslawien anerkannten völkerrechtlichen Verträge gebunden[322]. Unter Staatennachfolge versteht man den Eintritt eines Staates in die Rechte und Pflichten eines anderen Staates als Ergebnis einer Ausbreitung seiner Hoheitsgewalt über ein Gebiet, das zuvor der Souveränität des anderen Staates unterstand[323]. Die Annahme, UNMIK sei im Wege der Staatennachfolge an die oben genannten Menschenrechtsstandards gebunden, geht insofern fehl, als UNMIK keine uneingeschränkte Souveränität über das Territorium des Kosovo ausübt[324] und daher von einer Staatennachfolge im eigentlichen Sinne nicht die Rede sein kann[325].

Eine weitere Möglichkeit, zur unmittelbaren Anwendbarkeit internationaler Menschenrechtsstandards zu gelangen, wäre aber die Annahme einer automatischen Fortgeltung der Menschenrechtsübereinkommen, die im Kosovo vor Übernahme der internationalen Verwaltung durch die UN Geltung hatten, da diese entweder ein integraler Bestandteil des „Staatsgebietes" sind oder kraft eines *acquis* der Bevölkerung Geltung hätten[326]. Der Menschenrechtsausschuss vertritt hierzu die Ansicht, dass die durch den Internationalen Menschenrechtspakt garantierten Rechte auf die Menschen übergehen, sobald einmal ein Beitritt zum Pakt erfolgt ist. Ist dies geschehen, sind diese Rechte unwiderruflich und bestehen unabhängig eines Regierungswechsels, der Sezession eines Teils des Staatsgebietes, der Staatensukzession sowie jeder Maßnahme eines Staates, die darauf gerichtet ist, der Bevölkerung die durch den Pakt garantierten Rechte zu entziehen, fort[327]. Da Jugoslawien bereits vor der Übernahme der Staatsgewalt durch die UNMIK Vertragsstaat des Menschenrechtspaktes war, wäre nach Auffassung des Menschenrechtsausschusses die Bindung an die im Pakt enthaltenen Garantien zwingend.

(5) Bindung an international anerkannte Menschenrechtsstandards aufgrund einer Selbstverpflichtung der UNMIK durch UNMIK-Verordnung 1999/24, UNMIK-Verordnung 2000/59 und Kapitel 3 des Constitutional Framework

Wie oben bereits angedeutet, könnte die UNMIK schließlich kraft einer Selbstverpflichtung an die Einhaltung internationaler Menschenrechte gebunden sein. Eine solche Selbstverpflichtung hätte gleichzeitig den Vorteil, dass es keines Umweges über eine Bestimmung der auf eine internationale Zivilverwaltung anwendbaren Menschenrechtsstandards bedürfte, weil sich in einem solchen

---

322 *Cerone*, EJIL 12 (2001), S. 469, 474.
323 *Fiedler*, State Succession in: Bernhard (Hrsg.), EPIL IV, S. 641.
324 Vgl. 2. Kapitel, II.1.
325 *Irmscher*, GYIL 44 (2001), S. 353, 371.
326 *Stahn*, Max Planck UNYB 5 (2001), S.105, 162.
327 Human Rights Committee, General Comment No. 26: Continuity of Obligations, CCPR/C/21/Rev.1/Add.8/Rev.1, Para. 4.

Falle der einzuhaltende Maßstab, der bezüglich der Einhaltung von Menschenrechten für die UNMIK gelten würde, direkt aus der Selbstverpflichtung ergäbe. So könnte auf diesem Wege neben universellen Menschenrechtsinstrumenten auch ein nur regionaler Menschenrechtsvertrag wie die Europäische Menschenrechtskonvention für anwendbar erklärt werden.

Eine Selbstbindung der UNMIK ließe sich ableiten aus UNMIK-Verordnung 1999/24, UNMIK-Verordnung 2000/59 sowie aus Kapitel 3 des Constitutional Framework. Alle drei genannten Dokumente enthalten einen Katalog von Menschenrechten. Zu fragen ist hier wieder, inwieweit sich hieraus eine tatsächliche unmittelbare Anwendbarkeit auf UNMIK ergibt. Der Abschnitt über anwendbare Menschenrechte in UNMIK-Verordnung 1999/24 (sowie der ergänzten Verordnung 2000/59) „On the law applicable in Kosovo" lautet:

In Ausübung ihrer Funktionen sollen alle Personen im Kosovo, die öffentliche Aufgaben wahrnehmen oder ein öffentliches Amt bekleiden, international anerkannte Menschenrechtsstandards beachten, wie sie insbesondere in den folgenden Dokumenten zum Ausdruck kommen:

- *Allgemeine Erklärung der Menschenrechte vom 10. Dezember 1948;*
- *Europäische Menschenrechtskonvention vom 4. November 1950 einschließlich ihrer Zusatzprotokolle;*
- *Internationaler Pakt über bürgerliche und politische Rechte vom 16. Dezember 1966 einschließlich der Zusatzprotokolle;*
- *Internationaler Pakt über wirtschaftliche, soziale und kulturelle Rechte vom 16. Dezember 1966;*
- *Übereinkommen zur Beseitigung jeder Form von Rassendiskriminierung vom 21. Dezember 1965*
- *Übereinkommen zur Beseitigung jeder Form von Diskriminierung der Frau vom 17. Dezember 1979*
- *Übereinkommen gegen Folter und andere grausame, unmenschliche oder erniedrigende Behandlung oder Strafe vom 17. Dezember 1984*
- *Übereinkommen über die Rechte des Kindes vom 20. Dezember 1985.*

Zumindest kann nicht argumentiert werden, die in diesen Verordnungen genannten völkerrechtlichen Verträge seien lediglich auf die neu geschaffenen kosovarischen Institutionen anwendbar. Denn zum einen wurde die Verordnung (in ihrer ersten Fassung) zu einem Zeitpunkt (12. Dezember 1999) erlassen, zu dem noch nicht einmal die Übergangsstrukturen der JIAS in Kraft waren, so dass zu diesem Zeitpunkt UNMIK die alleinige und ungeteilte Verwaltungsmacht im

Kosovo ausübte. Zum anderen wird auch an der Wortwahl deutlich, dass hier sämtliche Personen gemeint sind, die ein öffentliches Amt bekleiden, was zum Zeitpunkt des Erlasses der Verordnung eben in erster Linie auf Mitarbeiter der internationalen Zivilverwaltung zutraf[328].

Allerdings ließe sich aus der hier getroffenen Wortwahl *„shall observe internationally recognized human rights standards as reflected in ..."* auch ableiten, dass von einer zwingenden Annahme einer unmittelbaren Anwendbarkeit der aufgezählten Menschenrechtsverträge oder auch nur deren Vorrang vor UNMIK-Verordnungen oder dem vor 1989 anwendbarem Recht nicht auszugehen ist. Hätte dies zum Ausdruck kommen sollen, wäre eine eindeutigere Wortwahl (etwa: all persons untertaking public duties or holding public office have to/must comply with internationally recognized human rights standards...) angezeigt gewesen. Die Formulierung ist aber stattdessen so gewählt, dass der Katalog der genannten Menschenrechtsverträge ebenso gut wie ein rein deklaratorisches Bekenntnis zu einem hohen Menschenrechtsstandard verstanden werden könnte[329]. Hinzu kommt, dass die Verordnungen auch bezüglich des in ihnen für anwendbar erklärten Rechtes keine klare Hierarchie der angegebenen Rechtsquellen angeben. Während zwar klar ist, dass UNMIK-Verordnungen Vorrang vor kosovarischem Recht genießen und letzteres wiederum nur gilt, sofern es mit den aufgezählten Menschenrechtsübereinkommen vereinbar ist, bleibt das Verhältnis der Rechtsquellen im übrigen unklar. Insbesondere wird nicht festgeschrieben, ob die Menschenrechte die durch die UNMIK erlassenen Verordnungen verdrängen können. Eine eindeutige Selbstverpflichtung der UNMIK, sich an internationale Menschenrechtsstandards zu halten, liegt somit mit den Verordnungen 1999/24 und 2000/59 nicht vor. Eine solche Verpflichtung wäre überdies auch nur dann wirklich effektiv, wenn mit ihr eine Kontrollmöglichkeit im Sinne einer Überprüfung durch lokale Gerichte oder internationale Überwachung einherginge, was allerdings in den Verordnungen nicht einmal angedeutet wird.

Kapitel drei des Constitutional Framework for Provisional Self-Government[330] befasst sich mit den Menschenrechten. In Bezug auf die unmittelbare Anwendbarkeit der hier genannten Bestimmungen enthält das Constitutional Framework im Vergleich zu vorgenannten Verordnungen eine Konkretisierung. Es wird jetzt insbesondere ausdrücklich bestimmt, dass die „in diesen Menschenrechtsinstrumenten enthaltenen Rechte und Freiheiten als Teil des Constitutional Framework unmittelbar im Kosovo anwendbar sind"[331]. Damit sind diese Menschenrechte auch ohne einen Beitritt des Kosovo zu den genannten Übereinkommen verpflichtend[332]. Sie stellen sowohl Individualrechte für die Bevölkerung[333], als

[328] Vgl. oben zu den Strukturen in den Strukturen in der Anfangsphase (1. Kapitel, III. 4. b)) und deren Einfluss auf die staatlichen Gewalten (1. Kapitel, III. 4. c)).
[329] *Brand*, NJIL 70 (2001), S. 461, 476; *Irmscher*, GYIL 44 (2001), S. 353, 367.
[330] UNMIK/REG/2001/9 (15.05.2001).
[331] UNMIK/REG/2001/9 (15.05.2001).
[332] *Stahn*, LJIL 14 (2001), S. 531, 554.

auch eine Beschränkung der Macht der Übergangsinstitutionen dar. Insbesondere sind sie gegenüber den durch das Parlament erlassenen Gesetzen vorrangig[334]. Gleichzeitig beinhaltet die Formulierung aber auch eine Einschränkung hinsichtlich der Anwendbarkeit auf UNMIK. Denn hier ist durch die Formulierung

> *The **Provisional Institutions of Self-Government** shall observe and ensure internationally recognized human rights and fundamental freedoms, including those rights and freedoms set forth in: (...)*

klargestellt, dass sich die Anwendbarkeit der aufgelisteten Menschenrechtsübereinkommen nur auf die neuen, im Constitutional Framework genannten Institutionen bezieht. In Kapitel 1 ist festgelegt, dass zu den Provisional Institutions of Self-Government nur das Parlament, der Präsident, die Regierung, die Gerichte und andere im Constitutional Framework genannten Institutionen gehören. Damit ist, im Gegensatz zu den Regelungen in UNMIK-Verordnung 1999/24[335], das Personal der Internationalen Verwaltung gerade nicht erfasst. Auch eine Einbeziehung von UNMIK-Institutionen im Wege der Annahme, diese könnten unter die oben genannten „anderen Institutionen" fallen, scheidet aus. Dies wird beispielsweise daran deutlich, dass das Constitutional Framework bei den Zuständigkeiten ausdrücklich zwischen UNMIK und den Provisional Institutions of Self-Government unterscheidet: In Kapitel 5 werden die Verantwortungsbereiche der PISG geregelt, während Kapitel 8 die dem Sonderbeauftragten verbleibenden Aufgaben festlegt. In Kapitel 9, das sich im Detail mit den Institutionen der Übergangsregierung befasst, werden „andere" Institutionen gar nicht mehr erwähnt, sondern nur noch Parlament[336], Präsident[337], Regierung[338] und Gerichtssystem[339] genannt, so dass eine Erfassung der UNMIK hier ausscheidet. Der Gerichtsbarkeit des kosovarischen Gerichtssystems – einschließlich des Verfassungsgerichtshofes – unterliegen lediglich die legislativen und exekutiven Handlungen der unter dem Constitutional Framework neu geschaffenen Institutionen. Handlungen von UNMIK und KFOR dagegen unterliegen keinerlei Nachprüfung durch die ordentliche Gerichtsbarkeit, so dass internationale Zivil- und Sicherheitspräsenz weiterhin außerhalb der bzw. über den im Constitutional Fra-

---

333 UNMIK/REG/2001/9 (15.05.2001), Abschnitt 3.1.: All persons in Kosovo shall enjoy, without discrimination on any ground and in full equality, human rights and fundamental freedoms.

334 Vgl. UNMIK/REG/2001/9 (15.05.2001), Abschnitt 9.4.11.: *A Special Chamber of the Supreme Court shall decide: (...) whether any law adopted by the Assembly is incompatible with this Constitutional Framework, including the international legal instruments specified in Chapter 3 on Human Rights.*

335 Die Formulierung in UNMIK/REG/1999/24 (12.12.1999) lautet *„all persons undertaking public duties or holding public office"*.

336 Kapitel 9, Abschnitt 1 der UNMIK/REG/2001/9 (15.05.2001) - *The Assembly.*

337 Kapitel 9, Abschnitt 2 der UNMIK/REG/2001/9 (15.05.2001) - *The President of Kosovo.*

338 Kapitel 9, Abschnitt 3 der UNMIK/REG/2001/9 (15.05.2001)- *The Government.*

339 Kapitel 9, Abschnitt 4 der UNMIK/REG/2001/9 (15.05.2001) - *The Judicial System.*

mework enthaltenen Regelungen stehen. Es ist daher festzuhalten, dass das Constitutional Framework keine Erweiterung einer etwaigen Selbstverpflichtung zur Einhaltung eines gewissen Menschenrechtsstandards auf die UNMIK enthält, sondern dass es diesbezüglich bei den Feststellungen zu UNMIK-Verordnung 1999/24 bleibt.

Trotz des in Bezug auf eine Bindungswirkung wenig eindeutigen Wortlautes in den oben untersuchten Verordnungen und der Argumente gegen eine Bindungswirkung an die im Kapitel drei des Constitutional Framework genannten Menschenrechtsverträge muss jedoch bei einer Gesamtbetrachtung aller oben[340] angeführten Indizien von einer Selbstbindung an die in diesen Dokumenten genannten Menschenrechtsverträge ausgegangen werden. Denn die Zielsetzung, Menschenrechte zu achten und durchzusetzen, wird bereits im Mandat der UNMIK festgeschrieben und zieht sich durch bis zu einer genauen Auflistung der anwendbaren Menschenrechte in den soeben genannten Verordnungen. Es wäre sinnwidrig, anzunehmen, dass trotz dieser wiederholten Bekenntnisse keinerlei Bindungswirkung beabsichtigt gewesen sein sollte. Stärkstes Argument für die gewollte Bindungswirkung an die aufgezählten Menschenrechtsverträge ist schließlich die im November 2000 auf UNMIK-Verordnung 2000/38 beruhende Gründung der Institution des Ombudsmannes im Kosovo. Aus Abschnitt 3.1 dieser Verordnung ergibt sich die Aufgabe des Ombudsmannes. Sie ist dafür zuständig, Beschwerden entgegenzunehmen, die die Verletzung von Menschenrechtsverletzungen und Machtmissbrauch von Mitarbeitern der internationalen Zivilverwaltung betreffen[341]. Die Schaffung einer solchen Kontrollinstanz durch die UNMIK wäre überflüssig, wenn man sich nicht zur Einhaltung der Menschenrechte bekennen würde, denn hier kommt eindeutig zum Ausdruck, dass sich gerade die internationale Übergangsverwaltung an die Menschenrechte zu halten hat. Eine andere Interpretation – wie etwa oben bezüglich der Regelungen im Constitutional Framework, die sich nur auf die neu geschaffenen Institutionen beziehen – scheidet hier schon deshalb aus, weil zum Zeitpunkt des Erlasses der Verordnung die Verwaltung noch überwiegend in internationaler Hand war[342]. Seit ihrer Errichtung richtete die Institution des Ombudsmannes zahlreiche Berichte an die UNMIK, in denen am Maßstab insbesondere der EMRK Menschenrechtsverletzungen der Übergangsverwaltung bemängelt wurden. Dass dies offenbar ein durch die UNMIK gebilligter und gewollter Maßstab war, zeigt sich darin, dass die UNMIK zumindest teilweise mit neuen Verordnungen reagiert hat, die zum Ziel hatten, die Menschenrechtslage zu verbessern. Die Insti-

---

340 Vgl. (1) – (5).

341 Abschnitt 3.1 der UNMIK/REG/2000/38 (30.06.2000) lautet: „*The Ombudsperson shall have jurisdiction to receive and investigate complaints from any person or entity in Kosovo concerning human rights violations and actions constituting an abuse of authority by the interim civil administration or any emerging central or local authority.*"; vgl. hierzu 1. Kapitel, III. 4. c) (3) cc) (i).

342 Vgl. 1. Kapitel, III. 4. c) zum Aufbau der Verwaltung zur Zeit der JIAS (Januar 2000 – Mai 2001).

tution des Ombudsmannes wurde im Mai 2001 durch die Regelungen des Constitutional Framework bestätigt, in denen die Möglichkeit, eine Beschwerde gegen Menschenrechtsverletzungen und Missbrauch von Machtbefugnissen durch die öffentliche Gewalt festgeschrieben wird. Dass mit öffentlicher Gewalt auch Organe der UNMIK gemeint sind, ergibt sich im Umkehrschluss daraus, dass immer dann, wenn die UNMIK von den getroffenen Regelungen ausgenommen sein soll, lediglich von den unter dem Vertragswerk neu geschaffenen Institutionen[343] gesprochen wird. Somit ist festzuhalten, dass in der Bereitstellung einer Kontrollinstanz, die die Einhaltung von Menschenrechten überwacht, der Wille der internationalen Verwaltung zur Bindung an international anerkannte Menschenrechtsstandards, wie sie in den Verordnungen 1999/24, 2000/59 und dem Constitutional Framework genannt sind, zum Ausdruck kommt. Im Wege der Selbstbindung sind daher sowohl die Europäische Menschenrechtskonvention als auch der Internationale Pakt über bürgerliche und politische Rechte anwendbar.

c) Bestimmung international anerkannter Menschenrechtsstandards, Recht auf Demokratie und Rechtsstaatlichkeit

Wie oben festgestellt, ist die UNMIK an die Einhaltung international anerkannter Menschenrechtsstandards gebunden. Exemplarisch wurden bereits der IPBürgR und die EMRK genannt, wobei letztere auch von der Institution des Ombudsmannes als Maßstab bei Prüfungen von Menschenrechtsverletzungen herangezogen wird. Über die einzelnen Garantien dieser Menschenrechtsverträge hinaus ist jedoch zu prüfen, inwieweit sich auch ein Anspruch auf Demokratie, Rechtsstaatlichkeit und Gewaltenteilung aus diesen Verträgen herleiten lässt, zu deren Umsetzung die UNMIK verpflichtet ist. In diesem Abschnitt werden daher internationale Menschenrechte, Demokratie, Rechtsstaatlichkeit und Gewaltenteilung sowie die Interdependenz dieser einzelnen Elemente dargestellt.

(1) Das internationale System zum Schutz der Menschenrechte

Bereits Art. 1 Nr. 3 UN-Charta formuliert den Anspruch, die Achtung vor den Menschenrechten und Grundfreiheiten für alle ohne Unterschied der Rasse, des Geschlechts, der Sprache oder der Religion zu fördern und zu festigen. Dieses Ziel wird in dem Kapitel über internationale Zusammenarbeit auf wirtschaftlichem und sozialem Gebiet wieder aufgegriffen (Art. 55 lit. c UN-Charta); der Wirtschafts- und Sozialrat wird als zuständiges Organ ausgewiesen, durch „Empfehlungen ... die Achtung und Verwirklichung der Menschenrechte und der Grundfreiheiten für alle zu fördern“ (Art. 62 Abs. 2 UN-Charta). Auch im Zusammenhang mit dem internationalen Treuhandsystem wird in Art. 76 lit. c UN-Charta davon gesprochen, dass das Treuhandsystem der Vereinten Nationen

[343] Vgl. oben.

dem Zweck dienen soll, „die Achtung vor den Menschenrechten und den Grundfreiheiten für alle ohne Unterschied der Rasse, des Geschlechts, der Sprache oder der Religion zu fördern".

Seitdem sich die Staatengemeinschaft 1948 in einer Deklaration der Generalversammlung der Vereinten Nationen zur Achtung der Menschenrechte bekannt hat[344], bilden die Menschenrechte einen wesentlichen Bestandteil der Völkerrechtsordnung. Die Allgemeine Erklärung der Menschenrechte enthält einen Katalog von grundlegenden bürgerlichen und politischen Rechten wie das Recht auf Leben und Freiheit der Person (Art. 3), die Freiheit von Sklaverei und Folter (Art. 4 und 5), den Anspruch auf gleichen Schutz vor dem Gesetz (Art. 7), den Anspruch auf Rechtsschutz und ein ordentliches Verfahren (Art. 8 und 10), die Meinungs- und Versammlungsfreiheit (Art. 19 und 20), aber auch das Recht auf Eigentum (Art. 17) sowie wirtschaftliche und kulturelle Rechte. Schranken enthält insbesondere Art. 29 Nr. 2, wonach „jeder Mensch in Ausübung seiner Rechte nur den Beschränkungen unterworfen ist, die das Gesetz ausschließlich zu dem Zwecke vorsieht, um die Anerkennung und Achtung der Rechte und Freiheiten der anderen zu gewährleisten und den gerechten Anforderungen der Moral, der öffentlichen Ordnung und der allgemeinen Wohlfahrt in einer demokratischen Gesellschaft zu genügen". Uneinigkeit herrscht allerdings über die rechtliche Bindungswirkung der AllgErklMR. Während die Deklaration unstreitig als Empfehlung ohne Befolgungszwang verabschiedet wurde[345], reichen die Meinungen über die Bindungswirkung heute von völkerrechtlicher Unverbindlichkeit[346] über Völkergewohnheitsrecht bis hin zur Annahme von „ius cogens"[347]. Zwar wird in zahlreichen Erklärungen und Entscheidungen auf die AllgErklMR Bezug genommen. Daraus lässt sich aber noch keine völkerrechtliche Bindungswirkung der gesamten Erklärung ableiten, obwohl sicher einige Bestimmungen völkergewohnheitsrechtliche Geltung beanspruchen können[348].

Knapp zwei Jahrzehnte nach der Verabschiedung der Allgemeinen Erklärung der Menschenrechte wurden am 19.12.1966 zwei UN-Menschenrechtspakte unterzeichnet, die 1976 in Kraft traten und gemessen an dem Standard der Allgemeinen Menschenrechtserklärung einen erheblichen Fortschritt darstellten. Im Teil III des Internationalen Paktes über bürgerliche und politische Rechte finden sich die grundlegenden Rechte und Freiheiten des Einzelnen. Geschützt sind unter anderem das Recht auf Leben (Art. 6), das Verbot der Folter (Art. 7) und der Sklaverei (Art. 8), das Recht auf persönliche Freiheit und Sicherheit mit dem

---

[344] Universal Declaration of Human Rights in: United Nations, General Assembly, Official records third Session (part I) Resolutions (Doc. A/810) S. 71.

[345] *Ipsen* in ders., § 48, Rn. 36.

[346] Seidl-Hohenveldern/Stein, § 73, Rn. 1585.

[347] *Hailbronner* in: Vitzthum, 3. Abschnitt, III, Rn. 223; *Irmscher*, GYIL 44 (2001), S. 353, 369.

[348] *Hailbronner* in: Vitzthum, 3. Abschnitt, III, Rn. 223; *Ipsen* in ders., § 48 Rn. 36; *Kimminich/Hobe*, S. 396 m.w.N.

Verbot, willkürlich festgenommen oder in Haft gehalten zu werden (Art. 9), das Gebot der menschenwürdigen Behandlung bei Freiheitsentzug (Art. 10), das Recht der Freizügigkeit (Art. 12), justizielle Menschenrechte (Art. 14ff.), das Recht auf Rechtspersönlichkeit (Art. 16), das Recht auf Schutz der Familie und der übrigen Privatsphäre (Art. 17, 23f.), die Gedanken-, Gewissens- und Religionsfreiheit (Art. 18) sowie die Meinungsfreiheit (Art. 19), die Versammlungs- und Vereinigungsfreiheit (Art. 21f.) und die Gleichheit vor dem Gesetz (Art. 26). Unter den genannten Rechten werden im Folgenden insbesondere diejenigen herauszugreifen sein, die die völkerrechtlich anerkannten grundlegenden Anforderungen an die Justiz, die Legislative und Exekutive und möglicherweise sogar an das Prinzip der Gewaltenteilung zum Gegenstand haben. Die Judikative betreffend lässt sich der geforderte Standard aus Art. 14 IPBürgR ermitteln, wobei zur Bestimmung der minimalen Anforderungen auf Art. 2 Abs. 3 IPBürgR zurückgegriffen werden kann.

Von den hier einschlägigen Menschenrechtsverträgen wurde die Europäische Konvention zum Schutz der Menschenrechte und Grundfreiheiten (EMRK) am 04.11.1950 in Rom unterzeichnet, die am 03.09.1953 in Kraft trat. Die EMRK enthält einen Katalog fundamentaler bürgerlicher und politischer Rechte, der durch verschiedene Zusatzprotokolle erweitert und ergänzt wurde. Die in weiten Teilen mit dem Internationalen Pakt über bürgerliche und politische Rechte[349] wortgleiche Menschenrechtskonvention enthält ebenfalls das Recht auf Leben (Art. 2), das Verbot der Folter (Art. 3), der Sklaverei und Zwangsarbeit (Art. 4) sowie die für die Demokratie entscheidenden Rechte auf Gedanken-, Gewissens- und Religionsfreiheit (Art. 9), auf freie Meinungsäußerung (Art. 10) sowie die Versammlungs- und Vereinigungsfreiheit (Art. 11). Darüber hinaus existieren auch die für diese Arbeit besonders wichtigen justiziellen Menschenrechte, nämlich mit Art. 5 EMRK das Recht auf Freiheit und Sicherheit, das willkürliche Festnahme und Haft verbietet und mit Art. 6 EMRK das Recht auf ein faires Verfahren vor einem unabhängigen Gericht. Auf die einzelnen, hier entscheidenden Bestimmungen von Menschenrechtspakt und Menschenrechtskonvention wird im Kapitel 3 näher eingegangen.

(2) Demokratie

Unabhängig davon, ob und in welchem Maße Menschenrechte in den verschiedenen, universell oder regional gültigen Menschenrechtsverträgen und -erklärungen geschützt sind, stehen Menschenrechte und Demokratie in einem engen Beziehungsgefüge. Obwohl es keine völkerrechtlich verbindliche Definition für Demokratie gibt[350], wird darunter eine Regierungsform verstanden, die den Willen des Volkes in möglichst weitgehender Form verwirklicht (Gedanke der Volkssouveränität), um dem Ideal der politischen Freiheit (Selbstbestim-

---

349 Im folgenden auch „Menschenrechtspakt".

350 Vgl. *Lang*, VN 1998, S. 195.

mung des Individuums durch politische Partizipation) und der politischen Gleichheit möglichst nahe zu kommen[351].

Die Idee der Demokratie stellt eine der philosophischen Grundlagen der Menschenrechte dar[352]. Dabei entsprechen dem Ideal der politischen Freiheit auf der subjektiv-rechtlichen Seite vor allem die politischen Partizipationsrechte, insbesondere das Recht, an der Gestaltung öffentlicher Angelegenheiten unmittelbar oder durch frei gewählte Vertreter teilzunehmen. So ist auch das entscheidende Element des grundgesetzlichen Demokratiebegriffs das der Volkssouveränität. Es besagt, dass die Ausübung jeglicher staatlicher Gewalt der demokratischen Legitimation bedarf und damit auf das Volk zurückführbar sein muss[353] („ununterbrochene demokratische Legitimationskette"[354]). Dies wird in der Bundesrepublik erreicht durch allgemeine, unmittelbare, freie, gleiche und geheime Wahlen (vgl. Art. 38 Abs. 1 S.1 GG). Dieser Grundsatz findet sich auch in Art. 25 des UN-Paktes über bürgerliche und politische Rechte (IPbürgR) von 1976 wieder, der das Wahlrecht festlegt und die Staaten verpflichtet, echte, wiederkehrende, allgemeine, gleiche und geheime Wahlen abzuhalten, bei denen die Freiheit des Wählerwillens gewährleistet ist[355]. Zu beachten ist, dass sich die Interpretation der in Art. 25 IPBürgR enthaltenen Garantien seit der Unterzeichnung des Paktes 1976 gewandelt hat. Die Formulierung des Art. 25 war so gewählt worden, dass auch die von der Sowjetunion und den Volksdemokratien, die allesamt den Pakt ratifiziert hatten, abgehaltenen Blockwahlen als konform mit Art. 25 IPbürgR angesehen wurden. Dies lag daran, dass Art. 25 inhaltlich lediglich festlegt, dass die Staatsgewalt auf dem Prinzip der Volkssouveränität beruhen muss, was aber lediglich Staatsformen wie die absolute Monarchie, ein „Führerprinzip" oder ähnliche autokratische Strukturen mit dem Grundsatz des

---

351 *Nowak*, Einführung in das internationale Menschenrechtssystem, S. 58.

352 *Nowak*, Einführung in das internationale Menschenrechtssystem, S. 59.

353 *Degenhart*, Rn. 12.

354 *Böckenförde* in: HdBStR I, § 22, Rn. 11.

355 *Frowein* in: FS Zemanek, S. 368; zu beachten ist allerdings, dass die Formulierung des Art. 25 IPBürgR noch so gewählt wurde, dass auch die von der Sowjetunion und den Volksdemokratien, die allesamt den Pakt ratifiziert hatten, abgehaltene Blockwahlen als konform mit Art. 25 IPBürgR angesehen wurden. Dies lag daran, dass Art. 25 IPBürgR nur festlegt, dass die Staatsgewalt auf dem Prinzip der Volkssouveränität beruhen muss, was aber lediglich Staatsformen wie die absolute Monarchie oder ein „Führerprinzip" mit dem Grundsatz des Art. 25 (a) IPBürgR auf Teilnahme an öffentlichen Angelegenheiten unvereinbar macht. Im Gegensatz zu Art. 3 ZP 1 zur EMRK, der nur die Wahl der legislativen Gewalt garantiert, bestimmt Art. 25 (b) IPBürgR nicht, welche Organe gewählt werden müssen, damit die Vorschrift flexibel genug bleibt, sich den Demokratiemodellen verschiedener Staaten anzupassen. Entscheidend ist, dass die Staatsorgane, in denen sowohl rechtlich als auch *de facto* die Macht konzentriert ist, entweder direkt oder indirekt durch Wahlen legitimiert sind. Mit „echten" Wahlen ist daher nur gemeint, dass die Wähler frei zwischen verschiedenen Alternativen entscheiden können, sei es zwischen Parteien, Programmen oder zumindest zwei verschiedenen Kandidaten ein- und derselben Partei (vgl. *Nowak*, CCPR Commentary, Art. 25, Rn. 11, 15, 17).

Art. 25 (a) IPbürgR auf Teilnahme an öffentlichen Angelegenheiten unvereinbar macht[356]. Im Gegensatz zu Art. 3 des 1. Zusatzprotokolls zur EMRK, der zumindest die Wahl der legislativen Gewalt garantiert, wurde in Art. 25 (b) IPbürgR nicht festgelegt, welche Organe gewählt werden müssen, damit die Vorschrift flexibel genug blieb, sich den Demokratiemodellen verschiedener Staaten anzupassen. Entscheidend war, dass die Staatsorgane, in denen sowohl rechtlich als auch *de facto* die Macht konzentriert ist, entweder direkt oder indirekt durch Wahlen legitimiert sind[357]. Mit „echten" Wahlen war daher nur gemeint, dass die Wähler frei zwischen verschiedenen Alternativen entscheiden können, sei es zwischen Parteien, Programmen, oder zumindest verschiedenen Kandidaten ein- und derselben Partei[358]. Diese Auslegung kann heute aber zumindest für die OSZE-Teilnehmerstaaten[359] nicht mehr ohne Berücksichtigung der in der Charta von Paris[360] niedergelegten Grundsätze vorgenommen werden[361]. Hinsichtlich des Demokratieverständnisses wird hier festgestellt, dass demokratische Regierungen sich auf den Volkswillen gründen, der seinen Ausdruck in regelmäßigen, freien und gerechten Wahlen findet. Die Tatsache, dass ausdrücklich darauf verwiesen wird, dass die Demokratie ihrem Wesen nach repräsentativ und pluralistisch ist, muss somit Blockwahlen ausschließen. Die zu Zeiten der Ratifizierung des UN-Paktes über bürgerliche und politische Rechte noch mögliche Auslegung des Demokratiebegriffs hat sich somit zugunsten größerer Volkssouveränität gewandelt. Zur Kategorie der politischen Partizipationsrechte gehören neben dem aktiven und passiven Wahlrecht des Weiteren das plebiszitär-demokratische Stimmrecht, das Recht auf gleiche Ämterzugänglichkeit und das Petitionsrecht. Auf der anderen Seite stehen die politischen Freiheitsrechte, die für eine funktionierende Demokratie unerlässlich sind, weil sie die politische Teilhabe des einzelnen am staatlichen Leben sichern[362]. Hierzu gehören die Meinungs-, Medien- und Informationsfreiheit, Vereins-, Versammlungs-, Parteien- und Gewerkschaftsfreiheit. Internationale Menschenrechtsverträge enthalten für diese Freiheitsrechte zwar einen materiellen Gesetzesvorbehalt, der aber Be-

---

356 *Nowak*, CCPR Commentary, Art. 25, Rn. 11.

357 *Nowak*, CCPR Commentary, Art. 25, Rn. 15.

358 *Nowak*, CCPR Commentary, Art. 25, Rn. 17.

359 Albanien, Andorra, Armenien, Aserbaidschan, Belarus, Belgien, Bosnien und Herzegowina, Bulgarien, Bundesrepublik Jugoslawien, Dänemark, Deutschland, Ehemalige jugoslawische Republik Mazedonien, Estland, Finnland, Frankreich, Georgien, Griechenland, Heiliger Stuhl, Irland, Island, Italien, Kanada, Kasachstan, Kirgisistan, Kroatien, Lettland, Lichtenstein, Litauen, Luxemburg, Malta, Moldau, Monaco, Niederlande, Norwegen, Österreich, Polen, Portugal, Rumänien, Russische Föderation, San Marino, Schweden, Schweiz, Slowakische Republik, Slowenien, Spanien, Tadschikistan, Tschechische Republik, Türkei, Turkmenistan, Ukraine, Ungarn, Usbekistan, Vereinigtes Königreich, USA, ZypeRn. (Quelle: www.osce.org)

360 Conference on Security and Co-operation in Europe, Charter of Paris for a new Europe and Supplementary Document to give effect to certain provisions of the Charter, 21.11.1990, abgedruckt in ILM 1991, S. 190ff.

361 *Frowein* in: FS Zemanek, S. 368; *Frowein* in: Berichte DGVR (39), S. 431.

362 *Weiß*, S. 35, 36; *Loewenstein*, S. 334; *Lang*, VN 1998, S. 195ff.

schränkungen nur insoweit zulässt, als dies in einer demokratischen Gesellschaft notwendig und verhältnismäßig ist (Art. 9 Abs. 2, 10 Abs. 2 und 11 Abs. 2 EMRK). Die in den jeweiligen Verträgen vorgesehenen Notstandsklauseln (Art. 15 EMRK, Art. 4 IPbürgR) stehen unter der Bedingung, dass die Einschränkung von bestimmten Rechten nicht gegen sonstige völkerrechtlichen Verpflichtungen verstößt. Dem demokratischen Ideal der politischen Gleichheit und Toleranz gegenüber Minderheiten entsprechen das Recht auf Gleichheit vor dem Gesetz und gleicher Schutz durch das Gesetz einschließlich eines umfangreichen Diskriminierungsverbots und eines Schutzes gegen Diskriminierung (Art. 26 IPbürgR). Schließlich kann auch das Selbstbestimmungsrecht der Völker, kraft dessen alle Völker frei über ihren politischen Status entscheiden, als umfassende Garantie einer demokratischen Regierungsform interpretiert werden[363]. Aus der Summe der genannten Rechte lässt sich dann auch ein generelles Menschenrecht auf Demokratie ableiten[364].

(3) Rechtsstaatlichkeit

Unter einem Rechtsstaat (im formellen Sinn) versteht man einen Staat, dessen Rechtsordnung inhaltlich weitgehend bestimmt ist und der entsprechende Einrichtungen zur Sicherung der Einhaltung der Rechtsvorschriften vorsieht. Grundprinzip des Rechtsstaats ist daher, dass die Ausübung staatlicher Macht umfassend rechtlich gebunden ist und auch die Rechte und Pflichten der Menschen hinreichend präzise festgelegt sind und deren Durchsetzung durch entsprechende, vor allem gerichtliche Institutionen gewährleistet werden. Nach dem im 19. Jahrhundert entwickelten formellen Rechtsstaatsbegriff sind Schwerpunkte der Rechtsstaatlichkeit die Gesetzmäßigkeit der Verwaltung, die Unabhängigkeit der Gerichte und die Gewaltenteilung. Der Gewaltenteilung als tragendem Prinzip des Rechtsstaats liegt der Gedanke der umfassenden Begrenzung staatlicher Macht durch gegenseitige Hemmung und Kontrolle einzelner, voneinander getrennter Staatsfunktionen zugrunde. Insbesondere die Trennung der Gerichtsbarkeit von den übrigen Staatsfunktionen und der freie Zugang zu dieser Institution ist notwendig, um den festgelegten Rechten der Bürger Geltung zu verschaffen[365]. Der Rechtsstaat garantiert somit die Sicherstellung von Rechtssicherheit, Vorhersehbarkeit und Berechenbarkeit sowie gerichtlichen Rechtsschutz und soll die Menschen vor Willkürherrschaft bewahren[366].

So wie schon beim Verhältnis von Menschenrechten und Demokratie finden sich auch einige wesentlichen Elemente des Rechtsstaates in den wichtigen Menschenrechtsverträgen der Gegenwart wieder. Dabei sind vor allem Art. 14 IPbürgR und Art. 6 EMRK von Bedeutung, die zunächst einmal das Recht auf

---

363 *Nowak*, Einführung in das internationale Menschenrechtssystem, S. 59.
364 *Franck*, AJIL 86 (1992), S. 46ff.
365 *Barnes*, AJIL 95 (2001), S. 86, 93.
366 *Nowak*, Einführung in das internationale Menschenrechtssystem, S. 59.

Zugang zu Rechtsschutzinstanzen garantieren und gleichzeitig das Recht auf ein unabhängiges, unparteiisches und auf Gesetz beruhendes Gericht beinhalten[367]. Daneben kommen in den Bestimmungen der Art. 15 IPBürgR und 7 EMRK die Verfahrensgarantien im Strafprozess zum Ausdruck. Das in diesen Bestimmungen enthaltene Gesetzlichkeitsprinzip beinhaltet den Bestimmtheitsgrundsatz und das Rückwirkungsverbot[368]. Das gesetzliche Determinierungsgebot (Legalitätsprinzip) fand seinen Niederschlag in den Schrankenklauseln, wonach Einschränkungen der Menschenrechte nur aufgrund vorhersehbarer und transparenter gesetzlicher Bestimmungen zulässig sind, die rechtsstaatlichen Mindeststandards entsprechen[369].

(4) Interdependenz von Demokratie, Rechtsstaatlichkeit und Menschenrechten

In der Praxis zeigt sich die Abhängigkeit von Menschenrechten, Demokratie und Rechtsstaatlichkeit daran, dass in einem autokratischen System typischerweise keine politischen Partizipations- und Freiheitsrechte oder gerichtlichen Verfahrensgarantien gewährleistet werden, wohingegen die Beobachtung von Demokratisierungsprozessen lehrt, dass mit zunehmender Gewährung von Menschenrechten auch eine demokratische und rechtsstaatliche Öffnung einhergeht. Besonders deutlich werden diese drei Elemente auch in den durch die KSZE/OSZE verabschiedeten Dokumenten miteinander verknüpft: Bereits in der Schlussakte von Helsinki vom 1. August 1975[370] ist ein ganzer Abschnitt der „Achtung der Menschenrechte und Grundfreiheiten, einschließlich der Gedanken- und Gewissens-, Religions- oder Überzeugungsfreiheit" gewidmet. Es wird bekräftigt, dass die Teilnehmerstaaten „auf dem Gebiet der Menschenrechte und Grundfreiheiten in Übereinstimmung mit den Zielen und Grundsätzen der Vereinten Nationen und mit der Allgemeinen Erklärung der Menschenrechte handeln werden". In dem am 29. Juni 1990 verabschiedeten Kopenhagener Dokument der KSZE[371] werden insbesondere die Grundsätze der Demokratie und Rechtsstaatlichkeit sowie die Menschenrechte und Grundfreiheiten behandelt. Während Teil I des Dokuments den Prinzipien der Demokratie und Rechtsstaatlichkeit, dem Grundsatz der freien Wahlen, der Trennung von Staat und Partei, dem Legalitätsprinzip, justiziellen Grundrechten wie der richterlichen Unabhängigkeit, des wirksamen Rechtsschutzes gegen Entscheidungen der Verwaltung und der Garantie

[367] Auch hier wurde durch die Charta von Paris v. 21. November 1990 das Verständnis bzgl. der „Staatsorganisation" im Verhältnis zum IPBürgR weiterentwickelt. Es wird ausdrücklich davon gesprochen, dass die Demokratie die Bindung der staatlichen Gewalt an das Recht sowie eine unparteiische Rechtspflege erfordert.

[368] *Grabenwarter*, § 24, Rn. 127.

[369] *Nowak*, Einführung in das internationale Menschenrechtssystem, S. 60.

[370] Abrufbar unter: http://www.osce.org/documents/mcs/1975/08/4044_en.pdf, Datum des letzten Aufrufs: 25.09.2005.

[371] EuGRZ 1990, S. 239ff.

eines fairen Verfahrens gewidmet ist, befasst sich Teil II mit den Menschenrechten. Ausdrücklich genannt werden die Meinungsfreiheit, die Versammlungs- und Vereinigungsfreiheit einschließlich des Streikrechts, die Gedanken-, Gewissens- und Religionsfreiheit, das Recht auf Freizügigkeit, das Recht auf Eigentum sowie das Verbot der Folter. Diese Menschenrechte werden in der Charta von Paris vom 21. November 1990 abermals aufgegriffen. Die Staaten bekräftigen, dass jeder einzelne ohne Unterschied das Recht hat auf: „Gedanken-, Gewissens- und Religions- oder Glaubensfreiheit, freie Meinungsäußerung, Vereinigung und friedliche Versammlung und Freizügigkeit". Außerdem darf „niemand willkürlich festgenommen oder in Haft gehalten werde, der Folter oder anderer grausamer, unmenschlicher oder erniedrigender Behandlung oder Strafe unterworfen werden". Jeder hat des weiteren das Recht „seine Rechte zu kennen und auszuüben, an freien und gerechten Wahlen teilzunehmen, auf ein gerechtes und öffentliches Verfahren, wenn er einer strafbaren Handlung beschuldigt wird, allein oder in Gemeinschaft mit anderen Eigentum innezuhaben und selbständig Unternehmen zu betreiben" sowie „seine wirtschaftlichen, sozialen und kulturellen Rechte auszuüben". Die Charta von Paris stellt überdies bezüglich der „Staatsorganisation" klar, dass Demokratie die Bindung der staatlichen Gewalt an das Recht sowie eine unparteiische Rechtspflege erfordert.

Die Verknüpfung von Menschenrechten, Demokratie und Rechtsstaatlichkeit kommt in Europa dadurch zum Ausdruck, dass diese drei Elemente als unabdingbare Voraussetzungen für eine Mitgliedschaft im Europarat und in der Europäischen Union festgelegt worden sind[372]. Ein weiteres Zeichen für die Interdependenz dieser Werte zeigt sich in Europa auch an der seit dem Zerfall der ehemaligen Sowjetunion und des ehemaligen Jugoslawiens gewandelte Staaten-Anerkennungspraxis. Statt eine Anerkennung eines Herrschaftsverbands als

[372] Art. 49 EUV: „Jeder europäische Staat, der die in Art. 6 Ab S. 1 genannten Grundsätze achtet, kann beantragen, Mitglied der Union zu werden." Art. 6 Ab S. 1 EUV: „Die Union beruht auf den Grundsätzen der Freiheit, der Demokratie, der Achtung der Menschenrechte und Grundfreiheiten sowie der Rechtsstaatlichkeit; diese Grundsätze sind allen Mitgliedstaaten gemeinsam."; Statut des Europarates 1949, Präambel: „...in unerschütterlicher Verbundenheit mit den geistigen und sittlichen Werten, die das gemeinsame Erbe ihrer Völker sind und der persönlichen Freiheit, der politischern Freiheit und der Herrschaft des Rechts zugrunde liegen, auf denen jede wahre Demokratie beruht." Art. 3: „Jedes Mitglied des Europarates erkennt den Grundsatz der Vorherrschaft des Rechts und den Grundsatz an, dass jeder, der seiner Hoheitsgewalt unterliegt, der Menschenrechte und Grundfreiheiten teilhaftig werden soll." Art. 8: „Jedem Mitglied des Europarates, der sich einer schweren Verletzung der Bestimmungen des Art. 3 schuldig macht, kann sein Recht auf Vertretung ... vorläufig entzogen werden...".

Staat bereits bei Vorliegen der klassischen Anerkennungskriterien[373] vorzunehmen[374], legte der EG-Ministerrat Anfang der 90er Jahre als formale Voraussetzung für die Anerkennung folgende Bedingungen fest [375]:

> *(...)*
>
> - *Achtung der Bestimmungen der UN-Charta und der Verpflichtung aus der Schlussakte von Helsinki und der Charta von Paris, insbesondere im Hinblick auf Rechtsstaatlichkeit, Demokratie und Menschenrechte.*

Mit der Bedingung, dass das sich der neu gebildete Staat zu den Menschenrechten sowie zu den Prinzipien der Rechtsstaatlichkeit und der Demokratie bekennt, gehen die Anerkennungsrichtlinien inhaltlich weit über bisherige völkerrechtliche Anerkennungspraxis hinaus[376].

Auf universeller Ebene bezeichnet beispielsweise die nach der Zweiten Weltkonferenz der Vereinten Nationen über Menschenrechte verabschiedete Wiener Erklärung von 1993 die Werte Demokratie, Entwicklung und Menschenrechte ausdrücklich als interdependente und sich wechselseitig verstärkende Konzepte[377]. Dass Demokratie und Rechtsstaatlichkeit einander bedingen, wird auch in einem Bericht des Generalsekretärs der Vereinten Nationen vom 7. August 1995[378] deutlich: Zunächst werden voneinander getrennte Staatsgewalten sowie deren gegenseitige Kontrolle als Grundlage von Demokratie genannt[379], gleich im Anschluss daran das Vorhandensein eines rechtsstaatlichen Staatsaufbaus als Voraussetzung für das Funktionieren von Demokratie bekräftigt[380]. Auch in der entwicklungspolitischen Diskussion wird der enge Zusammenhang zwischen Entwicklung, Demokratie und Menschenrechten betont und gefordert[381], so auch in der von der Generalversammlung der Vereinten Nationen verabschiedeten

---

[373] Vgl. Art.1 der „Montevideo-Konvention" v. 26.12.1933 über die Rechte und Pflichten der Staaten, in der die festgeschrieben wird, dass die drei Merkmale Staatsgewalt, Staatsvolk und Staatsgebiet die drei unabdingbaren Elemente des Staates darstellen: „*The State as a person of international law should possess the following qualifications: a) a permanent population, b) a defined territory, c) government; and d) capacity to enter into relations with other states.*

[374] Vgl. *Rich*, EJIL 4 (1993), S. 36, 55.

[375] Durch den Ministerrat am 16.12.1991 festgelegte „Richtlinien für die Anerkennung neuer Staaten in Osteuropa und der Sowjetunion", abgedruckt in EJIL 4 (1993), S. 72.

[376] *Hailbronner* in: Vitzthum, III 174.

[377] *Novak*, Einführung in das internationale Menschenrechtssystem, S. 61.

[378] Report of the Secretary-General on Support by the United Nations System of the Efforts of Governments to Promote and Consolidate New or restored Democracies, UN Doc. A/50/332.

[379] UN Doc. A/50/332, Creating and strengthening democratic structures of government, Paras. 82-84.

[380] UN Doc. A/50/332, Enhancing the rule of law, Para. 94.

[381] Vgl. *Dicke/Edinger/Lembcke*, Menschenrechte und Entwicklung.

„Agenda für die Entwicklung“[382]. Schließlich findet sich der Gedanke der wechselseitig voneinander abhängigen Konzepte von Demokratie, Rechtsstaatlichkeit und Menschenrechten auch in der United Nations Millenium Declaration aus dem Jahr 2000[383].

III. Zusammenfassung

Nachdem bereits feststeht, dass die UNMIK als Institution und ihre Gesetzgebung durch Verordnungen formal legitimiert ist, kann bezüglich der internen, materiellen Legitimation zunächst festgehalten werden, dass die internationale Verwaltung (zumindest) durch ihre diesbezügliche Selbstverpflichtung an die Einhaltung gewisser internationaler Menschenrechtsstandards gebunden ist. Dem korrespondiert die Tatsache, dass nach heutigem Verständnis sowohl auf regionaler als auch auf universeller Ebene die Achtung von bestimmten Menschenrechten gefordert wird. Aus den verschiedenen Bestimmungen der oben genannten völkerrechtlichen Verträge und Erklärungen bilden insbesondere die justiziellen Menschenrechte mit ihrer Forderung nach einer unabhängigen Gerichtsbarkeit die Brücke zu Demokratie und Rechtsstaatlichkeit, die auf dem Prinzip von voneinander getrennten Staatsgewalten und deren gegenseitiger Kontrolle sowie Schutz vor Willkürherrschaft beruhen[384]. Neben den einzelnen in den Bestimmungen enthaltenen Garantien ergibt sich somit aus der Gesamtheit der hier einschlägigen Bestimmungen ein generelles Menschenrecht auf Demokratie und Rechtsstaatlichkeit. Nachdem bereits festgestellt wurde, dass grundsätzlich von einer Bindung der UNMIK an diesen Standard auszugehen ist, soll nun im folgenden Kapitel überprüft werden, inwiefern die internationale Zivilverwaltung diesem Standard gerecht wird und wo andererseits Verletzungen dieses Standards zu verzeichnen sind.

---

[382] UN Doc. A/RES/51/240 (20.06.1997).

[383] UN Doc. A/RES/55/2 (18.09.2000), Para. 24: *„We will spare no effort to promote democracy and strengthen the rule of law, as well as respect for all internationally recognized human rights and fundamental freedoms, including the right to development."*

[384] Vgl. auch *Barnes*, AJIL 95 (2001), S. 86, 89.

3. Kapitel: Menschenrechtsverstöße im Einzelnen

Wie eingangs erwähnt, werden der UNMIK zahlreiche Verfehlungen bei der Einhaltung von international anerkannten Menschenrechtsstandards vorgeworfen. Dies betrifft nicht nur die Verletzung von Einzelpersonen, etwa durch Freiheitsentziehungen, Untersuchungshaft und Verhaftungen aufgrund von Exekutivbefehlen des Sonderbeauftragten (*Executive Orders*). Vielmehr werden auch einige UNMIK-Verordnungen insgesamt oder in Teilen als mit internationalen Menschenrechten unvereinbar eingestuft. Da die grundsätzliche Anwendbarkeit von Menschenrechtsstandards bereits im zweiten Kapitel positiv festgestellt wurde, sollen im Folgenden die am häufigsten bemängelten Verstöße gegen internationale Menschenrechte untersucht werden. Ob festgestellte Menschenrechtsverstöße möglicherweise aufgrund einer Derogation gem. Art. 15 EMRK, Art. 4 IPBürgR oder aus einem anderen Grund gerechtfertigt sind, wird in Kapitel 4 für alle Verstöße gemeinsam untersucht.

I. Unvereinbarkeit der UNMIK-Verordnung 2000/47 on the Status, Privileges and Immunities of KFOR and UNMIK and their Personnel in Kosovo (18. August 2000) mit international anerkannten Menschenrechtsstandards

1. Vereinbarkeit mit dem Rechtsstaatsprinzip

Die Verordnung 2000/47 vom 18. August 2000 regelt den Status von UNMIK und KFOR sowie deren Privilegien und Immunitäten. Abschnitt 2 der Verordnung betrifft KFOR. Es wird festgelegt, dass KFOR, ihr Besitz, Geldmittel und andere Vermögenswerte immun von jeglichem gerichtlichen Verfahren sind[385]. Während lokales KFOR-Personal[386] lediglich Immunität bezüglich aller schriftlichen und mündlichen Äußerungen und im Rahmen ihres Dienstes vorgenommener Handlungen, die in ausschließlichem Bezug zu ihrer Tätigkeit im Rahmen von KFOR stehen, genießen[387], umfasst die dem übrigen KFOR-Personal der internationalen Kontingente gewährte Immunität die Freiheit von jeglicher gerichtlicher Verfolgung wegen jeder verwaltungsrechtlichen, zivilrechtlichen oder strafrechtlichen Handlung, die im Territorium des Kosovo vorgenommen wurden. Internationales KFOR-Personal unterliegt lediglich der Gerichtsbarkeit

---

[385] Abschnitt 2.1 der UNMIK/REG/2000/47 (18.08.2000).

[386] Abschnitt 1 der UNMIK/REG/2000/47 (18.08.2000): *„'KFOR personnel' means all military and civilian personnel of KFOR (...)".*

[387] Abschnitt 2.3 der UNMIK/REG/2000/47 (18.08.2000).

des jeweiligen Entsendestaates[388]. Abschnitt 3 der Verordnung befasst sich mit UNMIK. Ebenso wie bei KFOR, unterliegen auch Besitz, Geldmittel und andere Vermögenswerte von UNMIK der selbstgewährten Immunität. Bezüglich der dem Personal[389] gewährten Immunität werden lokalen und internationalen Mitarbeitern gleichermaßen Immunität von gerichtlicher Verfolgung bezüglich aller Handlungen eingeräumt, soweit diese im Rahmen der Amtstätigkeit begangen wurden[390]. Wesentlich weitreichender ist die den hochrangigen Funktionären der UNMIK eingeräumten Immunitäten: Abschnitt 3.3 der Verordnung bestimmt, dass der Sonderbeauftragte, sein erster Stellvertreter, die vier den jeweiligen Pfeilern vorstehenden stellvertretenden Sonderbeauftragten, der Polizeikommissar und andere hochrangige UNMIK-Mitarbeiter, soweit dies vom Sonderbeauftragten im Einzelfall entschieden wird, von jeglicher gerichtlichen Verfolgung durch die lokale Gerichtsbarkeit ausgenommen sind. Dies gilt für alle zivil- oder strafrechtlichen Handlungen, die von ihnen im Kosovo begangen werden[391]. Im siebten Abschnitt wird festgelegt, dass Ansprüche, die dritten Personen wegen Besitzverlustes oder -beschädigung, Verletzung, Krankheit oder Tod entstehen, die direkt auf KFOR, UNMIK und deren jeweiliges Personal zurückzuführen sind und nicht aus einer „operativen Notwendigkeit" der jeweiligen internationalen Präsenz entstanden sind, von sogenannten *Claims Commissions* geregelt werden sollen, die von UNMIK und KFOR einzurichten sind[392].

Die Aufhebung der Immunität von UNMIK-Personal kann nur durch den Generalsekretär der Vereinten Nationen und nur dann erfolgen, wenn die Immunität „die Rechtsfindung behindern würde und durch die Aufhebung der Immunität

---

388 Abschnitt 2.4 der UNMIK/REG/2000/47 (18.08.2000).

389 Abschnitt 1 der UNMIK/REG/2000/47 (18.08.2000): *„'UNMIK personnel' means United Nations officials, experts and other persons assigned to serve in any of the components of UNMIK (...)".*

390 Abschnitt 3.3 der UNMIK/REG/2000/47 (18.08.2000).

391 Abschnitt 3.2 der UNMIK/REG/2000/47 (18.08.2000): *„The Special Representative of the Secretary-General, the Principal Deputy, and the four Deputy Special Representatives of the Secretary-General, the Police Commissioner, and other high-ranking officials as may be decided from time to time by the Special Representative of the Secretary-General, shall be immune from local jurisdiction in respect of any civil or criminal act performed or committed by them in the territory of Kosovo."*

392 Abschnitt 7 der UNMIK/REG/2000/47 (18.08.2000): *„Third party claims for property loss or damage and for personnel injury, illness or death arising from or directly attributed to KFOR, UNMIK or their respective personnel and which do not arise from "operational necessity" of either international presence, shall be settled by Claims Commissions established by KFOR and UNMIK, in a manner to be provided for."*

die Interessen von UNMIK nicht gefährdet werden“[393]. Zusammenfassend hat die Verordnung also zum Inhalt, dass gesetzlich eine so gut wie allumfassende Immunität von zivil- und strafrechtlicher Verfolgung für KFOR und UNMIK sowie deren lokales und internationales Personal gewährt wird. Diese Immunität stellt eine nahezu unüberwindbare Barriere für eine rechtliche Interessenverfolgung gegen die in der Verordnung genannten Personenkreise dar.

Diese gesetzlich festgeschriebene Gewährung weitreichender Immunitäten für KFOR, UNMIK und deren jeweiliges Personal durch UNMIK-Verordnung 2000/47 könnte gegen international anerkannte Menschenrechtsstandards verstoßen. Bei der Untersuchung der Vereinbarkeit dieser umfassend gewährten Immunität mit international anerkannten Standards analysiert die Institution des Ombudsmannes in ihrem ersten Sonderbericht[394] zunächst die Zwecke, denen die – durchaus übliche – Gewährung von Immunität für internationale Organisationen im Allgemeinen dient. Danach wird internationalen Organisationen deshalb Immunität von staatlicher Verfolgung gewährt, um sie vor einseitigen Übergriffen durch die Regierung des Staates zu schützen, auf dessen Gebiet sie operieren. Dies ist ein legitimes Ziel um sicherzustellen, dass die Internationale Organisation ihre Mission effektiv durchführen kann[395]. Der Ombudsmann stellte fest, dass dieser klassische Rechtfertigungsgrund für die Gewährung von Immunität im Falle des Kosovo nicht greift, was damit zusammenhängt, dass das Mandat der UNMIK weit über das Ausmaß anderer internationaler Missionen auf fremdem Territorium hinausgeht. Denn aufgrund der Tatsache, dass UNMIK durch Sicherheitsratsresolution 1244 und die Verordnung 1999/1 sämtliche legislative und exekutive Gewalt sowie die Verwaltung der Justiz übertragen wurde, sei die

---

393 Abschnitt 6.1 der UNMIK/REG/2000/47 (18.08.2000): *„The immunity from legal process of KFOR and UNMIK personnel and KFOR contractors is in the interest of KFOR and UNMIK and not for the benefit of the individuals themselves. The Secretary-General shall have the right and the duty to waive the immunity of any UNMIK personnel in any case where, in his opinion, the immunity would impede the course of justice and can be waived without prejudice to the interests of UNMIK. In relation to personnel of the Institution-building and Reconstruction components, any waiver of immunity shall be carried out in consultation with the heads of those components."*
Abschnitt 6.2 der UNMIK/REG/2000/47: *„Requests to waive jurisdiction over KFOR personnel shall be referred to the respective commander of the national element of such personnel for consideration."*

394 Ombudsperson Institution, Special Report No. 1 (18.08.2000) – On the compatibility with recognized international standards of UNMIK Regulation 2000/47 on the Status, Privileges and Immunities of KFOR and UNMIK and Their Personnel in Kosovo and on the implementation of the above Regulation.

395 EGMR, Urt. v. 18.02.1999, *Waite u. Kennedy ./. Deutschland*, Reports of Judgements and Decisions, 1999-I, Z. 63.

UNMIK als „Staatssurrogat“ zu betrachten[396], so dass es eines Schutzes vor Übergriffen einer fremden Staatsregierung nicht bedürfe, da sich die UNMIK hier – die oben genannten Prinzipien angewandt – nur vor sich selber schützen könnte. Der Ombudsmann weist darauf hin, dass kein demokratischer Rechtsstaat sich selbst vollständige Immunitäten auf zivil-, verwaltungs- und strafrechtlichem Gebiet einräumt. Denn das Grundprinzip von Rechtsstaatlichkeit sei ja gerade, dass Legislative und Exekutive an Recht und Gesetz gebunden seien und nicht über dem Gesetz stünden. Deshalb müssten Handlungen von Legislative und Exekutive Gegenstand der Kontrolle einer unabhängigen Judikative sein. Durch die Gewährung nahezu umfassender Immunität besteht indes keine Möglichkeit der gerichtlichen Nachprüfung legislativer und exekutiver Handlungen der internationalen Zivil- und Sicherheitspräsenz, so dass die Verordnung in Bezug auf die Reichweite der der internationalen Verwaltung gewährten Immunität nicht mit international anerkannten Standards vereinbar ist[397].

Darüber hinaus bestehen auch in formaler Hinsicht Bedenken, ob die Verordnung 2000/47 in Übereinstimmung mit dem Gesetz („in accordance with law“) steht. Denn nach ständiger Rechtsprechung des Europäischen Gerichtshofs für Menschenrechte muss ein Gesetz hierfür verschiedene Voraussetzungen erfüllen, insbesondere muss es für den Adressatenkreis *ausreichend zugänglich* und *hinreichend bestimmt* sein, so dass jedes Risiko willkürlicher Auslegung durch die Staatsgewalt ausgeschlossen ist[398]. Diesbezüglich bestimmt die am 25. Juli 1999 erlassene Verordnung 1999/1, dass UNMIK dafür Sorge trägt, dass eine weite Verbreitung der durch die internationale Zivilverwaltung erlassenen Gesetze stattfindet. Die Verordnungen sollen zu diesem Zweck in englischer, albanischer und serbischer Sprache veröffentlicht werden[399], um die Zugänglichkeit für die Bevölkerung zu gewährleisten. Obwohl die UNMIK-Verordnung 2000/47 am 18. August 2000 in Kraft getreten ist, stand sie bis zum 26. April 2001 (Zeitpunkt des ersten Sonderberichts des Ombudsmannes) lediglich in englischer Sprache zur Verfügung. In Anbetracht der Tatsache, dass der überwiegende Adressatenkreis der Verordnung nur albanisch oder serbisch versteht, kann die Verordnung nicht als für die Adressaten zugänglich im Sinne der Europäischen Menschenrechtskonvention angesehen werden.

---

396 Vgl. *Bothe/Marauhn*, S. 224ff.: „*(...) the UN in Kosovo has replaced the government of the state to which the territory (...) belongs **in toto**.*“, vgl. auch Ombudsperson Institution, Special Report No. 2 On certain aspects of UNMIK Regulation No. 2000/59 amending UNMIK Regulation No. 1999/24, Para. 7 und 2nd Annual Report (2001-2002) v. 10.07.2002, S. 1.

397 Ombudsperson Institution, Special Report No.1, Paras. 23f., 82.

398 EGMR, Urt. v. 25.06.1996, *Amuur ./. Frankreich*, Reports of Judgements and Decisions 1996-III, Z. 50; EGMR, Urt. v. 24.11.1994, *Kemmache ./. Frankreich*, Serie A 296-C, Z. 42.

399 Abschnitt 5.2. der UNMIK/REG/1999/1 (25.07.1999).

Zusätzlich erhebt die Institution des Ombudsmannes in Bezug auf die Bestimmtheit und Vorhersehbarkeit der Verordnung Bedenken. Die Verordnung umfasst zunächst mehrere verschiedene, abgestufte Immunitätstatbestände für verschiedene Personenkreise (KFOR und UNMIK, jeweils unterteilt nach lokalem und internationalem Personal). Die mögliche Aufhebbarkeit von Immunitäten ist wiederum für jeden Personenkreis unterschiedlich geregelt[400]. Entsprechend der unterschiedlich weitreichend gewährten Immunitäten und der unterschiedlichen Aufhebbarkeit derselben, ist auch der gegebenenfalls gewährte Rechtsschutz vor unterschiedlichen Stellen – teils sogar außerhalb des Landes – zu suchen. Insofern hat die Institution des Ombudsmannes die Verordnung unter dem Aspekt der Bestimmtheit und Vorhersehbarkeit als nicht gesetzmäßig im Sinne der Europäischen Menschenrechtskonvention eingestuft[401].

2. Vereinbarkeit mit Art. 6 Abs. 1 EMRK und Art. 14 Abs. 1 IPBürgR

Die Vereinbarkeit der Verordnung mit Art. 6 EMRK und 14 IPBürgR wird zusammen geprüft. Dies erscheint im Hinblick auf den beinah identischen Wortlaut und den gemeinsamen geschichtlichen Hintergrund der Vorschriften gerechtfertigt und vor allem deshalb angebracht, weil so auf den großen Fundus an Rechtsprechung des EGMR zu Art. 6 zurückgegriffen werden kann[402].

a) Anwendungsbereich der Art. 6 Abs. 1 EMRK, 14 Abs. 1 IPBürgR

Art. 6 EMRK und Art. 14 IPBürgR bilden eine wesentliche Ausprägung des in den Menschenrechtsverträgen zum Ausdruck kommenden rechtsstaatlichen Prinzips. Die Garantie beruht auf der Leitvorstellung eines in Gewalten gegliederten Rechtsstaates mit einer rechtsprechenden Gewalt[403].

Art. 6 Abs. 1 EMRK lautet:

Jede Person hat ein Recht darauf, dass über Streitigkeiten in Bezug auf ihre zivilrechtlichen Ansprüche (...) von einem unabhängigen und unparteiischen, auf

---

[400] Abschnitt 6.1 stellt unterschiedliche Anforderungen an die Aufhebung der Immunität von UNMIK-Personal im Allgemeinen und solchem Personal, das innerhalb der UNMIK unter den Institution-Building- und Wiederaufbau-Komponenten beschäftigt ist. Abschnitt 6.2 betrifft Anfragen zur Aufhebung von Immunität von KFOR-Personal, die an den jeweiligen Kommandanten des entsendenden Kontingents zu richten sind, wiederum anders ist das Verfahren bzgl. Personal von KFOR-Vertragspartnern, Abschnitt 6.3.

[401] Ombudsperson Institution, Special Report No.1, Paras. 26, 82.

[402] In diesem Sinne auch *Nowak*, CCPR-Commentary, Art. 14 Rn. 4 m.w.N.

[403] *Nowak*, CCPR-Commentary, Art. 14, Rn. 2.

Gesetz beruhenden Gericht in einem fairen Verfahren, öffentlich und in angemessener Frist verhandelt wird.

Die entsprechende Passage des Art. 14 Abs. 1 IPBürgR lautet:

(...) Jedermann hat Anspruch darauf, dass über (...) seine zivilrechtlichen Ansprüche (...) durch ein zuständiges, unabhängiges, unparteiisches und auf Gesetz beruhendes Gericht in billiger Weise und öffentlich verhandelt wird.

Die Verordnung 2000/47 könnte mit Art. 6 Abs. 1 EMRK, Art. 14 Abs. 1 IPBürgR unvereinbar sein, weil rechtliche Mechanismen und Verfahren fehlen, die dem Einzelnen Wege eröffnen, behauptete Menschenrechtsverletzungen oder Ansprüche gegen UNMIK und KFOR geltend zu machen. Art. 6 Abs. 1 EMRK, 14 Abs. 1 IPBürgR enthalten mehrere Garantien. Durch die vorliegende Verordnung könnten insbesondere die Organisationsgarantie – das Recht auf das Entscheidungsorgan *Gericht* – und das Recht auf *Zugang* zu einem unabhängigen und unparteiischem Gericht verletzt sein.

Die Vorschriften müssten zunächst anwendbar sein. Die Anwendung der Art. 6 EMRK, 14 IPBürgR auf zivilrechtliche Verfahren setzt voraus, dass eine „Entscheidung" über eine „Streitigkeit" stattfindet, die ein „Recht" betrifft, das „zivilrechtlichen Charakter" hat. Dabei werden alle Streitigkeiten über Ansprüche umfasst, deren Anspruchsgrundlagen in schlüssiger, bzw. argumentativ vertretbarer Weise, vorgetragen werden[404]. Der „zivilrechtliche Charakter" wird bereits dann bejaht, wenn ein Verfahren betroffen ist, dessen Ergebnis für „zivilrechtliche Ansprüche und Verpflichtungen" entscheidend ist, und zwar ungeachtet der Stellung der Parteien, des Charakters der für die Entscheidung ausschlaggebenden Rechtsvorschriften (Zivilrecht, öffentliches Recht) und des Charakters der zuständigen Entscheidungsinstanz (Zivilgericht, Verwaltungsgericht)[405].

---

[404] *Peukert* in: Frowein/Peukert; Artikel 6 EMRK, Rn. 7; EGMR, Urt. v. 08.07.1987, *Baraona ./. Portugal*, Serie A 122, Z. 41; EGMR, Urt. v. 08.07.1986, *Lithgow u.a. ./. Großbritannien*, Serie A 102, Z. 192; EGMR, Urt. v. 21.02.1990, *Powell und Rayner ./. Großbritannien*, Serie A 172, Z. 36.

[405] *Peukert* in: Frowein/Peukert; Artikel 6 EMRK, Rn. 16; EMRK, Urt. v. 24.10.1989, *H. ./. Frankreich*, Serie A 162-A, Z. 47; EGMR, Urt. v. 31.03.1992, *X. ./. Frankreich*, Serie A 234-C, Z. 30; Human Rights Committee, Communication No. 441/1990, *Casanovas v. France* (10.08.1994), CCPR/C/49/D/441/1990, Para. 5.2; und Human Rights Committee, Communication No. 112/1981, *Y.L. v. Canada* (08.04.1986), CCPR/C/27/D/112/1981, Para. 9.2: *"The concept of "suit at law" is based on the nature of the right rather than on the status of one of the parties (governmental, parastatal or autonomous statutory entities)".*

Regelungsgegenstand des siebten Abschnittes der Verordnung sind Schadensersatzansprüche, die Personen wegen Eigentums- bzw. Besitzverlustes oder -beschädigung, Verletzung, Krankheit oder Tod entstehen, die direkt auf KFOR, UNMIK und deren jeweiliges Personal zurückzuführen sind[406]. Nach ständiger Rechtsprechung des Europäischen Gerichtshofs für Menschenrechte stellt das Eigentumsrecht ein unter Art. 6 EMRK fallendes Recht dar. Ebenfalls anerkannt als Recht unter Art. 6 EMRK ist das Recht, Schadensersatzansprüche gegen den Staat geltend zu machen, die aus behauptetem schuldhaften Fehlverhalten von Amtsträgern resultieren, die zu einer Eigentumsverletzung[407], Gesundheitsbeschädigung[408] oder sogar zum Tod geführt haben[409]. Da also die durch die Verordnung 2000/47 erfassten Tatbestände als zivilrechtliche Ansprüche im Sinne der Art. 6 EMRK, 14 IPBürgR[410] einzuordnen sind, sind Art. 6 EMRK, 14 IPBürgR hier anwendbar.

b) Verletzung der Garantie auf „Zugang" zu einem Gericht

Das Recht auf Zugang zu einem unabhängigen, unparteiischen und auf Gesetz beruhenden Gericht gem. Art. 6 Abs. 1 EMRK, Art. 14 Abs. 1 IPBürgR gewährleistet ein subjektives Recht des Einzelnen auf Entscheidung durch ein Gericht. Werden dagegen die Versuche einer Person, ihre Klagen vor einem Gericht vorzubringen, systematisch vereitelt, so ist das Recht auf Zugang zu einem Gericht als Voraussetzung für alle anderen Garantien der beiden Artikel verletzt[411].

Jedoch ist die Garantie auf ein solches Gericht innerhalb des Schutzbereichs der Art. 6 Abs. 1 EMRK, 14 IPBürgR nicht absolut gewährleistet, sondern unterliegt im Rahmen des Zugangs zu einem Gericht verhältnismäßigen Beschränkungen. Solche Einschränkungen sind zulässig, solange sie ein legitimes Ziel verfolgen und soweit ein vernünftiges Verhältnis zwischen den eingesetzten Mitteln und dem angestrebten Ziel besteht[412]. Nach ständiger Rechtsprechung des EGMR verlangt das Recht auf Zugang zum Gericht bereits seiner Natur nach eine Regelung durch den Staat, die nach Ort und Zeit wechseln könne, und abhängig sei von den Bedürfnissen und den Mitteln der Gemeinschaft und der Einzelperso-

---

406 Zum Wortlaut vgl. oben, Fn. 392.

407 EGMR, Urt. v. 08.07.1987, *Baraona ./. Portugal*, Serie A 122, Z. 44; EGMR, Urt. v. 27.04.1989, *Neves und Silva ./. Portugal*, Serie A 153-A, Z. 37.

408 EGMR, Urt. v. 24.10.1989, *H. ./. Frankreich*, Serie A 162-A, Z. 47; EGMR, Urt. v. 31.03.1992, *X. ./. Frankreich*, Serie A 234-C, Z. 28ff.

409 *Peukert* in: Frowein/Peukert; Art. 6 EMRK, Rn. 22 m.w.N.

410 Zur Anwendbarkeit auf Art. 14 IPBürgR, vgl. *Nowak*, CCPR-Commentary, Art. 14, Rn. 4 m.w.N.

411 Human Rights Committee, Communication No. 468/91, *Bahamonde v. Equatorial Guinea*, (10.11.1993), CCPR/C/49/D/468/1991, Para. 9.4.

412 EGMR, Urt. v. 21.09.1994, *Fayed ./.Großbritannien*, Serie A 294-B, Z. 65; *Grabenwarter*, § 24, Rn. 49.

nen[413]. Als der „einzig legitimen Autorität“[414], die sämtliche Staatsgewalt übernommen hat, steht diese Regulierungsbefugnis im Kosovo der UNMIK zu, wobei der internationalen Verwaltung ein gewisser Entscheidungsspielraum zukommt.

Unter die vom EGMR anerkannten angemessenen Beschränkungen des Zugangs zu einem Gericht fällt auch die Gewährung von Immunitäten. Insbesondere werden auch die Immunitäten internationaler Organisationen als angemessene Beschränkung des Gerichtszugangs angesehen. Sie dienen dem legitimen Ziel, das ordnungsgemäße Funktionieren der Organisationen frei von Eingriffen durch einzelne Staaten sicherzustellen[415]. Dies dürfte aber im vorliegenden Fall nicht zu der Annahme einer legitimen Beschränkung auf Zugang zu einem Gericht führen können. Denn neben dem oben genannten Argument, dass neben der UNMIK im Kosovo keine weitere staatliche Autorität existiert (vgl. UNMIK-Verordnung 1999/1), gilt der Grundsatz, dass die durch den jeweiligen Gesetzgeber festgesetzten Schranken den Gerichtszugang nicht so erschweren dürfen, dass der Wesensgehalt des Rechts („the very essence of the right“) auf Zugang zu einem Gericht verletzt wird[416]. Dabei liegt sowohl nach der Rechtsprechung des EGMR als auch nach der des Menschenrechtsausschusses eine unter Art. 6 Abs. 1 EMRK, Art. 14 Abs. 1 IPBürgR unzulässige Beschränkung auf Zugang zu einem Gericht auch dann vor, wenn die mit der Rechtsverfolgung verbundenen Kosten so hoch sind, dass sie geeignet sind, den Einzelnen davon abzuhalten, um gerichtlichen Rechtsschutz nachzusuchen[417].

Diese Prinzipien sind nun auf drei verschiedene in der Verordnung 2000/47 geregelte Fälle anzuwenden, nämlich

- den Umfang der KFOR und UNMIK gewährten Immunität,
- die Zuweisung von Ansprüchen gegen KFOR an die Gerichtsbarkeit des jeweiligen Entsendestaates und
- die von Abschnitt 7 der Verordnung erfassten Fallgruppen.

Bezüglich des Umfangs der UNMIK und KFOR gewährten Immunität ist anzumerken, dass nach der Rechtsprechung des EGMR die Möglichkeit, einen An-

---

413 EGMR, Urt. v. 21.02.1975, *Golder ./. Großbritannien*, Serie A 18, Z. 38.

414 Übersetzung der Verf.

415 *Grabenwarter*, § 24 Rn. 55; *Peukert* in: Frowein/Peukert, Art. 6 Rn. 8, 62.

416 EGMR, Urt. v. 21.02.1975, *Golder ./. Großbritannien*, Serie A 18, Z. 38; EGMR, Urt. v. 28.05.1985, *Ashingdane ./. Großbritannien*, Serie A 93, Z. 57; EGMR, Urt. v. 08.07.1986, *Lithgow ./. Großbritannien*, Serie A 102, Z. 194; EGMR, Urt. v. 27.08.1991, *Philis ./. Griechenland*, Serie A 209, Z. 59.

417 EGMR, Urt. v. 09.10.1979, *Airey ./. Irland*, Serie A 32; vgl. auch Ombudsperson Institution, Special Report No.1, Para. 59; Human Rights Committee, Communication No. 646/1995, *Lindon v. Australia* (25.11.1998), CCPR/C/64/D/646/1995, Para. 6.4.

spruch gerichtlich geltend zu machen, nicht nur davon abhängt, wie der „Anspruch“ nach nationalem Recht definiert ist. Vielmehr ist auch die Existenz von prozessrechtlichen Hindernissen entscheidend, die verhindern oder beschränken, dass ein Anspruch vor Gericht geltend gemacht wird. Es wäre weder mit dem Rechtsstaatsprinzip in einer demokratischen Gesellschaft, noch mit den Garantien des Art. 6 Abs. 1 EMRK, Art. 14 Abs. 1 IPBürgR vereinbar, wenn ein Staat bestimmte Kategorien von Ansprüchen der gerichtlichen Überprüfung entziehen oder große Personengruppen durch die Gewährung von Immunitäten von gerichtlicher Verantwortlichkeit ausnehmen könnte[418]. Durch die Verordnung 2000/47 gewährt die UNMIK sich selbst, KFOR und sämtlichen internationalen Mitarbeitern Immunität von jeglicher zivil-, straf- und verwaltungsrechtlichen Verantwortlichkeit. Hierin liegt ein prozessuales Hindernis, das verhindert, dass ein behaupteter Anspruch gegen die internationale Verwaltung vor einem Gericht vorgetragen werden kann. Das Recht auf Zugang zu einem Gericht ist damit versperrt, so dass die Verordnung unter dem Aspekt der Gewährung der vollständigen Immunität mit Art. 6 Abs. 1 EMRK, Art. 14 Abs. 1 IPBürgR unvereinbar ist[419].

Bezüglich der ausschließlichen Zuweisung von Streitigkeiten über Ansprüche, die gegen KFOR gerichtet sind, an die jeweiligen nationalen Gerichte des Entsendestaates des entsprechenden KFOR-Beschäftigten, ist vor allem der Aspekt der Kosten problematisch, der faktisch zu einem Ausschluss des Zugangs zu einem Gericht führen könnte. Denn auf eine Person aus dem Kosovo, die einen Anspruch gegen KFOR-Personal geltend machen möchte, kämen in jedem Fall enorme Kosten, wie Reise-, Dolmetscher- und Gerichtskosten zu, die unweigerlich dazu führen, eine Rechtsverfolgung für die überwiegende Mehrheit von Bewohnern des Kosovo unmöglich zu machen. Insofern führt auch die Ausklammerung eines großen Teils der Gruppe der internationalen Präsenz – hier des KFOR-Personals – aus der Jurisdiktion des Gebietes, in dem sie operieren, zu einer Verletzung des Rechts aus Art. 6 Abs. 1 EMRK, Art. 14 Abs. 1 IPBürgR auf Zugang zu einem Gericht[420].

Abschnitt 7 der Verordnung behandelt Verantwortlichkeit für Besitzverlust oder -beschädigung, Körperverletzung, Krankheit oder Tod, die direkt auf KFOR oder UNMIK zurückzuführen sind. Hieraus erwachsende Ansprüche können nur verfolgt werden, wenn sie nicht als „operative Notwendigkeit“ eingestuft werden. Problematisch ist hier zum einen, dass auch diese Ansprüche nicht der ordentlichen Gerichtsbarkeit zugewiesen werden, sondern vielmehr „Beschwerdekommissionen“ zuständig sein sollen, die darüber hinaus jeweils erst von UN-

---

418 EGMR, Urt. v. 21.09.1994, *Fayed ./. Großbritannien*, Serie A 294-B, Z. 65.

419 Zur Unvereinbarkeit mit der EMRK vgl. auch Ombudsperson Institution, Special Report No. 1, Para. 63.

420 Zur Unvereinbarkeit mit der EMRK vgl. auch Ombudsperson Institution, Special Report No. 1, Paras. 64-67.

MIK und KFOR selbst zu bilden waren. Da die Verordnung keine objektive Definition bereithält, wann ein Fall der oben genannten „operativen Notwendigkeit“ vorliegt, ist sie so zu verstehen, dass es jeweils UNMIK und KFOR selbst obliegt, das Vorliegen oder Nichtvorliegen einer solchen operativen Notwendigkeit selbst zu erklären. Es liegt mithin an diesen beiden Akteuren, durch beliebige Einstufung eines Falles als „operative Notwendigkeit“ jede Durchsetzung von Ansprüchen vor den Beschwerdekommissionen zu unterlaufen. Dies stellt ebenfalls einen Verstoß gegen die Rechte aus Art. 6 Abs. 1 EMRK, Art. 14 Abs. 1 IPBürgR, zivilrechtliche Ansprüche vor einem Gericht geltend machen zu können, dar[421].

c) Verletzung der Organisationsgarantie: Recht auf ein „unabhängiges, auf Gesetz beruhendes Gericht“

Gemäß Art. 6 EMRK, Art. 14 IPBürgR müssen alle Verfahren durch ein unabhängiges, auf Gesetz beruhendes Gericht entschieden werden. Die Vorschrift verpflichtet die Staaten damit, die erforderlichen Gerichte durch Gesetz zu schaffen und enthält somit eine institutionelle Garantie[422]. Im Zusammenhang mit der Verordnung 2000/47 ist insbesondere zweifelhaft, ob es sich bei den in Abschnitt 7 erwähnten, von KFOR und UNMIK einzurichtenden Beschwerdekommissionen um Gerichte handelt, die den Anforderungen der Art. 6 Abs. 1 EMRK, Art. 14 Abs. 1 IPBürgR entsprechen. Dazu müsste die einzurichtende Beschwerdekommission zunächst auf Gesetz beruhen. Die gesetzliche Grundlage genügt nur dann den Erfordernissen des Art. 6 EMRK, wenn gewisse formelle Mindestvoraussetzungen erfüllt sind. Eine gesetzliche Grundlage liegt dann nicht mehr vor, wenn nicht wenigstens die Gerichtsverfassung in ihren Grundzügen auf einem Parlamentsgesetz beruht[423]. Auch nach dem IPBürgR ist der Begriff des Gesetzes eng auszulegen. Erfasst sind nur abstrakt-generelle Parlamentsgesetze oder vergleichbare, ungeschriebene Gesetze des Common Law, die für alle von ihnen betroffenen Personen zugänglich sind[424]. Gemäß dem Menschenrechtsausschuss haben Staaten die Einrichtung der Gerichte sogar in der Verfassung oder einem vergleichbaren Gesetz festzulegen[425]. Übertragen auf die UNMIK bedeutet dies, dass zumindest – da zur Zeit des Erlasses der Verordnung noch kein Parlament existierte[426] – die UNMIK als oberstes Legislativ-

421 Zur Unvereinbarkeit mit der EMRK vgl. auch Ombudsperson Institution, Special Report No.1, Paras. 68-69.

422 *Nowak*, CCPR-Commentary, Art. 14, Rn.15.

423 *Grabenwarter*, § 24, Rn. 31.

424 *Nowak*, CCPR-Commentary, Art. 12 Rn. 26.

425 Human Rights Committee, General Comment No. 13: Equality before the courts and the right to a fair and public hearing by an independent court established by law (Art. 14 CCPR).

426 Vgl. 1. Kapitel, III. 4. b) – Anfangsphase; 1. Kapitel, III. 4. c) – JIAS: Seit 2000 existierte zwar der Kosovo-Übergangsrat. Dieser hatte jedoch nur beratende, aber noch keine gesetzgebende Funktion.

organ diese Grundzüge der Gerichtsverfassung durch eine Verordnung selbst hätte regeln müssen. Im Falle der Verantwortlichkeit von UNMIK selber fällt mithin die Zuständigkeit zur Regelung einer Gerichtsverfassung für die Beschwerdekommission mit der Verantwortlichkeit für die Rechtsverletzung zusammen. Eine von UNMIK eingerichtete Beschwerdekommission könnte daher die Voraussetzung des „auf Gesetz Beruhens" erfüllen.

Im Falle von KFOR ist es dagegen anders. Durch die Verordnung 2000/47 wird hier die Verantwortlichkeit, die Rahmenbedingungen für die Beschwerdekommission für Verletzungen, die durch KFOR entstanden sind, aufzustellen, auf eine andere Organisation – nämlich auf KFOR – übertragen. Damit entsteht ein unauflösliches Dilemma: Denn einerseits *muss* die UNMIK die Einrichtung der Beschwerdekommission in diesem Fall auf KFOR übertragen, da nach dem Mandat zivile und militärische Präsenz voneinander getrennt sind und UNMIK keine Regelungsbefugnisse über Angelegenheiten von KFOR zustehen. Andererseits ist es aber für KFOR, der durch das Mandat keinerlei legislative Befugnisse eingeräumt werden, unmöglich, eine einem Parlamentsgesetz entsprechende gesetzliche Regelung zu schaffen und damit den Erfordernissen der Art. 6 EMRK und 14 IPBürgR an eine ausreichende gesetzliche Grundlage zu entsprechen. Mit der Übertragung der Befugnis, eine Beschwerdekommission einzurichten, fehlte einer durch KFOR eingerichteten Beschwerdekommission daher bereits von vorneherein das Merkmal des „auf Gesetz beruhenden" Gerichts im oben genannten Sinne[427].

Bevor darauf eingegangen wird, ob die Kommission den übrigen Anforderungen der Art. 6 EMRK, Art. 14 IPBürgR – insbesondere der Unabhängigkeit – genügt, ist noch auf ein weiteres Problem im Zusammenhang mit der Einrichtung der Kommission einzugehen. Obwohl bereits im August 2000 eine grundsätzliche Verantwortlichkeit von UNMIK für eigene Handlungen, die einen Schaden bei Dritten verursacht haben, anerkannt und die Errichtung einer Beschwerdekommission durch UNMIK-Verordnung 2000/47 angekündigt worden war, ließ die Umsetzung der Verordnung in Bezug auf die Errichtung der Beschwerdekommission auf sich warten. Bis zum Juli 2001 (erste Bilanz diesbezüglich im ersten Jahresbericht der Institution des Ombudsmannes) war weder von KFOR noch von UNMIK eine entsprechende Kommission errichtet worden, wobei aus der örtlichen Presse zu entnehmen war, dass diesbezügliche Bemühungen von KFOR zu diesem Zeitpunkt bereits weiter fortgeschritten waren, als die von UNMIK. Mit dem Argument des EGMR *„justice delayed is justice denied"*[428] kam der Ombudsmann dementsprechend in seinem ersten Sonderbericht zu dem

427 Dazu, dass die schließlich von KFOR eingerichtete Kommission sich in der Praxis gegenüber UNMIK dadurch hervorgetan hat, dass das hier angewendete Verfahren weit mehr rechtsstaatliche Züge enthält, vgl. unter III. Exkurs: Die internationale Sicherheitspräsenz – KFOR.

428 EGMR, Urt. v. 28.07.1999, *Bottazzi ./.Italien*, Reports of Judgements and Decisions, Z. 22; Ombudsperson Institution, Special Report No. 1, Para. 80.

Ergebnis, dass allein in der Verzögerung der Einrichtung der Beschwerdekommissionen eine Verletzung des Art. 6 Abs. 1 EMRK liege[429]. Ein weiteres Jahr später wurde die Errichtung einiger Beschwerdekommissionen – die nunmehr auch den Namen „Beschwerdebüros“ tragen – erstmalig im zweiten Jahresbericht des Ombudsmannes erwähnt[430]. Über die Existenz dieser Beschwerdebüros, Zugang zu und das Verfahren vor ihnen, sind jedoch so gut wie keine Informationen erhältlich. Jedenfalls bestehen sie aus einem Gremium von UNMIK-Verwaltungsbeamten, das über die an das Büro herangetragenen Fälle entscheidet, ohne dass der Betroffene ein Anhörungsrecht oder die Möglichkeit hat, sich rechtlich vertreten zu lassen.

Es ist nun also zu prüfen, ob diese durch UNMIK eingerichteten Beschwerdebüros die übrigen Voraussetzungen an ein Gericht im Sinne der Art. 6 EMRK, 14 IPBürgR erfüllen und somit für ausreichenden Rechtsschutz gegen durch UNMIK verursachte Rechtsverletzungen sorgen könnte. Dazu müsste die Unabhängigkeit und Unparteilichkeit einer solchen Beschwerdekommission gewährleistet sein. Die Unabhängigkeit muss in erster Linie im Verhältnis zur Exekutive, aber auch im Verhältnis zur Legislative gewährleistet sein[431], ist aber auch im Hinblick auf das Verhältnis des Gerichts zu den Parteien zu prüfen[432]. Die Unabhängigkeit eines Gerichts ist unter anderem aufgrund der Art und Weise der Ernennung der Mitglieder und ihrer Amtsdauer, des Bestands von Garantien gegen äußere Beeinflussungen sowie schließlich aufgrund des äußeren Erscheinungsbildes zu beurteilen[433]. Sowohl das Kriterium der Unparteilichkeit nach dem äußeren Anschein als auch die Unabhängigkeit des Gerichts von der Exekutive unterliegen hier Bedenken. Denn zum einen übte die UNMIK im Zeitpunkt des Erlasses der Verordnung (JIAS, vgl. oben 1. Kapitel III. 4. c) noch uneingeschränkt alle legislativen und exekutiven Befugnisse sowie die Verwaltung der Justiz aus. Zum anderen ist auch der äußere Anschein der Unabhängigkeit nicht gegeben. Denn hier werden genau die Institutionen, die die mutmaßliche

429 Ombudsperson Institution, Special Report No.1, Paras.79-81.

430 Ombudsperson Institution, 2nd Annual Report (2001-2002) v. 10.07.2002, S. 2; zum genauen Zeitpunkt der Einrichtung sind keine genauen Angaben möglich, da eine entsprechende Verordnung oder Verwaltungsanweisung nicht zu existieren scheinen.

431 Human Rights Committee, General Comment 13: Equality before the courts and the right to a fair and public hearng by an independent court established by law (Art. 14 CCPR), Para. 3; *Joseph/Schulz/Castan*, Art. 14 [14.18]ff.; *Nowak*, CCPR-Commentary, Art. 14 Rn. 16.

432 EGMR, Urt. v. 27.06.1968, *Neumeister ./. Österreich*, Serie A 8, Z. 24; EGMR, Urt. v. 16.07.1971, *Ringeisen ./. Österreich*, Serie A 13, Z. 95; EGMR, Urt. v. 28.06.1984, *Campbell u. Fell*, Serie A 80, Z. 78.

433 EGMR, Urt. v. 22.11.1995, *Bryan ./. Großbritannien*, Serie A 335-A, Z. 37; EGMR, Urt. v. 22.06.1989, *Langborger ./. Schweden*, Serie A 155, Z. 32; EGMR, Urt. v. 28.06.1984, *Campbell und Fell ./. Großbritannien*, Serie A 80, Z. 78; EGMR, Urt. v. 25.02.1997, *Findlay ./. Großbritannien*, Reports 1997-I, Z. 73; EGMR, Urt. v. 23.06.1981, *Le Compte u.a. ./. Belgien*, Serie A 43, Z. 55; EGMR, Urt. v. 02.09.1998, *Lauko ./. Slowakei*, Reports 1998-VI, Z. 63.

Rechtsverletzung begangen haben und damit Partei der zu entscheidenden Streitigkeit sind, dafür zuständig erklärt, eine Instanz zur Überprüfung dieser Rechtsverletzungen zu schaffen. Dies geschieht dann auch durch Einsetzung eines Gremiums von UNMIK-Mitarbeitern, die über gestellte Ansprüche entscheiden. Ist der Betroffene mit der getroffenen Entscheidung nicht einverstanden, bleibt ihm nur noch die Möglichkeit, ein „Memorandum" an den *UNMIK Director of Administration* zu richten. Diese Vermischung von Interessen ist unvereinbar mit der Unabhängigkeit und Unparteilichkeit, die Art. 6 Abs. 1 EMRK, Art. 14 Abs. 1 IPBürgR fordern.

Vergleicht man das hier geschaffene Verfahren mit deutschem Verwaltungsrecht, so hat man gewissermaßen ein Verwaltungsverfahren geschaffen, in dem der Betroffene im Widerspruchsverfahren vor der Ausgangsbehörde nur auf eine Abhilfeentscheidung hoffen kann. Ergeht diese nicht, bleibt ihm ein gerichtliches Klageverfahren verwehrt und es erfolgt keine weitere Überprüfung durch eine andere Instanz.

Zusammenfassend lässt sich daher sagen, dass weder UNMIK-Verordnung 2000/47 mit der Gewährung von umfassender Immunität noch die unter den Rahmenbedingungen dieser Verordnung errichteten Beschwerdebüros den Anforderungen der Art. 6 Abs. 1 EMRK, Art. 14 Abs. 1 IPBürgR genügen.

d) Exkurs: Ausnahmeregelung: Überprüfbarkeit von Exekutivhandeln der UNMIK durch die Ordentliche Gerichtsbarkeit

Für einen bestimmten Bereich wurde im November 2000 allerdings die Möglichkeit der rechtliche Überprüfbarkeit von Exekutivhandeln von UNMIK (und KFOR), nämlich von Handeln der Polizei (UNMIK-Police) durch die ordentliche Gerichtsbarkeit geschaffen. Jedoch betrifft diese Verordnung nur die Tatbestände, in denen KFOR oder internationale Polizeieinheiten der UNMIK Verfügungen aussprechen, die bestimmten Personen das Betreten eines bestimmten Gebietes untersagen[434]. Dann nämlich bestimmt Abschnitt 3 der Verordnung, dass jede Person, gegen die nach den Voraussetzungen der Verordnung ein solches Verbot ausgesprochen wurde, das Recht hat, dessen Rechtmäßigkeit durch ein beliebiges Distriktgericht, das nicht in dem Gebiet liegt, für das das Verbot ausgesprochen worden ist, überprüfen zu lassen. Über die Rechtmäßigkeit entscheidet ein internationaler Richter des Distriktgerichtes nach einer öffentlichen Anhörung und einem kontradiktorischen Verfahren. Die mit Gründen versehene

[434] Abschnitt 2.1 der UNMIK/REG/2000/62 (30.11.2000) lautet: „*The relevant law enforcement authorities may issue an exclusion order requiring a person to leave and /or stay away from any area under their authority* ***if there are grounds to suspect that such a person is or has been involved in the commission, preparation or instigation of acts of violence which may affect public peace and order*** *within or beyond the territory of Kosovo.*"

Entscheidung hat innerhalb von sieben Tagen zu ergehen; andernfalls verliert das verhängte Verbot, ein bestimmtes Gebiet zu betreten, seine Wirksamkeit mit Ablauf dieser sieben Tage. Da diese neue Verordnung aber nur den Bereich von Zugangsbeschränkungen für ein bestimmtes Gebiet betrifft, bleiben die oben festgestellten Verstöße im Übrigen bestehen.

II. Unvereinbarkeit der UNMIK-Verordnung 1999/24 On the Law applicable in Kosovo in der Form der seit dem 27. Oktober 2000 gültigen Fassung der UNMIK-Verordnung 2000/59 mit international anerkannten Menschenrechtsstandards

Verordnung 1999/24 und die abgeänderte Form 2000/59 regelt, welches Recht im Kosovo anwendbar ist. Der entscheidende Abschnitt der Verordnung gliedert sich in drei Teile: die Quellen des primär anzuwendenden Rechts[435], das hilfsweise zur Anwendung kommende Recht für den Fall, dass sich in den Bestimmungen des primär anzuwendenden Rechts keine Regelungen für den zu entscheidenden Sachverhalt finden[436] und schließlich die Bindung der öffentliche Aufgaben wahrnehmenden Personen an gewisse Menschenrechtsstandards[437].

Unter das primär anzuwendende Recht fallen zum einen alle vom Sonderbeauftragten des Generalsekretärs erlassenen Verordnungen und aufgrund von diesen erlassene subsidiäre Vorschriften, zum anderen das Recht, das bis zum 22. März 1989 im Kosovo Gültigkeit hatte. Dabei genießt UNMIK-Recht gegenüber der Anwendung von letztgenanntem Recht im Falle eines Widerspruches Anwendungsvorrang. Das als dritte Rechtsquelle in Abschnitt 1.2 der Verordnung genannte kosovarische Recht, das nach dem 22. März 1989 Geltung hatte, kommt nur ausnahmsweise zur Anwendung, wenn ein Gericht oder anderer kompetenter Entscheidungsträger feststellt, dass folgende Bedingungen erfüllt sind: das Gesetz betrifft einen Fall, der nicht von den beiden primär anzuwendenden Rechtsquellen geregelt ist, das Gesetz ist nicht diskriminierend und das Gesetz verstößt

---

[435] Abschnitt 1.1 der UNMIK/REG/1999/24 (12.12.1999) und 2000/59 (27.10.2000): *„The law applicable in Kosovo shall be: (a) The regulations promulgated by the Special Representative of the Secretary-General and subsidiary instruments issued thereunder; and (b) The law in force in Kosovo on 22 March 1989. In case of a conflict, the regulations and subsidiary instruments shall take precedence."*

[436] Abschnitt 1.2 der UNMIK/REG/1999/24 (12.12.1999) und 2000/59 (27.10.2000): *„If a court of competent jurisdiction or a body or person required to implement a provision of the law, determines that a subject matter or situation is not covered by the laws set out in section 1.1 of the present regulation but is covered by another law in force in Kosovo after 22 March 1989 which is not discriminatory and which complies with section 1.3 of the present regulation, the court, body or person shall, as an exception, apply that law."*

[437] Abschnitt 1.3 der UNMIK/REG/1999/24 (12.12.1999) und 2000/59 (27.10.2000), zum Wortlaut vgl. 2. Kapitel, II. 2. b) (5) - Selbstbindung der UNMIK.

nicht gegen Bestimmungen der Menschenrechtsverträge, die in Abschnitt 1.3[438] aufgelistet sind.

Im zweiten Sonderbericht der Ombudsperson Institution wird bemängelt, dass die Verordnung nicht klar zum Ausdruck bringt, dass Menschenrechtsstandards universell gelten und mithin alle für anwendbar erklärten Rechtsnormen mit ihnen vereinbar sein müssen. Denn durch die Verordnung wird festgelegt, dass lediglich die vergleichbar kleinste, letztgenannte Kategorie, nämlich das im Ausnahmefall anzuwendende Recht (Abschnitt 1.2) vor seiner Anwendung auf die Vereinbarkeit mit den aufgelisteten Menschenrechtsstandards geprüft werden muss. Dagegen durchlaufen die primär anzuwendenden Normen der UNMIK-Gesetzgebung keinerlei Überprüfung anhand der genannten Menschenrechtsinstrumente. Die Institution des Ombudsmannes stellte daher fest, dass es zu einer Abwertung der Menschenrechtsstandards führt, wenn diese nicht universell auf jegliches geltendes Recht angewandt werden[439].

Da die Regelung, welches Recht im konkreten Fall Anwendung findet, verwirrend ist, enthält Abschnitt 2 eine Vorlageklausel, der zufolge Gerichte bei Zweifeln über die Auslegung der Verordnung und bei der Bestimmung des anwendbaren Rechts beim Sonderbeauftragten des Generalsekretärs rückfragen können[440]. Die Zweifelhaftigkeit dieser Bestimmung aus rechtsstaatlichen Gründen werden zum einen damit begründet, dass hier die Gefahr angelegt sei, dass der Sonderbeauftragte zu einem Organ werden könnte, das den Gerichten Anweisungen geben könnte[441]. Zum anderen betreffe die Unklarheit über das anwendbare Recht nicht zuletzt auch Strafrecht, so dass hier die Verletzung des Grundsatzes *„nulla poena sine lege“* verletzt werde[442], wenn durch die Entscheidung des Sonderbeauftragten erst festgelegt würde, welche Rechtsquelle zugrunde zu legen ist. Insofern könnte Abschnitt 2 der Verordnung unter dem Gesichtspunkt der mangelnden Rechtsklarheit gegen Art. 7 EMRK, Art. 15 IPBürgR verstoßen.

---

438 Vgl. 2. Kapitel, II. 2. b) (4).

439 Ombudsperson Institution, Special Report No. 2, Paras. 8.-10.

440 Abschnitt 2 der UNMIK/REG 1999/24 (12.12.1999) und 2000/59 (27.10.2000): *„Courts in Kosovo may request clarification from the Special Representative of the Secretary-General in connection with the implementation of the present regulation. The Special Representative of the Secretary-General shall provide such clarification fort the consideration of the courts in the exercise of their functions.“*

441 *Frowein* in: FS Rudolf, S. 51.

442 *Stahn*, ZaöRV 61 (2001), S. 107, 156.

1. Anwendungsbereich der Art. 7 EMRK, Art. 15 IPBürgR

Art. 7 Abs. 1 S. 1 EMRK lautet:

> *Niemand darf wegen einer Handlung oder Unterlassung verurteilt werden, die zur Zeit ihrer Begehung nach innerstaatlichem oder nationalem Recht nicht strafbar war.*

Art. 15 Abs. 1 S. 1 IPBürgR lautet:

> *Niemand darf wegen einer Handlung oder Unterlassung verurteilt werden, die zur Zeit ihrer Begehung nach inländischem oder nationalem Recht nicht strafbar war.*

Während Art. 6 EMRK, 14 IPBürgR die verfahrensrechtliche Komponente des Rechtsstaats schützen und so vor allem für das Strafprozessrecht zum Maßstab werden, enthalten Art. 7 EMRK, 15 IPBürgR grundlegende Prinzipien des materiellen Strafrechts, wie die ausreichende Bestimmtheit und das Rückwirkungsverbot. Nur wenn der Bürger weiß, welches Verhalten strafbar ist, kann er seinen Freiheitsspielraum erkennen und ausnutzen. Ohne die Grundsätze *nullum crimen sine lege* und *nulla poena sine lege* wäre die für einen Rechtsstaat fundamentale Rechtssicherheit nicht gewährleistet[443]. Die in der Verordnung 2000/59 niedergelegten Grundsätze hinsichtlich des anwendbaren Rechts betreffen sowohl Zivil- und Verwaltungs- als auch Strafrecht. Damit sind Art. 7 EMRK, 15 IPBürgR hinsichtlich des Strafrechts auf die Verordnung anwendbar.

2. Verstoß gegen den Bestimmtheitsgrundsatz

Schon beim Verfassen der UNMIK-Verordnung 1999/24 und 2000/59 war dem Gesetzgeber offenbar bewusst, dass es bei der Bestimmung der jeweils zur Anwendung kommenden Vorschriften zu erheblichen Unklarheiten bei den jeweiligen Rechtsanwendern kommen könnte. Dementsprechend eröffnet die Verordnung den Gerichten oder mit der Rechtsanwendung betrauten Organen die Möglichkeit, bei Unklarheiten den Sonderbeauftragten zum Auffinden der gültigen Rechtsquelle zu Rate zu ziehen. Wenn sogar erwartet wird, dass ausgebildete Juristen unter Umständen nicht nachvollziehen können, welches Recht zur Anwendung berufen ist, kann diese Einsicht erst recht nicht von den einfachen

[443] *Frowein* in: Frowein/Peukert, Art. 7 EMRK, Rn. 1.

Bürgern erwartet werden. Insofern fehlt es der Verordnung an ausreichender Bestimmtheit im Sinne der Art. 7 EMRK, Art. 15 IPBürgR[444].

Bedenken werden auch unter dem Gesichtspunkt der Gewaltenteilung geäußert. Begründet wird dies damit, dass durch das Vorlagesystem die Gefahr bestünde, dass der Sonderbeauftragte zu einem Organ wird, dass der rechtsprechenden Gewalt das anzuwendende Recht vorgibt und somit die Unabhängigkeit der Justiz in Frage gestellt würde[445]. Diese Befürchtung legt der Wortlaut der Regelung jedoch nicht zwingend nahe. Denn es wird hier ja keine Vorlage*pflicht* der Gerichte begründet, sondern lediglich eine Vorlagemöglichkeit eröffnet, so dass die Gerichte genauso gut die Möglichkeit der autonomen Entscheidung über das anzuwendende Recht haben, solange diese im übrigen im Einklang mit der Verordnung steht.

III. Unvereinbarkeit von Freiheitsentziehungen aufgrund von Exekutivbefehlen des Sonderbeauftragten des Generalsekretärs mit international anerkannten Menschenrechtsstandards

Einer der meist kritisierten Bereiche innerhalb des Handelns der internationalen Zivil- und Militärpräsenz sind Vorkommnisse rund um Inhaftierungen und Gewahrsam. Allein in der Zeitspanne vom 21. November 2000 bis zum 30. Juni 2001 gingen bei der Ombudsperson Institution 30 Beschwerden im Zusammenhang mit dem Recht auf Freiheit und Sicherheit ein[446], bis zum 30. Juni 2002 wurden weitere 54 Fälle registriert[447]. Seither ist die Tendenz der gemeldeten Fälle rückläufig. Bis zum 10. Juli 2003 wurden dem Ombudsmann noch 25 Fälle[448], bis zum 12. Juli 2004 nur noch 16 Fälle[449] und bis zum 11. Juli 2005 schließlich nur noch 4 Fälle[450] vorgetragen.

In diesen Bereich gehören auch die Fälle von Freiheitsentziehungen aufgrund von Exekutivbefehlen des Sonderbeauftragten des Generalsekretärs. Es sind zahlreiche Fälle bekannt, in denen Personen aufgrund von Exekutivanweisungen des Sonderbeauftragten des Generalsekretärs inhaftiert und zum Teil über meh-

---

444 Vgl. auch *Stahn*, ZaöRV 61 (2001), S. 107, 157; *Frowein* in: FS Rudolf, S. 51.

445 *Frowein* in: FS Rudolf, S. 51.

446 Ombudsperson Institution, 1st Annual Report (2000-2001) v. 18.07.2001.

447 Ombudsperson Institution, 2nd Annual Report (2001-2002) v. 10.07.2002.

448 Ombudsperson Institution, 3rd Annual Report (2002-2003) v. 10.07.2003.

449 Ombudsperson Institution, 4th Annual Report (2003-2004) v. 12.07.2004.

450 Ombudsperson Institution, 5th Annual Report (2004-2005) v. 11.07.2005.

rere Monate festgehalten wurden[451]. Personen, denen die Freiheit auf diese Weise entzogen wurde, brachten ihre Fälle verschiedenen NGO's, der OSZE und schließlich der Ombudsperson Institution zu Gehör. Sie beklagten unter anderem fehlende Rechtsgrundlagen für ihre Inhaftierung, Versäumnisse der Behörden, sie vollständig über die Gründe, aus denen sie festgehalten wurden, aufzuklären, mangelnde Möglichkeiten, ihre Inhaftierung rechtlich überprüfen zu lassen und schließlich fehlende Wiedergutmachung für unrechtmäßige Haftzeiten. Es stellt sich hier vor allem die Frage der Vereinbarkeit solcher Freiheitsentziehungen mit den in Art. 5 EMRK und Art. 9 IPBürgR verankerten Garantien.

1. Anwendbarkeit der Art. 5 EMRK, Art. 9 IPBürgR

Art. 5 EMRK, Art. 9 IPBürgR gewährleisten als Menschenrechte die persönliche Freiheit und schützen damit vor willkürlicher Freiheitsentziehung durch den Staat. Die Garantie des Art. 5 EMRK lässt sich in drei Teile einteilen. Art. 5 Abs. 1 S. 1 enthält zunächst die allgemeine Garantie der Freiheit der Person, während Satz 2 abschließend regelt, in welchen Fällen Festnahme und Haft zulässig sind. Auf eine entsprechend ausführliche Auflistung in Satz 2 konnte man sich bei der Erarbeitung des Menschenrechtspaktes nicht einigen. Stattdessen enthält Art. 9 Abs. 1 S. 2 und 3 IPBürgR lediglich das Verbot der willkürlichen Freiheitsentziehung sowie das Gebot, Freiheitsentziehungen nur aus den gesetzlich bestimmten Gründen und unter Beachtung des im Gesetz vorgeschriebenen Verfahrens durchzuführen. Art. 5 Abs. 2 bis Abs. 5 EMRK, Art. 9 Abs. 2 bis Abs. 5 IPBürgR enthalten schließlich besondere Verfahrensgarantien im Zusammenhang mit Freiheitsentziehungen und die Garantie der richterlichen Kontrolle des Freiheitsentzuges[452]. In jeder unzulässigen Freiheitsentziehung durch staatliche Organe liegt ein Eingriff in die durch Art. 5 Abs. 1 EMRK, Art. 9 Abs. 1 IPBürgR garantierten Rechte. Da bei den Verhaftungen aufgrund von Exekutivanweisungen durch den Sonderbeauftragten gerade die Rechtmäßigkeit der Freiheitsentziehungen in Frage steht, sind Art. 5 EMRK, Art. 9 IPBürgR hier anwendbar.

2. Verstoß gegen Art. 5 Abs. 1 EMRK, Art. 9 Abs. 1 IPBürgR

Der hier relevante Teil des Art. 5 Abs. 1 EMRK lautet:

---

451 Ombudsperson Institution, Special Report No. 3 (29.06.2001) – On the Conformity of Deprivations of Liberty under "Executive Orders" with recognized International Standards, Para. 2; aus dem Jahr 2001-2002 z.B.: *Jusuf Veliu ./. UNMIK*, *Cele Gashi ./. UNMIK*, *Avdi Behluli ./. UNMIK* (vgl. Zusammenfassung im 2. Jahresbericht der Ombudsperson Institution), aus dem Jahr 2002-2003 z.B.: *Afrim Zeqiri ./. UNMIK* (vgl. Zusammenfassung im 3. Jahresbericht der Ombudsperson Institution).

452 *Grabenwarter*, § 21, Rn. 1.

Jede Person hat das Recht auf Freiheit und Sicherheit. Die Freiheit darf nur in den folgenden Fällen und nur auf die gesetzlich vorgeschriebene Weise entzogen werden:

(...)

c) rechtmäßige Festnahme oder Freiheitsentziehung zur Vorführung vor die zuständige Gerichtsbehörde, wenn hinreichender Verdacht besteht, dass die betreffende Person eine Straftat begangen hat, oder wenn begründeter Anlass zu der Annahme besteht, dass es notwendig ist, sie an der Begehung einer Straftat oder an der Flucht nach Begehung einer solchen zu hindern;

(...)

Art. 9 Abs. 1 IPBürgR lautet:

Jedermann hat das Recht auf persönliche Freiheit und Sicherheit. Niemand darf willkürlich festgenommen oder in Haft gehalten werden. Niemand darf seine Freiheit entzogen werden, es sei denn aus gesetzlich bestimmten Gründen und unter Beachtung des im Gesetz vorgeschriebenen Verfahrens.

Eingriffe in die persönliche Freiheit können auch zulässig sein. Nach den Vorschriften der EMRK ist hierfür – neben dem Vorliegen mindestens einer der in Art. 5 Abs.1 S. 2 lit. a) - f) abschließend geregelten Voraussetzungen – zunächst eine gesetzliche Grundlage erforderlich. Ein innerstaatliches Gesetz muss also den Eingriff in die persönliche Freiheit vorsehen. Schließlich darf die Freiheitsentziehung nur in Befolgung eines nach innerstaatlichem Recht gesetzmäßigen Verfahrens angeordnet werden. Zwar fehlt, wie oben gesagt, in Art. 9 IPBürgR eine Auflistung der Fälle, aufgrund deren eine Freiheitsentziehung erfolgen darf. Ebenso wie Art. 5 EMRK verlangt aber auch Art. 9 IPBürgR eine gesetzliche Grundlage für die Verhaftung. Der Menschenrechtsausschuss führt dazu aus, dass das Legalitätsprinzip verletzt sei, wenn Personen aus Gründen festgenommen oder in Haft gehalten werden, die sich nicht klar aus nationalen Gesetzen ergeben, mit anderen Worten: die Gründe für Festnahmen und Haft müssen gesetzlich geregelt sein[453]. An die gesetzliche Grundlage stellen die Menschenrechtkonvention und der Menschenrechtspakt dieselben Anforderungen wie in Art. 6 EMRK, Art. 14 IPBürgR. Es muss sich folglich um ein abstrakt-generelles Parlamentsgesetz handeln oder ein diesem vergleichbares, ungeschriebenes Gesetz des Common Law, das für alle von ihm Betroffenen zugänglich ist. Im Falle der UNMIK wäre dementsprechend eine UNMIK-Verordnung

[453] Human Rights Committee, Communication No. 702/1996, *C.McLawrence v. Jamaica* (29.09.1997), CCPR/C/60/D/702/1996, Para.5.

erforderlich gewesen, die die Voraussetzungen von Festnahmen und Freiheitsentziehung regelt.

Bis heute gibt es kein Gesetz im Kosovo, das eine Freiheitsentziehung auf der Grundlage von Exekutivanweisungen des Sonderbeauftragten des Generalsekretärs vorgesehen hätte, so dass allein aus diesem Grund Freiheitsentziehungen aufgrund von Anweisungen des Sonderbeauftragten einen Verstoß gegen Art. 5 EMRK, Art. 9 IPBürgR darstellten. Da schon keine gesetzliche Grundlage für die Freiheitsentziehungen existiert, können Freiheitsentziehungen aufgrund von Exekutivanweisungen folglich auch nicht in Übereinstimmung mit einem nach innerstaatlichem Recht vorgeschriebenen Verfahren erfolgen.

Aber auch im Falle der Existenz einer entsprechenden gesetzlichen Grundlage wäre folgendes zu beachten: Die Vorschrift, dass die Freiheit nur aufgrund einer nach innerstaatlich gesetzlich vorgesehenen Weise entzogen werden darf, heißt nicht, dass jedes Gesetz als Grundlage für die Freiheitsentziehung herhalten kann. Denn auch ein solches Gesetz hätte der Konvention bzw. dem Menschenrechtspakt und deren Grundsätzen zu entsprechen. Insbesondere hinter der Formulierung des ersten Satzes der Art. 5 EMRK, Art. 9 IPBürgR – „Recht auf Freiheit und *Sicherheit*" – steckt der Grundsatz, dass selbst bei Vereinbarkeit mit innerstaatlichem Recht eine willkürliche Inhaftierung niemals als rechtmäßig angesehen werden kann[454]. Dies kommt in der Formulierung des Menschenrechtspaktes sogar explizit durch das Verbot der willkürlichen Festnahme und Haft zum Ausdruck. Mit Willkür sind nach der Rechtsprechung des Menschenrechtsausschusses vor allem Ungerechtigkeit, Unvorhersehbarkeit und Unverhältnismäßigkeit gemeint[455]. Eine Verletzung des Willkürverbots wurde durch den Menschenrechtsausschuss vor allem in Fällen festgestellt, in denen Personen, die in Haft gehalten wurden, obwohl ein Gericht ihre Freilassung angeordnet oder sie ihre festgesetzte Freiheitsstrafe verbüßt hatten. Genau dies ist jedoch regelmäßig vor Erlass eines Exekutivbefehls des Sonderbeauftragten, mit dem die fortdauernde Freiheitsentziehung angeordnet wird, der Fall[456].

Die Institution des Ombudsmannes stellt vor diesem Hintergrund in ihrem dritten Sonderbericht fest, dass – gäbe es ein den Sonderbeauftragten ermächtigendes Gesetz, Inhaftierungen anzuordnen – nichts desto trotz Verhaftungen auf dieser Grundlage einen Verstoß gegen Art. 5 EMRK darstellen würden, da eine solche Vorgehensweise in unzulässiger Weise die Befugnisse und Zuständigkeit der Justiz in diesem Bereich untergraben würde[457]. Auf Exekutivbefehlen des Sonderbeauftragten beruhende Freiheitsentziehungen sind damit in jedem Fall unvereinbar mit Art. 5 Abs. 1 EMRK.

---

[454] *Peukert* in: Frowein/Peukert, Art. 5 EMRK, Rn. 25.
[455] *Nowak*, CCPR-Commentary, Art. 9, Rn. 29, Fn. 77 m.w.N.
[456] Vgl. unten, Kapitel 3, IV. 3.
[457] Ombudsperson Institution, Special Report No. 3, Para. 13.

3. Verstoß gegen Art. 5 Abs. 3 EMRK, Art. 9 Abs. 3 IPBürgR

Art. 5 Abs. 3 EMRK lautet:

Jede Person, die nach Absatz 1 Buchstabe c von Festnahme oder Freiheitsentziehung betroffen ist, muss unverzüglich einem Richter oder einer anderen gesetzlich zur Wahrnehmung richterlicher Aufgaben ermächtigten Person vorgeführt werden; sie hat Anspruch auf ein Urteil innerhalb angemessener Frist oder Entlassung während des Verfahrens. (...)

Art. 9 Abs. 3 IPBürgR lautet:

Jeder, der unter dem Vorwurf einer strafbaren Handlung festgenommen worden ist oder in Haft gehalten wird, muss unverzüglich einem Richter oder einer anderen gesetzlich zur Ausübung richterlicher Funktionen ermächtigten Amtsperson vorgeführt werden und hat Anspruch auf ein Gerichtsverfahren innerhalb angemessener Frist oder auf Entlassung aus der Haft. (...)

Art. 5 Abs. 3 EMRK, Art. 9 Abs. 3 IPBürgR betreffen – im Falle der EMRK in Ergänzung zu Art. 5 Abs. 1 S. 2 lit. c), der die materiellen Zulässigkeitsvoraussetzungen für die Verhängung von Präventiv- oder Untersuchungshaft regelt – zwei Verfahrensgarantien: die Vorführung vor den Richter und bei Aufrechterhaltung der vorläufigen Festnahme die Durchführung eines zügigen Verfahrens. Sowohl die Erfüllung der materiellen Voraussetzungen als auch die Einhaltung der Garantie auf Vorführung vor einen Richter wurde in verschiedenen Fällen vor der Institution des Ombudsmannes als verletzt gerügt[458]. Art. 5 Abs. 3 EMRK und Art. 9 Abs. 3 IPBürgR verlangen nicht, dass die Untersuchungshaft bereits durch den Richter angeordnet wurde, so dass auch eine Festnahme aufgrund einer Anordnung der Exekutive zulässig sein kann. Jedoch muss der Festgenommene unverzüglich einem Richter vorgeführt werden, der insbesondere unabhängig von der Exekutive zu sein hat und zumindest die Befugnis haben muss, auch die Freilassung des Festgenommenen anzuordnen[459]. Ist dies nicht der Fall oder kann die Entscheidung des Gerichts auf Freilassung von der Exekutive wieder aufgehoben werden, sind die Anforderungen des Art. 5 Abs. 3

[458] *Afrim Zeqiri ./. UNMIK* (vgl. Ombudsperson Institution, 3rd Annual Report, (2002-2003) v. 10.07.2003, S. 24).

[459] EMGR, Urt. v. 04.12.1979, *Schiesser ./. Schweiz*, Serie A 34, Z. 31; EMGR, Urt. v. 29.04.1999, *Aquilina ./. Malta*, Reports of Judgements and Decisions 1999-III, Z. 47; EGMR, Urt. v. 29.06.2000, *Sabeur Ben Ali ./. Malta*, Z. 30; für die Anwendbarkeit der durch den EGMR entwickelten Kriterien auf Art. 9 IPBürgR: *Nowak*, CCPR-Commentary, Art. 9, Rn. 39.

EMRK nicht erfüllt[460]. Die Unabhängigkeit von der Exekutive ist bereits begriffsnotwendig verletzt, weil der Sonderbeauftragte gleichzeitig die höchste Exekutivgewalt im Kosovo darstellt und diese ja auch bei der Freiheitsentziehung aufgrund von Exekutivanweisungen ausdrücklich ausgeübt wird.

Im Übrigen sind im Falle der Freiheitsentziehungen aufgrund von Exekutivanweisungen des Sonderbeauftragten die Garantien der Art. 5 Abs. 3 EMRK, Art. 9 Abs. 3 IPBürgR in zweifacher Weise verletzt. Zum einen erfolgt nicht zwingend eine Vorführung vor einen Richter, da die Freiheitsentziehung bereits durch den Sonderbeauftragten verbindlich angeordnet wird. Hierin liegt eine Verletzung, weil der Sonderbeauftragte weder „Richter" noch „richterlicher Beamter" im Sinne der Konvention oder des Menschenrechtspaktes ist. Etwas anderes lässt sich auch nicht aus der umfassenden Übertragung von Staatsgewalt durch Sicherheitsratsresolution 1244 oder UNMIK-Verordnung 1999/1 ableiten, denn dem Sonderbeauftragten werden hier nirgendwo rechtsprechende Aufgaben zugewiesen: in der die Befugnisse der UNMIK regelnden Verordnung 1999/1 wird nämlich ausdrücklich nur die „Verwaltung der Justiz", nicht aber die Ausübung der Rechtsprechung auf die UNMIK übertragen[461], so dass eine Freiheitsentziehung nur aufgrund von Exekutivanweisungen ohne richterliche Bestätigung gegen Abs. 3 der Art. 5 EMRK, Art. 9 IPBürgR verstößt. Zum anderen verletzt auch die Tatsache, dass ein die Aufhebung der Haft anordnender richterlicher Beschluss vom Sonderbeauftragten durch eine Exekutivanweisung der Haftfortdauer jederzeit aufgehoben werden kann, die Garantien des Art. 5 EMRK, Art. 9 IPBürgR[462].

4. Verstoß gegen Art. 5 Abs. 4 EMRK, Art. 9 Abs. 4 IPBürgR

Art. 5 Abs. 4 EMRK lautet:

Jede Person, die festgenommen oder der die Freiheit entzogen ist, hat das Recht zu beantragen, dass ein Gericht innerhalb kurzer Frist über die Rechtmäßigkeit der Freiheitsentziehung entscheidet und ihre Entlassung anordnet, wenn die Freiheitsentziehung nicht rechtmäßig ist.

Art. 9 Abs. 4 IPBürgR lautet:

---

[460] EGMR, Urt. v. 28.10.1998, *Assenov ./. Bulgarien*. Reports 1998-VIII, Z. 147, 148.

[461] Abschnitt 1 der UNMIK/REG/1999/1 (25.07.1999): *"All legislative and executive authority with respect to Kosovo, including the **administration** of the judiciary, is vested in UNMIK and exercised by the Special Representative of the Secretary-General"*.

[462] Vgl. hierzu IV. Unvereinbarkeit von UNMIK/REG/2001/18 (25.08.2001) On the establishment of a detention review commission for extra-judicial detentions based on executive orders mit internationalen Menschenrechtsstandards.

Jeder, dem seine Freiheit durch Festnahme oder Haft entzogen ist, hat das Recht, ein Verfahren vor einem Gericht zu beantragen, damit dieses unverzüglich über die Rechtmäßigkeit der Freiheitsentziehung entscheiden und seine Entlassung anordnen kann, falls die Freiheitsentziehung nicht rechtmäßig ist.

Die Vorschrift des Art. 5 Abs. 4 EMRK garantiert dem Inhaftierten das Recht auf richterliche Haftprüfung, und zwar in regelmäßigen Abständen. Entscheidend ist also, dass dem Betroffenen die Möglichkeit gegeben wird, die Rechtmäßigkeit seiner Freiheitsentziehung durch ein unabhängiges Gericht, das verbindliche Entscheidungen – auch über die Freilassung des Betroffenen – zu treffen befugt ist, überprüfen zu lassen[463]. In seinem dritten Sonderbericht stellte der Ombudsmann fest, dass es diverse Beschlüsse über die Verlängerungen von Freiheitsentziehungen durch den Sonderbeauftragten gab, ohne dass den Betroffenen die Möglichkeit gegeben wurde, die Rechtmäßigkeit der Haft gerichtlich überprüfen zu lassen[464]. Insofern liegt auch ein Verstoß gegen Art. 5 Abs. 4 EMRK vor.

Erst am 25. August 2001 trat mit UNMIK-Verordnung 2001/18 eine Verordnung in Kraft, mit der eine Kommission ins Leben gerufen wurde, die mit der Überprüfung außergerichtlicher Freiheitsentziehungen aufgrund von Exekutivanweisungen betraut wurde. Die Vereinbarkeit dieser Kommission mit den Rechten der Betroffenen aus Art. 5 EMRK wird im nächsten Abschnitt gesondert geprüft.

5. Verstoß gegen Art. 5 Abs. 5 EMRK, Art. 9 Abs. 5 IPBürgR

Art. 5 Abs. 5 EMRK lautet:

Jede Person, die unter Verletzung dieses Artikels von Festnahme oder Freiheitsentziehung betroffen ist, hat Anspruch auf Schadensersatz.

Art. 9 Abs. 5 IPBürgR lautet:

Jeder, der unrechtmäßig festgehalten oder in Haft gehalten worden ist, hat einen Anspruch auf Entschädigung.

---

463 *Grabenwarter*, § 21, Rn. 34 m.w.N.

464 Z. B. *Afrim Zequiri ./. UNMIK* (vgl. Ombudsperson Institution, 3rd Annual Report (2002-2003) v. 10.07.2003, S. 24); *Avdi Behluli ./. UNMIK* (vgl. Ombudsperson Institution, 2nd Annual Report (2001-2002) v. 10.07.2002, S. 15).

Gemäß Abs. 5 der Art. 5 EMRK, Art. 9 IPBürgR hat jede Person, die unter Verletzung des Abs. 1 der Vorschriften von Festnahme oder Freiheitsentziehung betroffen ist, einen Anspruch auf Schadensersatz. Wie oben dargelegt, verstoßen Freiheitsentziehungen aufgrund von Exekutivanweisungen des Sonderbeauftragten allein schon wegen mangelnder gesetzlicher Grundlage gegen Art. 5 Abs. 1 EMRK und Art. 9 Abs. 1 IPBürgR, so dass auf dieser Grundlage in Haft gehaltene Personen Anspruch auf Schadensersatz zustünde. Eine Regelung, die einen solchen Schadensersatzanspruch vorsehen würde, existiert indes nicht. Somit ist auch Abs. 5 der Art. 5 EMRK, Art. 9 IPBürgR verletzt.

IV. Unvereinbarkeit der UNMIK-Verordnung 2001/18 On the Establishment of a Detention Review Commission for Extra-Judicial Detentions based on Executive Orders mit internationalen Menschenrechtsstandards

Nicht zuletzt in Reaktion auf die Feststellungen der Institution des Ombudsmannes in deren erstem Jahresbericht und dritten Sonderbericht, erließ die UNMIK am 25. August 2001 die Verordnung 2001/18, mit der eine Kommission geschaffen wurde, die für die Überprüfung außergerichtlicher Freiheitsentziehungen aufgrund von Exekutivanweisungen zuständig ist. Die Verordnung regelt unter anderem die Zusammensetzung der Kommission, das Verfahren vor und die Entscheidung der Kommission sowie besondere Verfahrensregeln bei besonders heiklen Beweismitteln.

Die Kommission setzt sich zusammen aus drei internationalen Mitgliedern, von denen mindestens zwei in ihrem Heimatland den Beruf des Richters ausüben müssen. Die Mitglieder der Kommission werden vom Sonderbeauftragten des Generalsekretärs ernannt[465]. Die Kommission ist zuständig für die rechtliche Überprüfung von Freiheitsentziehungen aufgrund von Exekutivbefehlen. Sie wird entweder auf eigene Initiative hin tätig oder bei Anrufung durch einen Betroffenen. Wird eine Haftprüfung durchgeführt, so findet hierzu eine Anhörung statt, an der dem Betroffenen oder seinem Rechtsbeistand sowie anderen an der Untersuchung beteiligten Personen, wie dem ermittelnden Staatsanwalt oder Richter bzw. anderen Ermittlungsbehörden Gelegenheit zur Stellungnahme gegeben wird[466]. In Abschnitt 6 der Verordnung werden die Voraussetzungen für die Rechtmäßigkeit der Untersuchungshaft festgelegt. Danach müssen für die Rechtmäßigkeit der Untersuchungshaft neben dringendem Tatverdacht entweder Flucht-, Verdunklungs- oder Wiederholungsgefahr vorliegen. Kommt die Kommission zu dem Ergebnis, dass die Untersuchungshaft rechtswidrig ist, ist

[465] Abschnitt 2.1 der UNMIK/REG/2001/18 (25.08.2001).
[466] Abschnitt 4 der UNMIK/REG 2001/18 (25.08.2001).

der Betroffene unverzüglich freizulassen. Hält sie sie hingegen für rechtmäßig, wird diese Entscheidung wie eine Entscheidung des obersten Gerichtshofes, der die Haft gem. Art. 197 Abs. 2 der Strafprozessordnung anordnen kann, behandelt. In letzterem Fall bestimmt die Kommission in Übereinstimmung mit Art. 197 Abs. 2 der Strafprozessordnung die Dauer der Untersuchungshaft[467]. Gegen Entscheidungen der Kommission – sowohl über besondere Beweismittel als auch über die Rechtmäßigkeit der Freiheitsentziehung – ist kein Rechtsmittel gegeben[468]. Fraglich ist, ob diese neue Verordnung die oben festgestellten Verstöße gegen Art. 5 EMRK und Art. 9 IPBürgR zu beheben geeignet ist.

1. Anwendbarkeit der Art. 5 EMRK, Art. 9 IPBürgR

Auch die vorliegende Verordnung hat die Freiheitsentziehung von Personen zum Gegenstand, so dass Art. 5 EMRK, Art. 9 IPBürgR anwendbar sind.

2. Verstoß gegen Art. 5 Abs. 1 EMRK, Art. 9 Abs. 1 IPBürgR

Die UNMIK-Verordnung 2001/18 äußert sich nicht zu einer Rechtsgrundlage, die den Sonderbeauftragten zu Festnahmen und Freiheitsentziehungen aufgrund von Exekutivanweisungen ermächtigen würde. Vielmehr regelt die Verordnung nur ein Rechtsmittel, das gegen die bereits erfolgte Verhaftung eingelegt werden kann. Der Verordnung liegt damit offenbar die Annahme zugrunde, dass es für Freiheitsentziehungen aufgrund von Exekutivbefehlen keiner Rechtsgrundlage bedarf. Eine solche Annahme ist nicht mit Art. 5 Abs. 1 EMRK, Art. 9 Abs. 1 IPBürgR vereinbar[469], nach der zwar Freiheitsentziehungen auf Anordnung der Exekutive nicht zwingend rechtswidrig sind, eine Rechtsgrundlage hierfür jedoch keinesfalls entbehrlich ist. Die Verordnung 2001/18 ist insofern nicht geeignet, die Rechtswidrigkeit von Freiheitsentziehungen aufgrund von Exekutivbefehlen des Sonderbeauftragten zu beseitigen.

3. Verstoß gegen Art. 5 Abs. 3, Abs. 4 EMRK, Art. 9 Abs. 3, Abs. 4 IPBürgR durch UNMIK-Verordnung 2001/18 behoben

Sehr fraglich ist, ob mit der Einrichtung der Haftprüfungskommission die Verstöße gegen Art. 5 Abs. 3 und 4 EMRK, Art. 9 Abs. 3 und 4 IPBürgR behoben worden sind. Dies ist unter mehreren Gesichtspunkten problematisch. Abs. 4 der Bestimmungen enthält sowohl eine institutionelle als auch eine verfahrensrecht-

---

[467] Abschnitt 6.3 der UNMIK/REG 2001/18 (25.08.2001).

[468] Abschnitt 7 der UNMIK/REG 2001/18 (25.08.2001).

[469] Vgl. oben, Ausführungen zu Ingewahrsamnahmen aufgrund Exekutivbefehlen des Sonderbeauftragten.

liche Garantie[470] (vgl. oben). Da dies sowohl für die Prüfung der institutionellen als auch der verfahrensrechtlichen Garantie von Bedeutung ist, soll hier zunächst ein kurzer Überblick darüber gegeben werden, welchen Gang das Verfahren regelmäßig nimmt, bevor es zu einer Freiheitsentziehung aufgrund eines Exekutivbefehls kommt[471]: Als erstes erfolgt eine Verhaftung aufgrund der einschlägigen Bestimmungen der geltenden Strafprozessordnung, nach der der Betroffene zunächst für 24-72 Stunden festgehalten werden darf. Der Betroffene wird sodann im Einklang mit der Strafprozessordnung dem zuständigen Richter vorgeführt, der anhand der vorliegenden Tatsachen und gemäß dem geltenden Recht über den Antrag der verhaftenden Behörde auf Untersuchungshaft entscheidet. Wird der Antrag auf Erlass eines Haftbefehls abgelehnt oder später in einem Haftprüfungstermin die Freilassung des Betroffenen angeordnet, kann der Sonderbeauftragte mittels eines Exekutivbefehls anordnen, den Betroffenen weiterhin in Haft zu halten, womit er die Entscheidung des zuständigen Gerichtes aufhebt.

Bezüglich der Einhaltung der *institutionellen Garantie* ist zunächst fraglich, ob die Haftprüfungskommission als ein unabhängiges „Gericht" im Sinne der Menschenrechtskonvention und des Menschenrechtspaktes angesehen werden kann. Zur Unabhängigkeit zählt hierbei insbesondere die Unabhängigkeit von der Exekutive. Das Gericht muss weiter die Befugnis zur umfassenden rechtlichen Prüfung des Falles aufgrund aller Tatsachen haben und bindende Entscheidungen – gerade über die Entlassung einer Person – treffen können, die nicht durch eine außerhalb der Gerichtsbarkeit stehenden Autorität wieder aufgehoben werden können[472]. Ausweislich der Abschnitte 6.2 und 7 der Verordnung 2001/18 sind die Entscheidungen der Haftprüfungskommission zwar endgültig und somit bindend. Bezüglich der Unabhängigkeit der Kommission ist jedoch kritisch zu bemerken, dass die Mitglieder der Kommission vom Sonderbeauftragten ausgesucht und ernannt werden, so dass die Unabhängigkeit allein schon deshalb in Frage steht, weil hier der oberste Exekutivbeamte durch die Entscheidung über die Ernennung der Mitglieder der Kommission eine wichtige Kontrollfunktion in einem rechtlichen Prozess ausübt. Es fällt weiter negativ auf, dass die Kommission einzig zu dem Zweck eingesetzt worden ist, um Entscheidungen zu überprüfen, die – wie oben festgestellt – allein schon wegen fehlender Rechtsgrundlage für die Freiheitsentziehungen mit internationalen Menschenrechtsstandards und zusätzlich weil durch die Exekutivanweisungen des Sonderbeauftragten die Entscheidungen eines nach dem Gesetz zuständigen und kompeten-

---

470 Vgl. 3. Kapitel, III. 3. und 4.

471 Vgl. z. B. Ombudsperson Institution, *Cele Gashi ./. UNMIK*, Registration No. 256/01, 12.09.2001.

472 EGMR, Urt. v. 28.10.1998, *Assenov u.a. ./. Bulgarien*, Reports 1998-VIII, Para. 146, 148.

ten Gerichts aufgehoben werden[473], mit Art. 5 Abs. 1 EMRK, Art. 9 Abs. 1 IPBürgR, unvereinbar sind. Die Begründung für die Aufhebung der Entscheidung dieses Gerichts ist ausschließlich, dass die Exekutive anderer Meinung ist als es in der Entscheidung des Gerichts zum Ausdruck gekommen ist[474]. Die Verordnung 2001/18 über die Einrichtung der Haftprüfungskommission ist damit geeignet, die Unabhängigkeit der Justiz im Bereich von Freiheitsentziehungen aufzuheben. Sie widerspricht insofern nicht nur den einschlägigen Bestimmungen der EMRK und dem IPBürgR, sondern auch den diesen Menschenrechtsverträgen zugrunde liegenden rechtsstaatlichen Prinzipen. Die Kommission ist damit nicht als ein Gericht im Sinne der Art. 5 Abs. 4 EMRK, Art. 9 Abs. 4 IPBürgR anzusehen[475].

Zweitens ist zweifelhaft, ob das *Verfahren*, das nach der Verordnung 2001/18 in Haftsachen stattfinden soll, mit den Anforderungen der Art. 5 Abs. 4 EMRK, Art. 9 Abs. 4 IPBürgR vereinbar ist. Erst nachdem das oben dargestellte Verfahren durchlaufen, also insbesondere der Antrag auf Erlass eines Haftbefehls abgelehnt oder in einem Haftprüfungstermin die Freilassung des Betroffenen angeordnet wurde und daraufhin der Sonderbeauftragte die Freiheitsentziehung angeordnet hat, kann die Haftprüfungskommission auf den Plan treten. Sie kann entweder durch den Betroffenen selbst angerufen werden oder auf eigene Initiative eingreifen. Sie beruft dann eine Anhörung ein, in der alle bereits vor dem zuständigen Gericht vorgebrachten Tatsachen vorgetragen werden können. Der Sonderbeauftragte hat zusätzlich die Möglichkeit, der Kommission weitere Tatsachen vorzulegen, die dem zuständigen Gericht zuvor nicht vorgelegt wurden und die auch dem Betroffenen und seinem Rechtsbeistand im Verfahren vor der Kommission nicht mitgeteilt werden müssen. Die Kommission entscheidet damit über die Freiheitsentziehung im Wesentlichen auf derselben Tatsachengrundlage wie das zunächst zuständige Gericht, kann aber eine andere Entschei-

---

473 In Communication No. R.1/5, *M.H.Valentini de Bazzano et al. v. Uruguay* (Views adopted on 15 August 1977), in UN Doc. A/34/40, Para. 10 auf S. 129 stellte das Human Rights Committee fest, dass es offensichtlich dem Art. 9 Ab S. 1 IPBürgR widerspricht, wenn eine Peson in Haft gehalten wird, obwohl ihre Freilassung gerichtlich angeordnet wurde.

474 Damit liegt gleichzeitig ein Verstoß gegen die Unabhängigkeit der Gerichtsbarkeit vor, wie sie in den 1985 von der Generalversammlung angenommenen „Basic Principles on the Independence of the Judiciary“ (vgl. General Assembly Resolutions 40/32 v. 29.11.1985 und 40/146 v. 13.12.1985) niedergelegt sind. Hier ist niedergelegt, dass die übrigen Staatsgewalten und andere Institutionen die Pflicht haben, die Unabhängigkeit der Justiz zu beachten und zu respektieren. Dies bedeutet vor allem, dass Exekutive und Legislative die Entscheidungen der Gerichtsbarkeit hinzunehmen und zu befolgen haben, und zwar auch dann, wenn sie nicht mit ihnen einverstanden sind, vgl. hierzu auch Human Rights in the Administration of Justice, Chapter 4: Independence and Impartiality of Judges, Prosecutors and Lawyers, S. 121.

475 Vgl. auch: Ombudsperson Institution, Special Report No. 4 (12.09.2001) – Certain Aspects of UNMIK Regulation No. 2001/18 on the Establishment of a Detention Review Commission for extra-judicial Detentions based on Executive Orders.

dung treffen, womit die Tätigkeit der an sich zuständigen Gerichte bedeutungslos wird. Diese Vorgehensweise ist unverständlich, insbesondere, weil es keinen Anhaltspunkt dafür gibt, dass die regulär für Entscheidungen in Haftprüfungssachen zuständigen Distriktgerichte nicht in der Lage wären, eine angemessene Entscheidung über Freiheitsentziehungen zu treffen. Dies gilt umso mehr, als auch in den Distriktgerichten international besetzte Kammern für die Entscheidung von Haftprüfungsbeschwerden zuständig sind[476]. Insofern dürften zumindest Befürchtungen fehlender Unabhängigkeit, die einer weiteren Kontrolle durch die vermeintlich unabhängige, internationale Exekutive bedürfte, nicht gegen die Kompetenz dieser Gerichte ins Feld geführt werden können. Es bleibt daher festzuhalten, dass die Freiheitsentziehungen ohne gerichtlichen Haftbefehl bzw. entgegen einer ausdrücklichen gerichtlichen Anordnung auf Freilassung und die Einrichtung der Haftprüfungskommission nur als die gezielte Umgehung der Zuständigkeiten und einen massiven Eingriff der Exekutive in die Judikative gewertet werden können, die nicht mit den Vorschriften über ein ordentliches Verfahren gem. Art. 5 Abs. 4 EMRK, Art. 9 Abs. 4 IPBürgR in Einklang stehen.

4. Verstoß gegen Art. 5 Abs. 2 und Abs. 4 EMRK, Art. 9 Abs. 2 und Abs. 4 IPBürgR

Schließlich könnte die Verordnung 2001/18 noch in einem anderen Punkt gegen internationale Menschenrechtsstandards verstoßen. Abschnitt 5 der Verordnung 2001/18 hat spezielle Maßnahmen für besondere Beweismittel, Informationen und anderes Material zum Gegenstand. Danach kann die Haftprüfungskommission spezielle Maßnahmen für heikles Beweismaterial, heikle Informationen und anderes Material anordnen, „wenn deren Zurückhaltung vor der in Haft befindlichen Person oder dessen Verteidiger notwendig ist, um die Gefährdung der Sicherheit der Ermittlungen, militärischer Operationen oder Leben und Sicherheit von Geschädigten, Zeugen, Informanten oder deren Familien zu verhindern“[477]. Nur, wo dies den Ermittlungserfolg nicht gefährdet, soll die Haftprüfungskommission dem Betroffenen oder seinem Rechtsbeistand eine Zusammenfassung der oben genannten Beweismittel geben. Wenn selbst diese Zusammenfassung noch die Sicherheit der Ermittlungen oder militärischer Operationen oder Leben und Sicherheit von Geschädigten, Zeugen, Informanten oder deren Familien gefährden würde, werden die Beweise in geschlossener Sitzung von der Kommission geprüft, bei der weder der Betroffene noch sein Verteidiger ein Anwesen-

[476] Vgl. *Cele Gashi ./. UNMIK*, Registration No. 256/01 v. 12. September 2001, Para. 7.

[477] Abschnitt 5.1 der UNMIK/REG/2001/18 (25.08.2001): *„The Commission shall order special measures for sensitive evidence, information and other materials if their disclosure to the detained person or his or her defence counsel would jeopardize the security of investigations or military operations or the life or safety of an injured party, witness, informant or their family members.“*

heitsrecht haben[478]. In einem solchen Fall wird eine Person als Rechtsbeistand dazu berufen, die Interessen des Betroffenen in der nichtöffentlichen Sitzung wahrzunehmen. Er darf mit dem Betroffenen allerdings nur kommunizieren, um Informationen von ihm zu erlangen; über die zurückgehaltenen Beweise darf nicht gesprochen werden[479].

Das Recht, über die Gründe der Festnahme informiert zu werden, ist integraler Bestandteil des gesamten Schutzsystems des Art. 5 EMRK und daher bei allen in Abs.1 lit. a) - f) EMRK vorgesehenen Haftarten und allen Freiheitsentziehungen auf der Grundlage des Art. 9 Abs. 1 IPBürgR zu beachten.

Art. 5 Abs. 2 EMRK lautet:

> *Jeder festgenommenen Person muss unverzüglich in einer ihr verständlichen Sprache mitgeteilt werden, welches die Gründe für ihre Festnahme sind, und welche Beschuldigungen gegen sie erhoben werden.*

Art. 9 Abs. 2 IPBürgR lautet:

> *Jeder Festgenommene ist bei seiner Festnahme über die Gründe der Festnahme zu unterrichten und die gegen ihn erhobenen Beschuldigungen sind ihm unverzüglich mitzuteilen.*

Zweck der Vorschriften ist es, den Festgenommenen in die Lage zu versetzen, die Rechtmäßigkeit der Festnahme zu beurteilen und sich in einem Haftprüfungstermin gem. Art. 5 Abs. 4 EMRK, Art. 9 Abs. 4 IPBürgR besser gegen die gegen ihn erhobenen Vorwürfe verteidigen zu können[480]. Zwar ist keine fortlaufende Information des Häftlings erforderlich. Werden aber Entscheidungen getroffen, durch die die Fortdauer der Haft aus einem anderen als dem ursprünglich angegebenen Haftgrund angeordnet wird, so ist der Häftling entsprechend zu informieren, um seine Verteidigung auf die neue Sachlage einstellen zu können[481]. Da in Fällen der Freiheitsentziehungen der Grundsatz der Waffengleichheit zu wahren ist, verstößt es gegen Art. 5 Abs. 4, wenn in einem Termin in einem Verfahren über einen Antrag auf Haftentlassung zwar der Staatsanwalt, nicht aber der Beschwerdeführer oder sein Verteidiger angehört werden[482]. Eine Verletzung von Art. 5 Abs. 4 EMRK liegt nach der Rechtsprechung des EMGR

---

478 Abschnitt 5.2 der UNMIK/REG/2001/18 (25.08.2001).

479 Abschnitt 5.3 der UNMIK/REG 2001/18 (25.08.2001).

480 EGMR, Urt. v. 30.08.1990, *Fox, Campbell und Hartley ./. Großbritannien*, Serie A 182, Z. 40; *Peukert* in: Frowein/Peukert, Art. 5 Rn. 102; für eine Anwendung auf Art. 9 IPBürgR, *Nowak*, CCPR-Commentary, Art. 9 Rn. 33.

481 *Peukert* in Frowein/Peukert, Art. 5 Rn. 103.

482 EGMR, Urt. v. 12.12.1991, *Toth ./. Österreich*, Serie A 224, Z. 83.

auch dann vor, wenn der Betroffene oder sein Verteidiger keinen ausreichenden Zugang zu den Informationen haben, die Grundlage der Haftentscheidung sein können. Denn dann sind sie regelmäßig nicht in der Lage, die Rechtmäßigkeit der Haft in wirksamer Weise zu prüfen und in Frage zu stellen[483]. Genau diese durch den EGMR als Verstöße gegen den Grundsatz der Waffengleichheit gem. Art. 5 Abs. 4 gewerteten Vorgehensweisen werden aber durch Abschnitt 5 der UNMIK-Verordnung 2001/18 festgeschrieben, da hier in geschlossener Sitzung Beweismittel präsentiert werden können, die weder dem Betroffenen noch seinem Verteidiger zur Kenntnis gebracht werden müssen, die aber gleichwohl Grundlage der Haftentscheidung durch die Haftprüfungskommission sein können. Der Betroffene hat in diesem Verfahren keine Möglichkeit, auf die Entscheidung durch eine auf die Beweismittel abgestimmte Verteidigung Einfluss zu nehmen. Das in der Verordnung 2001/18 vorgesehene Verfahren ist somit unvereinbar mit Art. 5 Abs. 4 EMRK, Art. 9 Abs. 4 IPBürgR.

V. Unvereinbarkeit der UNMIK-Verordnung 1999/2 On the Prevention of Access by Individuals and their Removal to Secure Public Peace and Order mit internationalen Menschenrechtsstandards

Die Verordnung 1999/2 eröffnet den Sicherheitskräften unter gewissen Umständen die Möglichkeit, zur Wahrung der öffentlichen Sicherheit und Ordnung Personen den Zugang zu gewissen Orten zeitweise zu verwehren oder sie hiervon zu entfernen. Dies ist zum einen dann möglich, wenn es den Sicherheitskräften nötig erscheint, um eine Gefährdung/Bedrohung der öffentlichen Sicherheit und Ordnung zu verhindern. Eine solche Gefährdung der öffentlichen Sicherheit und Ordnung liegt dann vor, wenn die Handlung einer Person die Rechtsstaatlichkeit, die Menschenrechte von einzelnen Personen, öffentliches oder privates Eigentum oder die ungehinderte Funktionsfähigkeit öffentlicher Einrichtungen gefährdet. Zugang zu einem Ort kann auch dann verwehrt beziehungsweise Entfernung von einem Ort angeordnet werden, wenn die Sicherheitskräfte dies nach Lage der Dinge für erforderlich halten, um eine Behinderung des Einsatzes von Feuerwehr, erster Hilfe oder Katastrophenhilfe zu ermöglichen[484].

Der zweite Abschnitt der Verordnung befasst sich mit der Möglichkeit der vorübergehenden Festnahme von Personen. Danach dürfen Personen vorübergehend – längstens aber für zwölf Stunden – festgehalten werden, wenn die zuständigen Ordnungsbehörden dies nach Lage der Dinge für nötig halten, um eine in Übereinstimmung mit den Grundsätzen des ersten Abschnitt erlaubte Entfernung ei-

---

[483] EGMR, Urt. v. 30.03.1989, *Lamy ./. Belgien*, Serie A 151, Z. 29; EGMR, Urt. v. 13.02.2001, *Lietzow ./. Deutschland*, Reports of Judgements and Decisions 2001-I, Z.44; *Nowak*, CCPR-Commentary, Art. 9, Rn. 36 m.w.N. in Fn. 96.

[484] Abschnitt 1 der UNMIK/REG/1999/2 (12.08.1999).

ner Person von einem Ort oder die Zutrittsversagung durchzusetzen[485]. Aus Abschnitt 2 in Verbindung mit Abschnitt 1 ergibt sich somit, dass eine Person festgenommen werden kann, um eine Gefährdung der öffentlichen Sicherheit und Ordnung (z.B. Gefährdung des Rechtsstaates) zu verhindern. Diese Bestimmung könnte gegen Art. 5 Abs. 1 EMRK und Art. 9 Abs. 1 IPBürgR verstoßen.

1. Anwendbarkeit der Art. 5 EMRK, Art. 9 IPBürgR

Art. 5 EMRK, Art. 9 IPBürgR garantieren die Freiheit und Sicherheit der Person. Problematisch könnte in den Fällen der Verordnung sein, dass diese ausschließlich Fälle kurzfristiger Freiheitsentziehungen, namentlich solche des Polizeigewahrsams, der auf maximal 12 Stunden beschränkt ist, erfasst. Während die Europäische Kommission für Menschenrechte zwar eine Verbringung auf ein Polizeirevier zwecks Durchführung eines etwa einstündigen Verhörs für zu kurz erachtete, um eine Freiheitsentziehung anzunehmen, ist sie in Fällen kurzfristigen Polizeiarrestes von der Anwendbarkeit des Art. 5 ausgegangen[486]. In General Comment No. 8 zu Art. 9 IPBürgR betont der Menschenrechtsausschuss, dass sich Art. 9 IPBürgR auf jegliche Form von Freiheitsentziehungen bezieht und führt aus, dass auch Festnahmen, die zur Wahrung der öffentlichen Sicherheit vorgenommen werden, an Art. 9 IPBürgR zu messen seien[487]. Bei einem bis zu 12 Stunden andauernden Polizeigewahrsam sind Art. 5 EMRK, Art. 9 IPBürgR demnach anwendbar.

2. Verstoß gegen Art. 5 Abs. 1 EMRK, Art. 9 Abs. 1 IPBürgR

Eine Freiheitsentziehung könnte im Falle der vorliegenden Verordnung nur dann rechtmäßig sein, wenn sie mit Art. 5 Abs. 1 lit. c) EMRK, Art. 9 Abs. 1 IPBürgR vereinbar ist. Dies kann dann der Fall sein, *„wenn begründeter Anlass zu der Annahme besteht, dass es notwendig ist, den Betroffenen an der Begehung einer strafbaren Handlung zu hindern“*[488]. Eine Präventivhaft kann demnach zu-

---

[485] Abschnitt 2 der UNMIK/REG/1999/2 (12.08.1999).

[486] *Peukert* in: Frowein/Peukert, Art. 5 Rn.17f. m.w.N., z.B. 7 Stunden in EGMR, Urt. v. 23.09.1998, *Steel u.a. ./. Großbritannien*, Reports 1998-VII, Z. 62-65.

[487] Human Rights Committee, General Comment No. 8: Right to liberty and security of persons (Art. 9), Para.1 und 4; in den Concluding observations des HRC über Mauritius v. 27.04.2005 (CCPR/CO/83/MUS) werden 36 Stunden dauernde Freiheitsentziehungen an Art. 9 gemessen, wobei diese Dauer nicht als Untergrenze genannt wird.

[488] So ausdrücklich in Art. 5 Ab S. 1 lit. c) EMRK, jedoch auch im Sinne des IPBürgR als Grund für Freiheitsentziehungen anerkannt, vgl. Human Rights in the Administration of Justice, Chapter 5: Human Rights and Arrest, Pre-Trial and Administrative Detention, S. 180 m.w.N.

lässig sein, insbesondere wenn die betreffende Person eine ernste und nicht anders abwendbare Gefahr für die Gesellschaft darstellt[489].

Jedoch erregen gerade Fälle, in denen es um präventive Verhaftungen zum Schutz der öffentlichen Sicherheit oder öffentlichen Ordnung geht, aus rechtsstaatlicher Sicht häufig Bedenken. Denn hier besteht die Schwierigkeit, präzise diese unbestimmten Rechtsbegriffe zu definieren. Bezüglich Art. 9 IPBürgR hat der Menschenrechtsausschuss in General Comment Nr. 8 ausgeführt, dass in Fällen von Präventivhaft zum Schutze der öffentlichen Sicherheit jedenfalls dieselben Bestimmungen zu deren Kontrolle anwendbar seien, wie in allen übrigen Fällen[490]. Das heißt, dass auch solche Festnahmen nicht willkürlich erfolgen dürfen, eine gesetzliche Grundlage haben und in Übereinstimmung mit dem vorgesehenen Verfahren durchgeführt werden müssen. Die Rechtsprechung des EGMR stellt in diesem Zusammenhang fest, dass Präventivhaft nur zulässig ist, wenn konkrete Gründe vorliegen, die auf die Begehung einer bestimmten künftigen strafbaren Handlung schließen lassen[491]. Für die EMRK folgt dies bereits aus dem Wortlaut des Art. 5 Abs. 1 lit. c), für den Menschenrechtspakt aus dem Willkürverbot und dem Rechtsstaatsprinzip. Unzulässig ist dagegen die generalpräventive Festnahme von Personen oder Personengruppen aufgrund eines allgemeinen Verdachts[492] oder unter Berufung auf die nationale Sicherheit oder die öffentliche Ordnung[493]. Selbst im Bereich der Terrorismusbekämpfung bei Anerkennung der Notwendigkeit schnellen Handelns müssen so viele Informationen und Beweise vorliegen, dass anhand der konkreten Umstände nachgeprüft werden kann, ob die Annahme eines hinreichenden Verdachtes vernünftigerweise gerechtfertigt war, da anderenfalls die Schutzfunktion des Art. 5 zunichte gemacht würde[494]. Gerade wenn als Grund für die Festnahme solch relativ vage Begriffe wie die öffentliche Sicherheit und Ordnung ins Feld geführt werden,

---

489 Vgl. Human Rights Committee, Communication No. 66/1980, *D.A. Cámpora Schweizer v. Uruguay* (12.10.1982), CCPR/C/17/D/66/1980, Para. 18.1.

490 Human Rights Committee, General Comment No. 8: Right to liberty and security of persons (Art. 9 CCPR), Para. 4: *„(...) if so-called preventive detention is used, for reasons of public security, it must be controlled by the same provisions, i.e. it must not be arbitrary, and must be based on grounds and procedures established by law (para. 1), information of the reasons mus be given (para.2) and court control of the detention must be available (para. 4) as well as compensation in the case of a breach (para. 5). (...)".*

491 EGMR, Urt. v. 06.11.1980, *Guzzardi ./. Italien*, Serie A 39, Z. 102f; EGMR, Urt. v. 22.02.1989, *Ciulla ./. Italien*, Serie A 148, Z. 40.

492 EGMR, Urt. v. 30.08.1990, *Fox, Campbell und Hartley ./. Großbritannien,* Serie A 182, Z. 32; *Peukert* in: Frowein/Peukert, Artikel 5, Rn. 81; *Grabenwarter*, § 21 Rn. 20; vgl. auch *Stahn*, ZaöRV 61 (2001), S. 158 m.w.N.

493 EGMR, Urt. v. 31.07.2000, *Jecius ./. Lithauen*, Reports of Judgements and Decisions 2000-IX, Z. 47ff., 56; EGMR, Urt. v. 22.02.1989, *Ciulla ./. Italien*, Serie A 148, Z. 38-41; EGMR, Urt. v. 01.07.1961, *Lawless ./. Großbritannien*, Serie A 3, Z. 14.

494 EGMR, Urt. v. 30.08.1990, *Fox, Campbell und Hartley./.Großbritannien*, Serie A 182, Z. 29-36; EGMR, Urt. v. 28.10.1994, *Murray./. Großbritannien*, A 300-A, Z. 50f; *Peukert* in: Frowein/Peukert, Art. 5, Rn. 76.

kann diese Voraussetzung nicht durch das Vorliegen eines allgemeinen Verdachts erfüllt sein.

Durch die vorliegende Verordnung wird eine präventive Verhaftung einer Person möglich, um eine Gefährdung der öffentlichen Sicherheit und Ordnung zu verhindern. Aus der Verordnung geht hingegen nicht hervor, dass konkrete Gründe, die die Begehung der Straftat wahrscheinlich machen, vorliegen müssten. Für die Entfernung einer Person von einem Ort oder einem Gebiet reicht es vielmehr aus, dass diese Maßnahme „nach der Sicht der jeweiligen Sicherheitskraft und nach Lage der Dinge erforderlich erscheint, um eine Gefahr für die öffentliche Sicherheit und Ordnung zu verhindern"[495]. Somit stellen Festnahmen auf Grundlage der Verordnung, die sich nur auf den Verdacht einer Gefährdung für die öffentliche Sicherheit und Ordnung gründen, einen Verstoß gegen Art. 5 Abs. 1 lit. c) EMRK, Art. 9 Abs. 1 IPBürgR dar.

Dadurch, dass gegen eine auf oben genannter Grundlage erfolgte Freiheitsentziehung kein Rechtsbehelf bei den ordentlichen Gerichten zulässig ist, liegt überdies auch ein Verstoß gegen Art. 5 Abs. 4 EMRK und Art. 9 Abs. 4 IPBürgR vor.

Auf den ersten Blick schien allerdings mit Verkündung der Verordnung 2000/62 vom 30. November 2000 *On the exclusion of persons for a limited duration to secure public peace, safety and order* eine Verbesserung eingetreten zu sein. Die Verordnung ermächtigt die Sicherheitskräfte, sei es KFOR oder die internationalen Polizeieinheiten (UNMIK-Police), Verfügungen gegen bestimmte Personen auszusprechen, die diesen Personen verbieten, ein bestimmtes Gebiet zu betreten oder sich dort aufzuhalten. Während die Missachtung eines „Platzverweises" gemäß der Verordnung 1999/2 die zwangsweise Durchsetzung durch Festnahme vorsieht, ist die Missachtung einer Ausschlussanordnung gemäß Verordnung 2000/62 mit Freiheitsstrafe von bis zu 2 Monaten bedroht.

Die Verordnung regelt nicht nur die Möglichkeit der *gerichtlichen Prüfung* der Rechtmäßigkeit dieser Ausschlussverfügungen durch einen internationalen Richter eines Distriktgerichtes, sondern bestimmt auch die *Voraussetzungen*, unter denen ein solches Zugangsverbot für ein bestimmtes Gebiet für einen Zeitraum von bis zu 30 Tagen erteilt werden darf. Abschnitt 2 bestimmt nunmehr insbesondere, dass dieses Verbot nur erlassen werden darf, „wenn Gründe vorliegen, die den Verdacht rechtfertigen, dass die betreffende Person, der der Zugang zu einem bestimmten Gebiet untersagt werden soll, entweder in die Begehung, die Vorbereitung, oder die Anstiftung zu einer Gewalttat verwickelt ist,

[495] Abschnitt 1.1 der UNMIK/REG/1999/2 (12.08.1999) lautet: „*The relevant law enforcement authorities may temporarily remove a person from a location, or prevent access by a person to a location,* ***if this is necessary in the opinion of the law enforcement authorities and in the light of the prevailing circumstances*** *on the scene, to prevent a threat to public peace and order. (...)*"

die sich gegen die öffentliche Sicherheit in oder außerhalb des Kosovo richten"[496]. In Bezug auf den Grad des Verdachtes gehen diese Voraussetzungen damit weit über die sehr allgemeinen Voraussetzungen der Verordnung 1999/2 hinaus[497].

Etwas unklar ist hingegen das Verhältnis zu Verordnung 1999/2. Man könnte annehmen, dass die neue Verordnung die alte ersetzt und mit der genaueren Umschreibung der Voraussetzungen für die Zugangssperre und der Möglichkeit der richterlichen Nachprüfbarkeit der Anordnung die Verstöße gegen Art. 5 Abs. 1 lit. c) und Abs. 4 EMRK, Art. 9 Abs. 1 und 4 IPBürgR behebt. Bei näherer Betrachtung wird jedoch deutlich, dass eine Umorientierung hin zu einer grundsätzlichen Überprüfung, ob ein wie oben näher beschriebener Verdacht gegen eine Person vorliegt, nicht bezweckt war. Denn der letzte Absatz der Verordnung 2000/62 stellt klar, dass die Möglichkeit, einen vorübergehenden Platzverweis unter den wesentlich geringeren Voraussetzungen der Verordnung 1999/2 zu erlassen, bestehen bleibt. Die strengeren Voraussetzungen und die gerichtliche Überprüfbarkeit erstrecken sich lediglich auf solche Verbote, die die Dauer eines vorübergehenden Platzverweises im Sinne der Verordnung 1999/2 überschreiten. Die Behandlung von Platzverweisen von einem Tag (und damit verbunden die mögliche zwangsweise Durchsetzung eines solchen Platzverweises durch Ingewahrsamnahme von bis zu 12 Stunden) erschließt sich nicht eindeutig aus den beiden Verordnungen. Eine gerichtliche Nachprüfung scheint insoweit nur möglich, wenn die entsprechenden Sicherheitskräfte das entsprechende Verbot, einen bestimmten Ort für diese kurze Dauer zu betreten, als eine Maßnahme im Sinne der Verordnung 2000/62 *bezeichnen*. Ist der Betroffene dagegen Adressat einer Maßnahme, die durch die Sicherheitskräfte als zeitlich begrenzter Platzverweis verhängt wurde, bleibt ihm eine gerichtliche Nachprüfbarkeit verwehrt.

VI. Unvereinbarkeit der UNMIK-Verordnung 1999/26 On the Extension of Periods of Pre-trial Detention mit internationalen Menschenrechtsstandards

Verordnung 1999/26 erlaubt eine Verlängerung der Dauer der Untersuchungshaft um ein halbes Jahr über der Dauer, die nach geltendem Strafprozessrecht als Zeitraum für die Untersuchungshaft vorgesehen ist. Dies waren im Zeitpunkt der Verordnung gem. Art. 191 Abs. 2 der Strafprozessordnung der Bundesrepublik

---

496 Zum Vergleich: Abschnitt 2.1 der UNMIK/REG/2000/62 (30.11.2000) lautet: „*The relevant law enforcement authorities may issue an exclusion order requiring a person to leave and /or stay away from any area under their authority* ***if there are grounds to suspect that such a person is or has been involved in the commission, preparation or instigation of acts of violence which may affect public peace and order*** *within or beyond the territory of Kosovo.*"

497 Vgl. Abschnitt 1.1 der UNMIK/REG/1999/2 (25.08.1999), vgl. Fn. 495.

Jugoslawien sechs Monate, wenn Tatverdacht für ein Delikt bestand, das mit mindestens fünf Jahren Freiheitsstrafe bedroht war. Die Verordnung ermächtigt eine Kammer des Obersten Gerichtshofes, die Untersuchungshaft um zwei zusätzliche Perioden zu je drei Monaten zu verlängern, wenn folgende Voraussetzungen vorliegen: die mutmaßlich begangene Tat mit einer Freiheitsstrafe von mindestens fünf Jahren bedroht ist und die ordnungsgemäße Rechtspflege eine Verlängerung der Untersuchungshaft verlangt[498]. Die Verordnung enthält keine Angaben darüber, welche Möglichkeiten die durch die Untersuchungshaft Betroffenen haben, die Rechtmäßigkeit der angeordneten Untersuchungshaft überprüfen zu lassen. Darin könnte ein Verstoß gegen Art. 5 Abs. 3 und 4 EMRK und Art. 9 Abs. 3 und 4 IPBürgR liegen.

1. Anwendbarkeit der Art. 5 EMRK, Art. 9 IPBürgR

Da es auch bei der vorliegenden Verordnung um Freiheitsentziehungen geht, sind Art. 5 EMRK, Art. 9 IPBürgR anwendbar.

2. Verstoß gegen Art. 5 Abs. 3 und 4 EMRK, Art. 9 Abs. 3 und 4 IPBürgR

Gemäß Art. 5 Abs. 3 und 4 EMRK, Art. 9 Abs. 3 und 4 IPBürgR hat jeder Betroffene das Recht, unverzüglich einem Richter vorgeführt zu werden, der die Rechtmäßigkeit der Freiheitsentziehung überprüft. Die Verpflichtung, dem Betroffenen die Möglichkeit der Haftprüfung zu gewähren, besteht während der gesamten Haftdauer fort. Um dieses Recht zu gewährleisten, muss ein System bestehen, dass entweder regelmäßige Haftprüfungstermine von Amts wegen oder die Möglichkeit des Betroffenen vorsieht, auf eigene Initiative in regelmäßigen Abständen Haftprüfung zu beantragen[499]. Die Haftprüfung muss vor einem Gericht erfolgen und – um den Grundsatz der Waffengleichheit zu wahren – kontradiktorisch im Verfahren sein[500]. Daher müssen unter anderem folgende Voraussetzungen erfüllt sein: Zunächst müssen dem Betroffenen die Möglichkeiten an die Hand gegeben werden, das Verfahren einer Haftprüfung einzuleiten. In diesem Verfahren hat eine Anhörung vor einem unabhängigen Gericht stattzufinden, in der dem Betroffenen oder seinem Rechtsanwalt Gelegenheit zur

---

498 Abschnitte 1.1 und 1.2 der UNMIK/REG/1999/26 (22.12.1999).

499 EGMR, Urt. v. 28.10.1998, *Assenov u.a. ./. Bulgarien*, Reports 1998-VIII, Z. 162; EGMR, Urt. v. 25.10.1989, *Bezicheri ./. Italien*, Serie A-164, Z. 20ff.

500 OSZE, Department of Human Rights and Rule of Law, Report 6 (29.04.2000) – Extension of Custody Limits and the Right of Detainees: The Unlawfulness of Regulation 1999/26 m.w.N., abrufbar unter: http://www.osce.org/kosovo/documents/mik/2000/04/959_en.pdf, Datum des letzten Aufrufs: 02.10.2005.

Äußerung gegeben wird[501]. Pflicht ist des Weiteren die Offenlegung aller entlastenden und belastenden Beweismittel durch den ermittelnden Richter oder Staatsanwalt[502], um eine effektive Verteidigung des Betroffenen durchführen zu können.

Die Verordnung 1999/26 steht zu diesen Grundsätzen in Widerspruch. Weder sind für die Zeit der jeweils dreimonatigen Haftperioden regelmäßige, von Amts wegen angesetzte Haftprüfungen vorgesehen noch wird dem Betroffenen die Möglichkeit eröffnet, auf eigene Initiative eine Haftprüfung herbeizuführen, so dass erst nach Ablauf der langen Periode von drei Monaten bei einem Antrag auf weitere Verlängerung der Untersuchungshaft neu über deren Rechtmäßigkeit entschieden wird. Die OSZE empfiehlt daher in ihrem sechsten Bericht unter Verweis auf die Rechtsprechung des EGMR und die *„UN Body of Principles"* eine von Amts wegen durchzuführende Haftprüfung im Abstand von jeweils einem Monat.[503] Es besteht des Weiteren auch keine Garantie für die Durchführung eines kontradiktorischen Verfahrens; die Verordnung sieht diesbezüglich vor, dass die Entscheidung über die Verlängerung der Untersuchungshaft lediglich auf der Grundlage der Ausführungen des Untersuchungsrichters oder des Staatsanwaltes getroffen wird[504]. Die Verordnung verstößt insofern unter den genannten Gesichtspunkten gegen die Garantien des Art. 5 Abs. 3 und 4 EMRK, Art. 9 Abs. 3 und 4 IPBürgR[505].

VII. Unvereinbarkeit der Tätigkeiten des Housing and Property Directorate und der Housing and Property Claims Commission mit international anerkannten Menschenrechtsstandards

Eines der größten Probleme, mit denen die internationale Zivilverwaltung insbesondere zu Beginn ihrer Tätigkeit konfrontiert war, waren die zahlreichen ungelösten Eigentumsfragen im Kosovo. Viele Immobilien wurden von mehreren Parteien beansprucht. Während seit 1989 diskriminierende Gesetze aus Belgrad

---

501 EGMR, Urt. v. 21.02.1996, *Hussain ./. Großbritannien*, Reports 1996-I, S. 271, Paras. 59-60.

502 EGMR, Urt. v. 30.03.1989, *Lamy ./. Belgien*, Z. 29; OSCE Report No. 6 v. 29.04.2000, S. 3.

503 OSZE, Department of Human Rights and Rule of Law, Report 6 (29.04.2000) – Extension of Custody Limits and the Right of Detainees: The Unlawfulness of Regulation 1999/26, S. 4 (vgl. Fn. 501); EGMR, Urt. v. 25.10.1989, *Bezicheri ./. Italien*, Serie A-164, Z. 20; Body of Principles for the Protection of all Persons under any form of Detention or Imprisonment, adopted by General Assembly Resolution 43/173 (09.12.1988), Principle 32.

504 Abschnitt 1.3 der UNMIK/REG/1999/2 (12.08.1999): *„A decision on extending pretrial custody under Section 1.1 of the present regulation shall be made on the recommendation, with supporting reasons, of the investigating judge or the public prosecutor."*

505 Vgl. auch *Stahn*, Max Planck UNYB 5 (2001), S. 105, 165.

dazu geführt hatten, dass Kosovo-Albaner ihren Anspruch auf Wohnrecht im Sozialen Wohnungsbau verloren, wurden während des Krieges und auch noch nach Eintreffen von UNMIK und KFOR viele Wohnungen zerstört oder verlassen. In vielen Fällen wurden diese Wohnungen dann illegal von anderen Personen besetzt. Um diese Probleme zu lösen, wurden durch UNMIK-Verordnungen 1999/23 und 2000/60 die Institutionen des *Housing and Property Directorate* (HPD) und der *Housing and Property Claims Commission* (HPCC) ins Leben gerufen.

Das Housing and Property Directorate ist eine Verwaltungsbehörde mit der Aufgabe, eine Aufstellung über Wohnraum anzufertigen und die Nutzung dieser Immobilien zu überwachen[506]. Daneben ist es für die Entgegennahme und Registrierung von Ansprüchen natürlicher Personen zuständig, die daraus erwachsen sind, dass ihnen ihr Nutzungs- oder Eigentumsrecht aufgrund diskriminierender Gesetze nach dem 23. März 1989 entzogen wurde[507], dass sie freiwillig infolge informeller Übertragungen nach dem 23. März 1989 Eigentum verloren haben[508] oder dass sie vor dem 24. März 1999 Eigentümer oder Nutzungsberechtigte waren, unfreiwillig ihr Eigentum übertragen haben und infolgedessen im Zeitpunkt der Antragstellung keinen Besitz mehr an den entsprechenden Immobilien ausübten[509]. Das Housing and Property Directorate hat bei Streitigkeiten über die Nutzungsrechte entsprechender Immobilien die Aufgabe, zwischen den streitenden Parteien zu vermitteln oder, wenn keine einvernehmliche Lösung gefunden werden kann, die Streitigkeit zur Entscheidung an die Housing and Property Claims Commission zu verweisen.

Die HPCC ist ein unabhängiges Organ innerhalb des HPD, das in ausdrücklicher Ausnahme zu den Zuständigkeiten der ordentlichen Gerichtsbarkeit[510] exklusiv für die Entscheidung über Streitigkeiten in Eigentumsfragen zuständig ist, die ihr durch das HPD überwiesen werden[511]. Sie setzt sich zusammen aus Kammern bestehend aus jeweils einem lokalen und zwei internationalen Mitgliedern, die auf dem Gebiet des Immobiliarsachen- und Mietrechts ausgebildet und zur Ausübung eines juristischen Amtes befähigt sein müssen. Die Mitglieder der Kammern werden vom Sonderbeauftragten des Generalsekretärs ernannt[512]. Die Verordnung 1999/23 bestimmt, dass die für die HPCC geltenden Verfahrens- und Beweisregeln in einer weiteren vom Sonderbeauftragten zu erlassenden Verordnung geregelt werden sollen. Diese sollen ein gerechtes und unabhängiges Ver-

---

506 Abschnitt 1.1 (a) der UNMIK/REG/1999/23 (15.11.1999).

507 Abschnitt 1.2 (a) der UNMIK/REG/1999/23 (15.11.1999).

508 Abschnitt 1.2 (b) der UNMIK/REG/1999/23 (15.11.1999).

509 Abschnitt 1.2 (c) der UNMIK/REG/1999/23 (15.11.1999).

510 Abschnitt 2.5 der UNMIK/REG/1999/23 (15.11.1999): „*As an exception to the jurisdiction of local courts, the Commission shall have exclusive jurisdiction to settle the categories of claims listed in section 1.2 of the present regulation.*"

511 Abschnitt 2.1 der UNMIK/REG/1999/23 (15.11.1999).

512 Abschnitt 2.2 der UNMIK/REG/1999/23 (15.11.1999).

fahren garantieren, welches in Übereinstimmung mit internationalen Menschenrechtsstandards steht. Insbesondere sollen hier auch Bestimmungen über die Überprüfung von Entscheidungen durch die Kommission selbst enthalten sein[513]. Die daraufhin getroffenen endgültigen Entscheidungen der Kommission sind rechtsverbindlich und vollziehbar; sie unterliegen keiner weiteren Kontrolle mehr durch Verwaltung oder Gerichtsbarkeit. Zusammenfassend bestimmt die Verordnung 1999/23 somit die Ausklammerung sämtlicher Streitigkeiten über Nutzungs- und Eigentumsrechte an Immobilien aus der Zuständigkeit der nationalen ordentlichen Gerichtsbarkeit im Kosovo. Gleichzeitig wird deren exklusive Zuweisung an HPD und HPCC bestimmt und die Ausstattung dieser beiden Institutionen mit quasi-juristischen Befugnissen angeordnet.

Hier ist unter mehreren Gesichtspunkten fraglich, ob diese Schaffung quasi-juristischer Organe, die außerhalb des juristischen Systems arbeiten, mit international anerkannten Menschenrechtsstandards vereinbar ist. Zu prüfen ist unter anderem, ob durch die Möglichkeit, Eigentumsansprüche durch eine Kommission wie die HPCC überprüfen zu lassen, die Organisationsgarantie der Art. 6 EMRK, 14 IPBürgR auf Zugang zu einem *Gericht* verletzt. Da die Mitglieder der Kommission vom Sonderbeauftragten des Generalsekretärs ernannt werden und des Amtes enthoben werden können und im Bereich der Bearbeitung von Eigentumsansprüchen mit Rechtsprechungsaufgaben betraut sind, könnte das aus dem Rechtsstaatsprinzip abgeleitete Prinzip der *Unabhängigkeit* der Gerichtsbarkeit (Art. 6 EMRK, Art. 14 IPBürgR) verletzt sein. Schließlich könnte durch die Art der Durchführung des Verfahrens der *Mündlichkeitsgrundsatz* verletzt sein.

1. Anwendungsbereich des Art. 6 Abs. 1 EMRK, Art. 14 Abs. 1 IPBürgR

In den Verfahren vor der HPCC geht es um die Klärung von Eigentumsfragen und Nutzungsansprüchen und somit um die Entscheidung von Streitigkeiten im Sinne der Art. 6 Abs. 1 EMRK, Art. 14 Abs. 1 IPBürgR[514]. Art. 6 Abs. 1 EMRK, Art. 14 Abs. 1 IPBürgR enthalten als Ausprägung des rechtsstaatlichen Grundsatzes der Gewaltenteilung eine Organisationsgarantie, nämlich die Garantie auf Zugang zu einem von der Exekutive unabhängigen und unparteiischen Gericht. Da durch die Ausgliederung der Streitigkeiten über Eigentumsfragen aus der

---

[513] Abschnitt 2.6 der UNMIK/REG/1999/23 (15.11.1999): *„The SRSG shall establish by regulation the Rules of Procedure and Evidence of the Commission, upon the recommendation of the Commission. Such rules shall guarantee fair and impartial proceedings in accordance with international recognized human rights standard S. In particular, such rules shall include provisions on reconsideration of decisions of the Commission."*

[514] Vgl. *Peukert* in: Frowein/Peukert, Art. 6 Rn. 17ff. mit Rechtsprechungsnachweisen, vgl. auch schon 3. Kapitel, I. 2.

Zuständigkeit der ordentlichen Gerichtsbarkeit gerade diese Garantien betroffen sind, sind Art. 6 Abs. 1 EMRK, Art. 14 Abs. 1 IPBürgR hier anwendbar.

2. Verstoß gegen Art. 6 Abs. 1 EMRK, Art. 14 Abs. 1 IPBürgR

Gegen die Art der Einrichtung von mit rechtsprechender Gewalt ausgestatteten quasi-gerichtlichen Organen, wie sie die Housing and Property Claims Commission darstellt, wird zunächst das Argument vorgebracht, mit der Schaffung einer solchen Einrichtungen verwehre man den Bürgern den Zugang zu einem unabhängigen Gericht[515]. Dies verstieße gegen international anerkannte Menschenrechtsstandards, da alle Verfahren im Anwendungsbereich der Art. 6 EMRK, Art. 14 IPBürgR von einem unabhängigen, unparteiischen und auf Gesetz beruhenden Gericht zu entscheiden sind. Es ist also zu klären, ob es sich bei der HPCC um ein „Gericht" handelt und ob dieses gegebenenfalls die nach völkerrechtlichen Maßstäben erforderliche Unabhängigkeit besitzt.

Bedenken an der Qualifikation des HPCC als Gericht bestehen deshalb, weil nach dem bis 1989 gültigen Recht die Municipal Courts für die Entscheidungen in Eigentumssachen zuständig waren. Durch die Verordnung 1999/23 wurde ihnen diese Zuständigkeit entzogen und auf HPD und HPCC übertragen und damit die ordentliche Gerichtsbarkeit für unzuständig erklärt. Das HPCC ist kein neuer Zweig der ordentlichen Gerichtsbarkeit, sondern eine hiervon unabhängige Kommission. Unabhängig von ihrer Bezeichnung zählen als Gerichte im Sinne der Art. 6 EMRK, Art. 14 IPbürgR nicht nur die ordentlichen Gerichte, sondern alle justizförmigen, unabhängigen und unparteiischen Spruchkörper, die aufgrund eines geregelten und mit entsprechenden Garantien ausgestatteten Verfahrens nach Recht und Gerechtigkeit verbindlich über zivilrechtliche Ansprüche und Verpflichtungen entscheiden können[516]. Bei den der Kommission zur verbindlichen Entscheidung übertragenen Streitigkeiten in Eigentumssachen[517] handelt es sich um Streitigkeiten über zivilrechtliche Ansprüche im Sinne der EMRK. Die HPCC entscheidet verbindlich über diese Ansprüche im Anschluss an ein durch die ausgestaltenden Regeln der Verordnung 2000/60 festgelegtes Verfahren, so dass die Housing and Property Claims Commission insoweit die Voraussetzungen eines Gerichtes im Sinne der EMRK erfüllt.

Das Gericht im Sinne der Art. 6 EMRK, Art. 14 IPBürgR muss eine gesetzliche Grundlage haben, das heißt, dass insbesondere die Zusammensetzung des Gerichts, seine Organisation und seine Zuständigkeit durch Gesetz geregelt sein

---

[515] *Stahn*, ZaöRV 61 (2001), S. 107, 155.

[516] EGMR, Urt. v. 29.04.1988, *Belilos ./. Schweiz*, Serie A 132, Z. 64; EGMR, Urt. v. 22.10.1984, *Sramek ./. Österreich*, Serie A 84, Z. 36; EGMR, Urt. v. 28.06.1984, *Campbell und Fell ./. Großbritannien*, Serie A 80, Z. 76; EGMR, Urt. v. 16.07.1971, *Ringeisen ./. Österreich*, Serie A 13, Z. 95.

[517] Vgl. oben, Abschnitt 2.5 i.V.m. 1.2 der UNMIK/REG/1999/23 (15.11.1999).

müssen. Gesetz im Sinne der Art. 6 EMRK, Art. 14 IPBürgR ist eine abstrakt-generelle Vorschrift, die mit erhöhter Bestandskraft ausgestattet und als solche geeignet ist, Willkür auszuschließen. Eine gesetzliche Grundlage liegt dann nicht mehr vor, wenn nicht wenigstens die Gerichtsverfassung auf einem Parlamentsgesetz beruht[518]. Zusammensetzung[519], Organisation und Zuständigkeit[520] der HPCC werden bereits durch Verordnung 1999/23 (15.11.1999) bestimmt, während wesentliche Verfahrensfragen erst durch Verordnung 2000/60 (31.10.2000) geregelt werden. Bei beiden Regelungen handelt es sich naturgemäß nicht um Parlamentsgesetze, da weder im Zeitpunkt des Erlasses der ersten Verordnung, noch knapp ein Jahr später ein Parlament im Kosovo existierte. Im Jahr 2000 existierte zwar bereits der Kosovo-Übergangsrat (KTC). Dieser hatte jedoch nur beratende und noch keine gesetzgebende Funktion[521]. Jedoch wurden beide Verordnungen durch die UNMIK als oberstes Legislativorgan im Kosovo erlassen, so dass die Voraussetzungen an ein Gesetz unter Berücksichtigung der speziellen Umstände erfüllt sind.

Das Gericht muss von der Exekutive, der Legislative und den Parteien unabhängig sein[522]. Nach der Rechtsprechung des EGMR und der Menschenrechtskommission hängt die Unabhängigkeit eines Gerichtes hauptsächlich von der Art und Weise der Ernennung und Dauer der Amtszeit der Mitglieder, Vorhandensein von Garantien gegen äußere Beeinflussungen und – nach der Rechtsprechung des EGMR – schließlich davon ab, ob das Gericht nach außen hin als unabhängig anzusehen ist[523]. Fraglich und häufig bestritten ist die Unabhängigkeit der HPCC von der Exekutive. Kritisiert wird zum einen, dass die Mitglieder der HPCC, die bei schlechter Amtsführung durch den Sonderbeauftragten abberufen werden können[524], bei weitem nicht die Unabhängigkeit besäßen, wie es die Unabhängigkeit der Gerichtsbarkeit von der Exekutive gemäß Art. 6 Abs. 1 EMRK, Art. 14 Abs. 1 IPBürgR erfordere und wie es der Stellung der Richter der ordentlichen Gerichtsbarkeit im Kosovo entspräche[525]. Es ist allerdings zweifelhaft, ob die Unabhängigkeit der Mitglieder der Kommission der Unabhängigkeit der Richter so weit nachsteht, da gemäß der Verordnung 1999/7 der Son-

---

518 *Grabenwarter*, § 24, Rn. 31; Human Rights Committee, General Comment No. 13: Equality before the Courts and the Right to a fair and public Hearing by an independent Court established by Law (Art. 14 CCPR), vgl. 3. Kapitel, I. 2. c).

519 Abschnitt 2.1 der UNMIK/REG/1999/23 (15.11.1999).

520 Abschnitt 2.2 der UNMIK/REG/1999/23 (15.11.1999).

521 Vgl. 1. Kapitel, III. 4. c) (2) bb).

522 *Peukert* in: Frowein/Peukert, Art. 6, Rn. 124 m.w.N.; Human Rights Committee, General Comment No. 13: Equality before the Courts and the Right to a fair and public Hearing by an independent Court established by Law (Art. 14 CCPR), Para. 3, *Nowak*, CCPR-Commentary, Art. 14 Rn. 16; vgl. 3. Kapitel, I. 1. b) (3).

523 EGMR, Urt. v. 26.02.2002, *Morris ./. Großbritannien*, Reports of Judgements and Decisions 2002-I, Z. 58; *Grabenwarter*, § 24 Rn. 32 m.w.N.; vgl. 3. Kapitel, I. 2. c), Fn. 433.

524 Vgl. Abschnitt 17 der UNMIK/REG/2000/60 (31.10.2000).

525 *Stahn*, ZaöRV 61 (2001), S. 107, 155.

derbeauftragte ebenfalls zur Entlassung von Richtern und Staatsanwälten befugt ist, sollten diese aus bestimmten Gründen ihr Amt nicht einwandfrei ausüben[526]. Noch unter den Bestimmungen des Constitutional Framework wird in Abschnitt 4 festgelegt, dass in Ausnahmefällen dem Sonderbeauftragten die Möglichkeit verbleibt, sogar aus eigener Initiative die Absetzung von Richtern zu veranlassen. Im Übrigen bestehen nur graduelle Unterschiede zwischen der Möglichkeit der Absetzbarkeit von Richtern einerseits und Mitgliedern der HPCC andererseits. Während die Verordnung 1999/7 festlegt, dass der Sonderbeauftragte eine Absetzung eines Richters nur auf der Grundlage einer dahingehenden Empfehlung durch die – von ihm ernannten – Mitglieder der Advisory Judicial Commission und nur im Falle des Vorliegens genau festgelegter Verstöße gegen die ordnungsgemäße Amtsführung anordnen darf[527], darf die Absetzung eines Mitgliedes der Kommission auf Empfehlung einer Mehrheit der übrigen – ebenfalls vom Sonderbeauftragten ernannten – Kommissionsmitglieder erfolgen, wobei hier die Vorgaben bezüglich der Art des Verstoßes in der Verordnung etwas enger beschrieben sind und als Voraussetzung für die Absetzbarkeit nur die mangelnde Kompetenz zur Amtsausübung und die Weigerung, die Amtspflichten zu erfüllen, genannt werden[528]. Insofern scheint allein das Argument der einfacheren Absetzbarkeit von Kommissionsmitgliedern im Vergleich zu Richtern der ordentlichen Gerichtsbarkeit als Indiz für stärkere Abhängigkeit von der Exekutive mit der Folge eines Verstoßes gegen rechtsstaatliche Grundsätze wenig stichhaltig. Der Umstand, dass im Hinblick auf die Absetzbarkeit der Mitglieder der Kommission zur Absetzbarkeit von Richtern gewisse Parallelen aufgezeigt werden können, führt jedoch noch nicht zu der Feststellung, dass ausreichende Unabhängigkeit der Kommission von der Exekutive besteht.

Somit ist nunmehr unabhängig von den Regelungen betreffend die ordentliche Gerichtsbarkeit die Unabhängigkeit der Kommission im Hinblick auf ihr Verhältnis zu den Parteien und zur Exekutive zu prüfen. Die Unabhängigkeit der Kommission von den Parteien ist in der Verordnung 2000/60 in den ausführli-

---

[526] Abschnitt 7.5 der UNMIK/REG/1999/7 (07.09.1999) On the appointment and removal from office of judges and prosecutors.

[527] Abschnitt 7.3 der UNMIK/REG/1999/7 (07.09.1999) lautet: „*(...) bearing in mind that no judge may be removed from office except on the ground of: (a) physical or mental incapacity which is likely to be permanent or prolonged, (b) serious misconduct, (c) failure in the due execution of office; or (d) having been placed, by personal conduct or otherwise, in a position incompatible with the due execution of office*".

[528] Abschnitt 17.4 der UNMIK/REG/2000/60 (31.10.2000) lautet: „*A member of the Commission may be removed from office by the Special Representative of the Secretary-General on the recommendation of a majority of the members of the Commission for failure to meet the qualifications for office or for persistent and unjustified refusal to perform the duties of office.*"

chen Vorschriften über die Unparteilichkeit in Abschnitt 17 geregelt[529]. Danach dürfen Mitglieder der Kommission nicht über einen Fall entscheiden, in dem persönliche Interessen betroffen sind, wenn sie zuvor beratend für eine der Parteien tätig geworden sind, sie außerhalb des HPD oder HPCC in ein anderes Verfahren über denselben Streitgegenstand verwickelt gewesen sind oder ein anderer Umstand vorliegt, der ihre Unparteilichkeit beeinflussen könnte. Im Zweifelsfall hat der Vorsitzende der Kommission über die Befangenheit eines Kommissionsmitgliedes zu entscheiden. Damit ist die Unabhängigkeit der Kommission zumindest von den Parteien des Rechtsstreites geregelt.

Zu klären besteht nun noch die die *Unabhängigkeit von der Exekutive*, insbesondere im Hinblick auf die Ernennung der Mitglieder der Kommission durch den Sonderbeauftragten, deren Amtszeit, grundsätzliche Unabsetzbarkeit und Weisungsfreiheit. Die Ernennung der Mitglieder des Gerichts durch die Exekutive steht der Unabhängigkeit dann nicht entgegen, wenn sie ihr Amt in ihrer individuellen Kapazität und frei von Weisungen ausüben[530]. Genau dies wird aber in der Verordnung 2000/60 explizit festgeschrieben[531]. Eine dem widersprechende Regelung über eine eventuelle Weisungsgebundenheit der Kommissionsmitglieder existiert weder in Verordnung 1999/23 noch in Verordnung 2000/60, so dass die Ernennung der Mitglieder der HPCC durch den Sonderbeauftragten ihrer Unabhängigkeit nicht entgegensteht. Als weitere maßgebliche Indizien für die Unabhängigkeit des Gerichts sind aber auch die Amtsdauer der Richter und ihre grundsätzliche Unabsetzbarkeit zu überprüfen. Die Richter müssen ihr Amt zwar nicht auf Lebenszeit, aber grundsätzlich für eine bestimmte Dauer innehaben, die eine gewisse Stabilität gewährleistet[532]. Eine Amtsdauer von drei Jahren haben die Konventionsorgane als ausreichend angesehen. Auch wenn dies wohl noch eher den Ausnahmefall darstellt und regelmäßig eine Amtsdauer von fünf Jahren für erforderlich gehalten wird, stellt der EGMR gleichzeitig fest, dass selbst eine *ad hoc*- Benennung von Richtern für sich genommen die Unabhängigkeit noch nicht ausschließt[533]. Wenn aber selbst eine *ad hoc*- Benennung von Richtern die Unabhängigkeit nicht generell ausschießt, so

---

529 Abschnitt 17.12 der UNMIK/REG/2000/60 (31.10.2000) lautet: *„Members of the Commission ... shall not take part in any proceedings on a claim in which they have a personal interest, or if they have been consulted by o rare associated with a party to the claim, or if they have been involved in any legal proceedings on the claim other than the proceedings before the Directorate or the Commission, or if there are any other circumstances which may affect their impartiality."*

530 EGMR, Urt. v. 28.06.1984, *Campbell und Fell ./. Großbritannien*, Serie A 80, Z. 79; EGMR, Urt. v. 22.10.1984, *Sramek ./. Österreich*, Serie A 84, Z. 38; *Peukert* in Frowein/Peukert, Art. 6, Rn. 124.

531 Abschnitt 17.12 der UNMIK/REG/2000/60 (31.10.2000) lautet: *„Members of the Commission serve only in their personal capacity. (...)"*

532 *Grabenwarter*, § 24 Rn. 34 m.w.N.

533 EGMR, Urt. v. 26.02.2002, *Morris ./. Großbritannien*, Reports of Judgements and Decisions 2002-I, Z. 70.

kann dies auch bei der im Falle der verlängerbaren einjährigen Amtsdauer der Mitglieder der HPCC für sich genommen nicht zur Annahme der Abhängigkeit von der Exekutive führen. Im Zusammenhang mit der Untersuchung der Amtsdauer sind insbesondere auch die praktischen Gegebenheiten zu berücksichtigen, die der Gründung der HPCC zugrunde lagen. Bei der Regelung offener Eigentumsfragen handelte es sich um eines der dringlichsten Probleme, die die internationale Verwaltung zu lösen hatte. In Anbetracht des zusammengebrochenen und sich erst im langsamen Wiederaufbau befindlichen Gerichtssystems, das mit der Flut von Eigentumsprozessen maßlos überfordert gewesen wäre, musste eine andere Möglichkeit gefunden werden, um die offenen Eigentumsfragen einer schnellen Lösung zuzuführen. Da kein dauerhafter Entzug dieser Materie auf eine aus dem Gerichtssystem ausgelagerte Kommission, sondern nach Abschluss der Bearbeitung der eingegangenen Ansprüche eine Wiedereingliederung in das System der ordentlichen Gerichtsbarkeit geplant war, hätte auch eine festgeschriebene mehrjährige Amtsdauer nicht den Realitäten entsprochen. Dies gilt umso mehr, als zwei der drei Mitglieder einer Kammer des HPCC Ausländer waren, deren Verweildauer im Kosovo in der Regel ohnehin auf gewisse Zeit begrenzt ist.

Der Gerichtshof stellt in dem oben zitierten Urteil allerdings fest, dass in einem Fall der *ad hoc*- Benennung von Richtern umso größerer Wert auf die Einhaltung der übrigen die Unabhängigkeit des Gerichts belegenden Faktoren gelegt werden muss. Hierzu zählt zum Beispiel die Qualifizierung der Richter[534], die vorliegend dadurch gewährleistet ist, dass Voraussetzung für die Ernennung als Kommissionsmitglied die Erfahrung auf dem Gebiet des Eigentumsrechts und die Befähigung zur Ausübung eines juristischen Amtes ist[535]. Ebenfalls für die Unabhängigkeit des Gerichtes spricht ein entsprechender Amtseid seiner Mitglieder[536]. Ein solcher Eid wird auch den Mitgliedern der HPCC abverlangt[537]. Was die grundsätzliche Unabsetzbarkeit der Richter betrifft, so stellt der Gerichtshof fest, dass diese grundsätzliche Unabsetzbarkeit zwar unabdingbare Voraussetzung für die Unabhängigkeit des Gerichtes ist, jedoch das Fehlen dieser Voraussetzung als geschriebener Bestandteil des Gesetzestextes für sich genommen die Unabhängigkeit des Gerichtes dann nicht in Frage stellt, wenn die faktische Unabsetzbarkeit der Richter durch die Exekutive allgemein anerkannt ist und die anderen gebotenen Garantien gewahrt sind. In Verordnung 2000/23 wird zwar die Unabsetzbarkeit von Kommissionsmitgliedern nicht ausdrücklich

---

534 EGMR, Urt. v. 26.02.2002, *Morris ./. Großbritannien*, Reports of Judgements and Decisions 2002-I, Z. 71.

535 Vgl. Abschnitt 2.2 der UNMIK/REG/1999/23 (15.11.1999).

536 EGMR, Urt. v. 26.02.2002, *Morris ./. The United Kingdom*, Reports of Judgements and Decisions 2002-I, Z. 71, 27.

537 Die durch Abschnitt 2.3 der UNMIK/REG/1999/23 (15.11.1999) Eidesformel lautet: *„I solemnly declare that I will perform my duties and exercise my power as a member of the Housing and Property Claims Commission honourably, faithfully, impartially and conscientiously."*

geregelt, aus der Formulierung[538] ist aber erkennbar, dass eine Absetzung nur aufgrund außergewöhnlicher Fälle wie Inkompetenz oder Rechtsbeugung denkbar ist und nicht willkürlich vorgenommen werden soll[539]. Der Umstand also, dass die Unabsetzbarkeit der Mitglieder der HPCC in den ihrer Errichtung zugrunde liegenden Verordnungen nicht genannt ist, führt nicht zu einem Verstoß gegen Art. 6 Abs. 1 EMRK, Art. 14 IPBürgR.

Auch bezüglich der Einhaltung eines fairen Verfahrens, wie es durch Art. 6 EMRK, Art. 14 IPBürgR vorschreibt, ist die UNMIK-Verordnung 2000/60, die auch Regelungen über das Verfahren vor der HPCC enthält, zu überprüfen. Unter anderem wird in der Verordnung angegeben, auf welcher Tatsachengrundlage die Kommission über die behaupteten Ansprüche zu entscheiden hat. Danach werden Entscheidungen auf der Grundlage der schriftlichen Eingaben und anhand von Urkunden entschieden. Während eine Anhörung der Parteien grundsätzlich stattfinden soll, ist ein Beweis durch mündliche Parteivernehmung ausgeschlossen[540], sofern nicht der Vorsitzende der Kammer das Gegenteil anordnet. Dies stellt jedoch keinen Verstoß gegen den durch Art. 6 Abs. 1 EMRK, Art. 14 Abs. 1 IPBürgR vorgeschriebenen Mündlichkeitsgrundsatz dar, weil im Gegensatz zum Strafverfahren im Verfahren über zivilrechtliche Ansprüche die persönliche Beteiligung der Parteien nicht unbedingt erforderlich ist, wenn die Parteien im schriftlichen Verfahren Gelegenheit zur Stellungnahme haben und nicht besondere Umstände eine persönliche Anhörung erforderlich machen und zur Wahrung eines fairen Verfahrens geboten sind[541]. Durch die Vorschriften über die Zustellungen der Anträge des Antragstellers an den Antragsgegner und dessen Erwiderung an den Antragsteller sowie zumindest Zusammenfassungen von dem jeweils gegnerischen Vortrag durch das *Housing and Property Directorate* ist gewährleistet, dass die Parteien zum gegnerischen Vorbringen Stellung nehmen und sich so rechtliches Gehör verschaffen können. Ein Verstoß gegen Art. 6 Abs. 1 EMRK, Art. 14 Abs. 1 IPBürgR liegt somit nicht vor.

---

538 Vgl. Abschnitt 17.4 der UNMIK/REG/2000/60 (31.10.2000).

539 In diesem Sinne äußerte sich auch Botschafter M. Steiner (SRSG Jan. 2002-Juli 2003) bezüglich der v. Wortlaut her ähnlichen Regelung über die Absetzbarkeit von Richtern der ordentlichen Gerichtsbarkeit: An eine Absetzung sei grundsätzlich nicht zu denken, wenn nicht grobe Fälle von Rechtsbeugung vorlägen, was – zumindest in seiner eigenen Amtszeit – nie vorgekommen sei. (Gespräch der Verf. v. 14.01.2005 in der Ständigen Vertretung der Bundesrepublik Deutschland bei den Vereinten Nationen in Genf).

540 UNMIK/REG/2000/60 (31.10.2000), Section 19 – Proceedings of the Commission:
19.1 *"The Commission shall (...) decide claims on the basis of written submissions, including documentary evidence.*
19.2 *No party may give oral evidence or argument before the Commission unless invited to do so by the Commission. An oral hearing shall take place in public, with due notice to the parties, unless decided the Chairperson determines otherwise for reasons of the security of the parties or other special circumstance."*

541 *Peukert* in: Frowein/Peukert, Art. 6 Rn. 97.

Die Verordnungen treffen schließlich Regelungen über die Überprüfbarkeit der durch die HPCC getroffenen Entscheidungen. Während zwar die Möglichkeit vorgesehen ist, dass eine durch eine Kammer der HPCC getroffene Entscheidung durch eine andere Kammer der HPCC überprüft und gegebenenfalls abgeändert werden kann[542], stellt Verordnung 1999/23 klar, dass die spätestens nach der Überprüfung getroffenen Entscheidungen über Eigentumszuweisungen etc. verbindlich sind und durch keine andere Instanz mehr aufgehoben werden können. Dass damit insbesondere der Weg der Einlegung eines Rechtsmittels gegen die Entscheidung der HPCC bei einem ordentlichen Gericht ausscheidet, wird wiederum mit dem Argument kritisiert, man verwehre dem Bürger den Zugang zu einem Gericht[543]. Da jedoch Art. 6 EMRK, Art. 14 IPBürgR keinen Anspruch auf ein Rechtsmittel gegen erstinstanzliche Entscheidungen begründen[544], liegt unter diesem Gesichtspunkt keine Verletzung der Art. 6 Abs. 1 EMRK, Art. 14 Abs. 1 IPBürgR vor. Schließlich spricht nach der Rechtsprechung des EGMR bereits der Umstand, dass ein „Gericht" die Befugnis hat, eine bindende Entscheidung zu treffen, die nicht durch eine andere Stelle oder Behörde aufgehoben oder abgeändert werden kann, für die Unabhängigkeit des Gerichtes[545].

Die Übertragung von Eigentumssachen zur verbindlichen Entscheidung auf die *Housing and Property Claims Commission* verstößt somit nicht gegen internationale Menschenrechtsstandards.

VIII. Unvereinbarkeit des Aufbaus der UNMIK gegen Grundsätze von Demokratie und Rechtsstaatlichkeit

Die Strukturen der UNMIK an sich, wie sie sich in den drei Phasen bis heute darstellen, sind in erster Linie unter dem Gesichtspunkt der Rechtsstaatlichkeit, insbesondere der mangelnden Gewaltenteilung angreifbar. In der Anfangsphase ist dies offensichtlich, da UNMIK alle drei Staatsgewalten in sich vereint. Aber auch noch unter den Regelungen des Constitutional Framework, nach denen dem Sonderbeauftragten die Befugnis zusteht, vom Parlament verabschiedete Gesetze aufzuheben oder zu ändern, ist „echte" Gewaltenteilung höchstens unter den kosovarischen Institutionen geschaffen, eine Einwirkungsmöglichkeit des Sonderbeauftragten in alle drei Staatsgewalten besteht jedoch fort. Gerade von der Möglichkeit des Sonderbeauftragten zur Aufhebung oder Abänderung der

542 Abschnitt 25.1 der UNMIK/REG/2000/60 (31.10.2000) lautet: *„(...) any reconsideration of a matter shall be conducted by a different Panel than the one that decides the claim, unless the Chairperson of the Panel appointed to conduct the reconsideration, in consultation with the Chairperson of the Commission, determines that it should be conducted in plenary session."*

543 *Stahn*, ZaöRV 61 (2001), S. 107, 154 ff.

544 *Peukert* in: Frowein/Peukert, Art. 6, Rn. 67 m.w.N.

545 EGMR, Urt. v. 26.02.2002, *Morris ./. Großbritannien*, Reports of Judgements and Decisions 2002-I, Z. 73.

durch das Parlament beschlossenen Gesetze wird nach wie vor Gebrauch gemacht[546], so dass zunächst festzustellen ist, dass den Strukturen der UNMIK, wie sie auch noch unter den Regelungen des Constitutional Framework existieren, Verstöße gegen das aus demokratischen und rechtsstaatlichen Gründen gebotene Prinzip der Gewaltenteilung immanent sind[547]. Nicht nur befindet sich Legislative und Exekutive in derselben Hand[548], auch die Judikative ist in erheblicher Weise mit den übrigen Gewalten vermischt. Die gerichtliche Verwaltung befindet sich komplett in den Händen der Exekutive. Während der Sonderbeauftragte für die Ernennung und Entlassung von Richtern und Staatsanwälten zuständig ist, liegt die tatsächliche Verwaltung der Gerichte im Kompetenzbereich des *Judicial Administrative Department*, das seinerseits eine Abteilung des Ministeriums für *Public Services* ist. Alle Fragen betreffend Ausstattung der Gerichte und Bezahlung der Beschäftigten – in einem gewissen Maße auch die von Richtern – unterliegen also der Exekutive. Auf diese Weise ist die Exekutive in der Lage, beträchtlichen Einfluss auf die praktische Arbeit der Gerichte auszuüben[549]. Zu alldem kommt die Tatsache, dass es – bedingt durch die Gesamtstruktur von UNMIK und PISG – keine Instanz gibt, die die Rechtssatzungsakte der UNMIK auf ihre Vereinbarkeit mit internationalen Menschenrechtsstandards überprüfen könnte. Selbst die Überprüfbarkeit von durch das Parlament verabschiedeten Gesetzen durch eine im Constitutional Framework in Aussicht gestellte *„Special Chamber of the Surpreme Court on Constitutional Framework Matters“*[550] besteht nur auf dem Papier. Denn selbst im vierten Jahr nach Einführung der PISG durch die UNMIK wurde eine solche Spezialkammer noch nicht eingerichtet[551]. Die Verflechtung aller drei Staatsgewalten im Kosovo und der rechtsfreie Raum, in dem sich insbesondere die UNMIK bewegt, verstößt somit gegen die Prinzipien der Demokratie, Rechtsstaatlichkeit und Gewaltenteilung.

IX. Zusammenfassung

Wie oben festgestellt[552], lässt sich aus der Summe der einzelnen Garantien der hier einschlägigen Menschenrechtspakte, insbesondere dem Internationalen Pakt

546 Botschafter M. Steiner (SRSG Jan. 2002- Juli 2003), Gespräch der Verf. v. 14.01.2005 in der Ständigen Vertretung der Bundesrepublik Deutschland bei den Vereinten Nationen in Genf, zu seiner Amtszeit bei so gut wie jedem zweiten Gesetz.

547 Vgl. Ombudsperson Institution, 4th Annual Report (2003-2004) v. 12.07.2004, S. 7.

548 Vgl. Ombudsperson Institution, 3rd Annual Report (2002-2003) v. 10.07.2003, S. 4; 4th Annual Report (2003-2004) v. 12.07.2004, S. 7.

549 Vgl. Ombudsperson Institution, 5th Annual Report (2004-2005) v. 11.07.2005, S. 17; diese Situation bezeichnete der Ombudsmann bereits in seinem dritten Jahresbericht (S. 12) als ein „ungesundes Maß von Einflussnahme“, die die Exekutive auf diese Weise auf die Judikative nehmen kann.

550 Vgl. 1. Kapitel, III. 4. d) (3) cc).

551 Vgl. Ombudsperson Institution, 5th Annual Report (2004-2005) v. 11.07.2005, S. 26.

552 2. Kapitel, II. 2. c).

über bürgerliche und politische Rechte und der Europäischen Menschenrechtskonvention auch ein generelles Menschenrecht auf Demokratie und Rechtsstaatlichkeit herleiten. Tragende Säulen von Rechtsstaatlichkeit sind dabei die umfassende Begrenzung staatlicher Macht durch voneinander getrennte und sich gegenseitig kontrollierende Staatsfunktionen, insbesondere die Unabhängigkeit der Justiz von der Exekutive, der freie Zugang zu den Gerichten sowie Vorhersehbarkeit und Berechenbarkeit zum Schutz vor staatlicher Willkür[553]. Wie die Untersuchung der oben festgestellten Verstöße gegen einzelne Menschenrechte ergibt, wird die Einhaltung dieser Prinzipien im Falle der UNMIK an zahlreichen entscheidenden Stellen durchbrochen. So verstößt die Gewährung umfassender Immunität gegen das Rechtsstaatsprinzip, weil Legislative und Exekutive, solange sie von der UNMIK ausgeübt werden, nicht in ausreichendem Maße an Recht und Gesetz gebunden sind, da Verstöße wegen der Immunitäten nicht geahndet werden können[554]. Gegen die dem Rechtsstaatsprinzip innewohnenden Grundsätze der Vorhersehbarkeit, Berechenbarkeit und Rechtssicherheit wird durch die für die Bevölkerung unzureichende Zugänglichkeit zu den durch die UNMIK erlassenen Gesetzen[555], gegen den Grundsatz von Rechtssicherheit zusätzlich dadurch verstoßen, dass Festnahmen wegen Gefährdung der öffentlichen Sicherheit und Ordnung möglich sind, ohne dass konkrete Gründe, die das Vorliegen einer Straftat wahrscheinlich machen, vorliegen müssten[556]. Verstöße gegen rechtsstaatliche Grundsätze wurden in besonderem Maße im Bereich von Freiheitsentziehungen festgestellt. Während teils der Zugang zu gerichtlichem Rechtsschutz ganz verwehrt wird und die durch UNMIK eingerichteten Beschwerdekommissionen nicht den Anforderungen an ein unabhängiges Gericht im Sinne der Art. 6 Abs. 1 EMRK, 14 Abs. 1 IPBürgR genügen, wird im Zusammenhang mit Freiheitsentziehungen aufgrund von Exekutivbefehlen des Sonderbeauftragten des Generalsekretärs unter allen denkbaren Aspekten gegen tragende Prinzipien der Rechtsstaatlichkeit verstoßen. Entsprechende Freiheitsentziehungen verstoßen mangels gesetzlicher Grundlage bereits gegen Vorhersehbarkeit, Berechenbarkeit und Rechtssicherheit. Darüber hinaus verstoßen sie dadurch, dass keine Vorführung vor beziehungsweise Haftprüfung durch einen Richter, der die Freilassung eines aufgrund Exekutivbefehls Inhaftierten anordnen kann, gegen das Recht auf Zugang zu einem unabhängigen Gericht. Diese Verstöße werden durch die nachträglich eingerichtete Haftprüfungskommission nicht behoben, sondern nur noch durch Verletzung von Verfahrensregeln, die die Waffengleichheit des Inhaftierten sicherstellen sollen, ergänzt[557].

Zusammenfasend ist festzustellen, dass insbesondere die Verfahrens- und Justizgarantien zum Teil auch mehrere Jahre nach Übernahme der Macht durch die

[553] Vgl. 2. Kapitel, II. 2. c) (3).
[554] Vgl. 3. Kapitel, I.
[555] Vgl. 3. Kapitel, I. 1.
[556] Vgl. 3. Kapitel, V.
[557] Vgl. 3. Kapitel, IV.

internationale Zivilverwaltung verletzt werden. Von einem rechtsstaatlichen System, dass auf dem Prinzip der Gewaltenteilung aufbaut, ist man ebenfalls noch weit entfernt. Mechanismen, die die Verletzung tragender Grundsätze von Rechtsstaatlichkeit verhindern könnten, existieren kaum. Immernoch liegen Legislative und Exekutive in wichtigen Bereichen in den Händen ein- und derselben Autorität, so dass bereits insofern von Gewaltenteilung nicht die Rede sein kann. Wesentlich negativer als die Vereinung von Legislative und Exekutive wirkt sich jedoch aus, dass die Exekutive, ausgeübt durch den Sonderbeauftragten des Generalsekretärs, außerhalb beziehungsweise über der rechtsprechenden Gewalt steht und so die Möglichkeit hat, selbst durch Anordnungen in justizielle Menschenrechte einzelner Personen einzugreifen oder sich über die Entscheidungen kompetenter Gerichte in diesem Bereich hinwegzusetzen. Während seit den Wahlen im Jahr 2000 in Serbien und Montenegro Fortschritte auf dem Wege zur Umsetzung internationaler Menschenrechte zu verzeichnen sind, wie zum Beispiel 2001 der Beitritt zum ersten Fakultativprotokoll des IPBürgR und damit die Möglichkeit der Erhebung der Individualbeschwerde vor der Menschenrechtskonvention und der Beitritt zum Europarat 2003, bleiben den Bürgern des Kosovo diese Rechtsschutzmöglichkeiten weiterhin verschlossen. Denn durch die Beitritte von Serbien und Montenegro zu den genannten Menschenrechtsinstrumenten wird auch lediglich selbige durch diese Menschenrechte gebunden, nicht aber lokalen Autoritäten des Kosovo oder die internationale Zivilverwaltung UNMIK, die selber weder Partei internationaler Menschenrechtsinstrumente sind noch einer externen Kontrolle internationaler Menschenrechtsinstitutionen unterliegen. Die einzige unabhängige Institution, die für die Wahrung und Kontrolle der Einhaltung der Menschenrechte eintritt, zu deren Umsetzung sich die UNMIK selbst bekannt hat, ist somit die Institution des Ombudsmannes. Je nach Belieben werden deren Berichte, Feststellungen und Forderungen zwar gelegentlich als Anregung zu Verbesserungen genommen, häufig genug jedoch auch mangels verbindlicher Entscheidungsgewalt schlicht ignoriert[558]. Eine effektive Kontrolle von Staatsgewalt, die auch unter den Regelungen des Constitutional Framework letztlich noch in den Händen der internationalen Verwaltung liegt, findet daher nicht statt. Die Menschenrechte, die im Kosovo bereits aufgrund des Mandates der Mission zur Geltung verholfen werden sollte, zu denen man sich aber auch in zahlreichen Dokumenten selber bekannt hat, können weiterhin verletzt werden, ohne dass den Bürgern des Kosovo die Möglichkeit eröffnet wäre, gegen diese Verstöße in einer Weise vorzugehen, die irgendwelche Konsequenzen zur Folge hätten.

X. Exkurs: Die internationale Sicherheitspräsenz – KFOR

Fraglich ist, ob die obigen Ausführungen auch auf KFOR zutreffen. Durch Paragraph neun der Sicherheitsratsresolution 1244 wird KFOR als internationale

558 Vgl. zahlreiche Beispiele in allen Jahresberichten der Institution des Ombudsmannes.

Sicherheitspräsenz im Kosovo etabliert und ihr Mandat definiert. Die Aufgaben erstrecken sich demgemäß unter anderem auf die Verhinderung neu aufkeimender Feindseligkeiten, die Aufrechterhaltung und Durchsetzung des Waffenstillstandes, die Verhinderung der Rückkehr von Militär- und paramilitärischen Einheiten der Bundesrepublik Jugoslawien, die Demilitarisierung der UCK, die Schaffung einer Sicherheitslage, in der die sichere Rückkehr von Flüchtlingen möglich ist, die internationale Zivilpräsenz arbeiten, eine Übergangsverwaltung aufbauen und humanitäre Hilfe leisten kann, sowie die Aufrechterhaltung der öffentlichen Sicherheit und Ordnung solange, bis diese Aufgabe von der internationalen Zivilpräsenz übernommen werden kann[559]. Zu bemerken ist, dass KFOR auch heute noch – im Jahr sechs nach Ende der offiziellen Kampfhandlungen – in nicht unerheblichem Maße Aufgaben zur Unterstützung der UNMIK bei der Wahrung der öffentlichen Sicherheit wahrnimmt. Neben Patrouillen, Einrichtung von Kontrollstellen, Luftüberwachung und Grenzschutz gehören auch Hilfe bei Notrufen und die Untersuchung von Straftaten und Festnahme von Verdächtigen nach wie vor zum Spektrum der Tätigkeit[560]. Daran wird deutlich, dass die KFOR im Rahmen des internationalen Einsatzes noch längst nicht entbehrlich ist.

Neben dem durch die Sicherheitsratsresolution festgelegten Mandat bestimmen UNMIK-Verordnungen die rechtlichen Rahmenbedingungen für den KFOR-Einsatz. Danach ist klar, dass die Militärpräsenz von der internationalen Zivilpräsenz abgekoppelt nur der Erfüllung ihres eigenen Mandates verpflichtet ist. UNMIK-Verordnung 2000/47 bestimmt, dass KFOR anwendbares Recht und UNMIK-Verordnungen nur soweit zu beachten hat, als es nicht mit der Erfüllung des durch Sicherheitsratsresolution 1244 gegebenen Mandates kollidiert. Da diese Verordnung zeitlich der Verordnung 1999/24 „On the Law applicable in Kosovo" nachfolgt, scheinen neben kosovarischem Recht auch Verordnungen der UNMIK und die in Abschnitt 1.3. der Verordnung 1999/24 genannten Menschenrechtsübereinkommen für KFOR keine Richt- oder Bindungswirkung zu entfalten. Abgesehen davon, dass unter diesen Umständen selbstverständlich auch keine gerichtliche Nachprüfung von Handlungen der internationalen Militärpräsenz erfolgt, können Handlungen der KFOR auch nicht Gegenstand von Beschwerden an die Institution des Ombudsmannes sein, der im Übrigen für die Untersuchung von Menschenrechtsverletzungen zuständig ist[561]. Etwas anderes gilt nur, sofern diesbezüglich eine andere Abmachung zwischen dem Ombuds-

---

559 UN Doc. S/RES/1244 (1999), Abschnitt 9.

560 Vgl. Offizielle Web Site der Kosovo Force: www.nato.int/kfor/kfor/objectives.htm, Datum des letzten Aufrufs: 10.08.2005.

561 Abschnitt 3.4 der UNMIK/REG/2000/38 (30.06.2000) besagt, dass der Ombudsmann grundsätzlich nicht befugt ist, Beschwerden über KFOR nachzugehen.

mann und dem Kommandanten der KFOR getroffen würde[562]. Obwohl demnach im Gegensatz zu UNMIK noch nicht einmal eine Absichtserklärung, eigenes Handeln an den genannten Menschenrechtsstandards auszurichten, besteht, kann andererseits auch nicht angenommen werden, dass KFOR durch Sicherheitsratsresolution 1244 ermächtigt ist, Menschenrechte zu verletzen[563]. Denn KFOR ist entsandt unter der Schirmherrschaft der UN und hat die Aufgabe, auf dieselben Ziele hinzuarbeiten, wie UNMIK, so dass KFOR auch von denselben Prinzipien geleitet werden sollte, wie die internationale Zivilpräsenz. Dies könnte zumindest insofern gelten, wie KFOR (beispielsweise bei der Wahrnehmung polizeilicher Aufgaben) Aufgaben wahrnimmt, die mehr ziviler als militärischer Natur sind. In diesem Sinne äußerte sich auch der erste Sonderbeauftragte des Generalsekretärs für das Kosovo, S. Vieira de Mello, in einer Pressemeldung. Nach einer Erläuterung der polizeilichen Befugnisse zur Festnahme von Personen durch KFOR erklärt er, dass insbesondere im Falle von Freiheitsentziehungen internationale Menschenrechtsstandards zu beachten seien[564]. Ein solches Statement spricht zwar dafür, dass auch KFOR sich um die Einhaltung gewisser Menschenrechtsstandards bemühen sollte, eine Verpflichtung liegt hierin indes nicht, da eine schon in der Sicherheitsratsresolution angelegte strikte Trennung zwischen der militärischen (KFOR) und der zivilen (UNMIK) Präsenz existiert, wobei lediglich eine Verpflichtung zur gegenseitigen Abstimmung und Kooperation beim Hinarbeiten auf das gleiche Ziel[565] besteht. Denn KFOR leitet ihr Mandat und ihre Befugnisse aus der Sicherheitsratsresolution 1244 und dem Military Technical Agreement zwischen der NATO und der Bundesrepublik Jugoslawien vom 9. Juni 1999 her, ist somit also keinesfalls weisungsabhängig von UNMIK. Ein Statement des Sonderbeauftragten ist daher für KFOR unverbindlich.

Des Weiteren darf folgendes nicht aus den Augen verloren werden: Wie eingangs im einzelnen erwähnt, ist das Spektrum der von KFOR wahrgenommenen Aufgaben nach wie vor sehr weit. Dies liegt nicht zuletzt daran, dass im Kosovo noch immer keine dauerhaft gefestigte Situation herrscht und die Internationale Verwaltung auf die Übernahme von Aufgaben durch KFOR angewiesen ist, um Sicherheit zu gewährleisten. Dass KFOR im Rahmen ihrer Tätigkeit auch Polizeiaufgaben wahrnimmt, darf nicht darüber hinwegtäuschen, dass hier Soldaten und gerade keine Polizisten handeln. Dementsprechend scheidet für sie eben

---

562 Abschnitt 3.4 der UNMIK/REG/2000/38 (30.06.2000) On the Establishment of the Ombudsperson Institution in Kosovo lautet: *„In order to deal with cases involving the international security presence, the Ombudsperson may enter into an agreement with the Commander of the Kosovo Forces (COMFOR)."*

563 *Stahn*, ZaöRV 61 (2001), S. 107, 151.

564 UNMIK/PR/7, Statement on the Right of KFOR to Apprehend and Detain v. 04.07.1999; zu beachten ist allerdings, dass der Sonderbeauftragte die Einhaltung der Garantien der Art. 5 EMRK, Art. 9 IPBürgR ausdrücklich unter den Vorbehalt des eingeschränkt funktionierenden Justizwesens stellt.

565 Vgl. UN Doc. S/RES/1244 (1999), Abschnitt 9 lit. f).

auch eine direkte Anwendung polizeilicher Maßstäbe, wie sie für UNMIK gelten, aus. Wäre dies anders, wäre in der Praxis keine Nation bereit, Kontingente zur Friedenssicherung in ein Krisengebiet – wie es im Kosovo nach wie vor vorliegt – zu entsenden[566].

Eine weitere Möglichkeit, Handeln von KFOR an internationalen Menschenrechtsstandards zu messen, ist die der exterritorialen Anwendung solcher Menschenrechtsübereinkommen, an die die Truppen entsendenden Staaten gebunden sind. Obwohl diese Möglichkeit noch nicht allgemein anerkannt ist, gibt es bereits Rechtsprechung, der zufolge Staaten für Verfehlungen ihrer Staatsbürger, die diese gegen andere Personen auf fremdem Staatsgebiet verüben, verantwortlich gemacht werden können[567]. Entsprechendes wird auch ausdrücklich in der Verordnung 2000/47 geregelt, wonach KFOR-Personal der Gerichtsbarkeit des jeweiligen Entsendestaates unterliegt[568]. Was die Umsetzung dieser Verordnung angeht, ist KFOR UNMIK sogar einen Schritt voraus. Die entsprechende von UNMIK eingerichtete Kommission besteht nämlich lediglich aus einem Gremium von UNMIK-Mitarbeitern, für den Betroffenen gibt es weder ein Anhörungsrecht noch die Möglichkeit, sich rechtlich vertreten zu lassen und schließlich hat der Betroffene außer der Option, ein „Memorandum" an den „*UNMIK Director of Administration*" zu schicken, um die Entscheidung anzugreifen, keine Möglichkeit, gegen die Entscheidung vorzugehen. Während zwar auch bei KFOR die erstinstanzliche Entscheidung nur in den Händen eines einzigen KFOR-Offiziers liegt, weist die Berufungsinstanz zahlreiche Elemente eines juristischen Verfahrens, wie zum Beispiel ein Anhörungsrecht des Betroffenen und die Möglichkeit, sich rechtlich vertreten zu lassen, auf. Während darüber hinaus von UNMIK über laufende Verfahren kaum Auskünfte zu erlangen sind und selbst Fälle, in denen die Verantwortlichkeit für Rechtsverletzungen durch UNMIK bejaht wurde, sich ewig hinziehen, stellt KFOR solche Informationen zur Verfügung und hat in zahlreichen Fällen Schadensersatz an Betroffene geleistet[569].

566 Botschafter Michael Steiner, (SRSG Jan. 2002-Juli 2003), Gespräch der Verf. v. 14.01.2005.
567 Vgl. *Stahn*, ZaöRV 61 (2001), S. 107, 151 m.w.N.
568 Abschnitt 2.4 der UNMIK/REG/2000/47 (18.08.2000).
569 Ombudsperson Institution, 3rd Annual Report (2002-2003) v. 10.07.2003, S. 4f.

4. Kapitel: Handeln des Sicherheitsrates innerhalb von Kapitel VII der UN-Charta – Rechtfertigungsansätze für Menschenrechtsverletzungen durch UNMIK

Die festgestellten Verstöße gegen einzelne Menschenrechte könnten aufgrund der besonderen Situation der UNMIK als Übergangsverwaltung aus verschiedenen Gründen gerechtfertigt sein. Für einzelne Verstöße kommt insbesondere die Möglichkeit der Derogation unter den einschlägigen Menschenrechtspakten (Art. 15 EMRK, Art. 4 IPBürgR) in Betracht. Für alle Verstöße ist aber zusätzlich auch an eine Rechtfertigung zu denken, die sich aus dem Umstand ergibt, dass es sich bei der UNMIK um eine durch den Sicherheitsrat unter Kapitel VII der Charta der Vereinten Nationen eingesetzte Übergansverwaltung handelt. Möglicherweise ist auch gerade letzteres der Grund für die Annahme der Voraussetzungen für eine Derogation gemäß Art. 15 EMRK, Art. 4 IPBürgR. Schließlich ist zu überlegen, ob es nicht die praktische Notwendigkeit gebietet, im Rahmen einer Mission, die den Wiederaufbau demokratischer Strukturen erst zum Ziel hat, in der Übergangszeit gewisse Verstöße gegen Menschenrechtsstandards der Herstellung von Sicherheit zu "opfern".

I. Rechtfertigung von Menschenrechtsverstößen durch Derogationsvorschriften

1. Allgemeines

Während der Arbeiten am Internationalen Pakt für bürgerliche und politische Rechte und der Europäischen Menschenrechtskonvention war man sich der Tatsache bewußt, dass nicht auszuschließen ist, dass sich ein Staat eines Tages einer Krisen- oder Notstandssituation gegenübersieht. In einer solchen Situation mag ein solcher Staat es für notwendig halten, bestimmte Individualrechte und Freiheiten einzuschränken oder gänzlich aufzuheben, um Frieden und Ordnung wieder herzustellen. Um diesem Umstand Rechnung zu tragen, entschied man sich für die Aufnahme einer Notstandsklausel in die Menschenrechtsverträge, die ein Abweichen von bestimmten Bestimmungen in Krisensituationen erlaubt. Jedoch enthalten die jeweiligen Bestimmungen Regelungen, die einen Mißbrauch der Klauseln ausschließen sollen. So sind der Anwendung der Notstandsklauseln die folgenden Bedingungen gemeinsam: eine außergewöhnliche Bedrohung, eine offizielle Erklärung, die Notstandsfestigkeit bestimmter Rechte, das Prinzip der unbedingten Erforderlichkeit, die Vereinbarkeit mit anderen internationalen Verpflichtungen, das Prinzip der Nichtdiskriminierung und die Benachrichtigungspflicht[570].

Art. 15 Abs. 1 EMRK lautet:

Wird das Leben der Nation durch einen Krieg oder einen anderen öffentlichen Notstand bedroht, so kann jede Hohe Vertragspartei Maßnahmen treffen, die von den in dieser Konvention vorgesehenen Verpflichtungen abweichen, jedoch nur, soweit es die Lage unbedingt erfordert und wenn die Maßnahmen nicht im Widerspruch zu den sonstigen völkerrechtlichen Verpflichtungen der Vertragspartei stehen.

Art. 4 Abs. 1 IPBürgR lautet:

Im Falle eines öffentlichen Notstandes, der das Leben der Nation bedroht und der amtlich verkündet ist, können die Vertragsstaaten Maßnahmen ergreifen, die ihre Verpflichtungen aus diesem Pakt in dem Umfang, den die Lage unbedingt erfordert, außer Kraft setzen, vorausgesetzt, dass diese Maßnahmen ihren sonstigen völkerrechtlichen Verpflichtungen nicht zuwiderlaufen und keine Diskriminierung allein wegen der Rasse, der Hautfarbe, des Geschlechts, der Sprache, der Religion oder der sozialen Herkunft enthalten.

Obwohl die beiden hier einschlägigen Bestimmungen der Art. 15 EMRK und Art. 4 IPBürgR vom Wortlaut her fast identisch sind, werden die Voraussetzungen für eine Derogation durch die Rechtsprechung der Menschenrechtskommission und des Europäischen Gerichtshofes für Menschenrechte unterschiedlich streng beurteilt.

Die Derogationsvorschriften der Art. 15 EMRK und Art. 4 IPBürgR sehen die Möglichkeit vor, im Falle des Krieges oder eines anderen öffentlichen Notstandes, der das Leben der Nation bedroht, Maßnahmen zu treffen, die die in den Verträgen vorgesehenen Verpflichtungen außer Kraft setzen. Dies gilt jedoch nur, soweit es die Lage unbedingt erfordert und die getroffenen Maßnahmen nicht im Widerspruch zu sonstigen völkerrechtlichen Verpflichtungen der Vertragspartei stehen. Ausgenommen von der Einschränkbarkeit der Rechte sind bestimmte elementare Menschenrechte wie das Recht auf Leben gem. Art. 2

---

570 Human Rights in the Administration of Justice, Chapter 16: The Administration of Justice during States of Emergency, S. 816ff.

EMRK, Art. 6 IPBürgR, das Folterverbot gem. Art. 3 EMRK, Art. 7 IPBürgR, das Verbot der Sklaverei gem. Art. 4 Abs. 1 EMRK, Art. 8 Abs. 1 und 2 IPBürgR und das Rückwirkungsverbot gem. Art. 7 EMRK, Art. 15 IPBürgR. Die Möglichkeit des Außerkraftsetzens nach Art. 15 EMRK, Art. 4 IPBürgR hat zur Folge, dass die Konvention bzw. der Menschenrechtspakt im Ausmaß der Erklärung unanwendbar ist.

In Kapitel 3 über die Menschenrechtsverstöße im Einzelnen wurden Verstöße gegen Art. 5 und 6 EMRK bzw. Art. 9 und 14 IPBürgR festgestellt. Im Einzelnen verstößt die Verordnung 2000/47 "On the Status, Privileges and Immunities of KFOR and UNMIK" gegen Art. 6 EMRK und 14 IPBürgR[571], die Freiheitsentziehungen aufgrund von Exekutivbefehlen des Sonderbeauftragten verstoßen auch nach der Einrichtung der "Detention Review Commission" durch Verordnung 2001/18 noch unter verschieden Aspekten gegen Art. 5 EMRK und Art. 9 IPBürgR[572], in der UNMIK-Verordnung 1999/2 "On the Prevention of Access by Individuals and their Removal so secure Public Peace and Order" liegt ein Verstoß gegen Art. 5 EMRK und Art. 9 IPBürgR[573] und die UNMIK-Verordnung 1999/26 "On the extension of Periods of Pre-Trial Detention" ist schließlich ebenfalls unvereinbar mit Art. 5 EMRK und Art. 9 IPBürgR[574]. Die festgestellten Verstöße lassen sich somit in zwei Gruppen einteilen: Auf der einen Seite steht die Gruppe der unrechtmäßigen Freiheitsentziehungen gemäß Art. 5 EMRK und Art. 9 IPBürgR. Dem gegenüber steht die Gruppe der Verletzungen der wesentlichen Verfahrensgarantien der Art. 6 EMRK und Art. 14 IPBürgR dadurch, dass den Betroffenen nicht die in den genannten Vorschriften garantierten Institutionen zur effektiven Rechtsverfolgung und Durchsetzung ihrer Ansprüche zur Verfügung stehen. Da es sich hierbei um derogierbare Vorschriften im Sinne der EMRK und des IPBürgR handelt, kommt grundsätzlich eine "Rechtfertigung" der festgestellten Verstöße im Wege der Derogation in Betracht.

2. Voraussetzungen der Derogation

Art. 15 EMRK nennt als wesentlichen Unterschied zu Art. 4 IPBürgR als erste Voraussetzung für Notstandsmaßnahmen den Fall des Krieges. Hierunter fällt zum einen jeder bewaffnete Konflikt, der nach Auffassung der beteiligten Parteien den Kriegszustand auslöst, aber unter Umständen auch bewaffnete Konflikte unterhalb des förmlichen Kriegszustandes[575]. Dass ein solcher Kriegszustand während der dieser Arbeit zugrunde liegenden Zeit nicht mehr vorgelegen hat, ist jedoch unbedeutend, wenn stattdessen von einem Fall des öffentlichen Notstandes, der auch in Art. 4 IPBürgR als Voraussetzung für die Deroga-

[571] 3. Kapitel, I.
[572] Vgl. 3. Kapitel, III. und IV.
[573] Vgl. 3. Kapitel, V.
[574] Vgl. 3. Kapitel, VI.
[575] *Frowein* in: Frowein/Peukert, Art. 15, Rn. 6.

tion genannt ist, auszugehen ist. Ein öffentlicher Notstand liegt vor, wenn eine außergewöhnliche Krisen- oder Notstandssituation vorliegt, welche die ganze Bevölkerung betrifft und eine Bedrohung des organisierten Lebens der Gemeinschaft, aus der sich der Staat zusammensetzt, bildet[576]. In einem Verfahren hatte der Europäische Gerichtshof für Menschenrechte zu entscheiden, ob in Irland ein öffentlicher Notstand vorlag, der die Regierung zur Anwendung von Notstandsmaßnahmen, nämlich die Anordnung außergerichtlicher Freiheitsentziehungen für diejenigen Personen, die verdächtigt wurden, in Aktivitäten gegen den Staat verwickelt zu sein, berechtigte. Im Hinblick auf das Bestehen einer Untergrundarmee, die auch außerhalb des irischen Territoriums tätig war, und auf die krisenhafte, sich zunehmend verschlechternde Situation wurde die Notstandssituation durch den Gerichtshof bejaht[577]. Auch 17 Jahre später bestätigte der Gerichtshof in seinem Urteil *Irland ./. Großbritannien* die durch die Regierung verhängten Notstandsmaßnahmen aufgrund des Umstandes, dass bis zum damaligen Zeitpunkt wegen Unruhen und politisch motivierter terroristischer Gewalt über 1.100 Personen getötet, mehr als 11.500 verletzt und Sachwerte im Wert von über 140.000.000 Britischen Pfund zerstört worden waren[578]. Zum selben Ergebnis kam der Gerichtshof im Jahre 1993, als er in dem Fall *Brannigan und McBride ./. Großbritannien* feststellte, dass es aufgrund des Umfangs des Terrorismus in Nordirland und andernorts in Großbritannien kein Zweifel am Vorliegen eines öffentlichen Notstandes zur fraglichen Zeit geben könne[579]. Mit der gleichen Argumentation stellte der Gerichtshof 1998 im Fall *Marshall ./. Großbritannien* fest, dass bereits die Tatsache, dass in einem Zeitraum von sieben Wochen, der der Verhaftung des Antragstellers vorausging, 13 Morde und zahlreiche Bombenattentate stattgefunden hatten, eine Notstandssituation begründeten. Der Ausbruch "tödlicher Gewalt" bestätige, dass es seit dem Urteil im *Fall Brannigan und McBride* keine Rückkehr zu Normalität gegeben habe, die das Gericht dazu bringen würde, der Einschätzung der britischen Autoritäten im Hinblick auf die Bedrohung zu widersprechen, die die organisierte Gewalt für das Gemeinschaftsleben und die Bemühungen um eine friedliche Konfliktbeilegung darstellte[580].

Der Menschenrechtsausschuss betont ebenfalls das Erfordernis einer außergewöhnlichen Notstandslage, die für die Anwendung der Derogationsvorschrift des Art. 4 IPBürgR erforderlich ist. Es sei zu beachten, dass selbst im Falle eines bewaffneten Konflikts Abweichungen von den im Pakt garantierten Rechte nur insoweit zulässig sein könnten, wie die Situation tatsächlich eine Bedrohung für

---

576 EGMR, Urt. v. 01.07.1961, *Lawless ./. Irland*, Serie A 3 Z. 28.
577 EGMR, Urt. v. 01.07.1961, *Lawless ./. Irland*, Serie A 3, Z. 28.
578 EGMR, Urt. v. 18.01.1978, *Irland ./. Großbritannien*, Serie A 25, Z. 12.
579 EGMR, Urt. v. 26.05.1993, *Brannigan und McBride ./. Großbritannien*, Serie A 258-B, Z.47.
580 EGMR, Entscheidung v. 10.07.2001, *Marshall ./. Großbritannien*, abrufbar unter: http://hudoc.echr.coe.int, Datum des letzten Aufrufs: 25.09.2005 .

das Leben der Nation darstelle[581]. Gemessen an diesen durch die Rechtsprechung aufgestellten Grundsätzen ist nun zu beurteilen, ob der Fall des Kosovo eine Notstandssituation darstellt, die zur Außerkraftsetzung der oben als verletzt festgestellten internationalen Menschenrechtsnormen berechtigt.

Obwohl die hier erfassten Verletzungen von Menschenrechten beziehungsweise die diesen zugrundeliegenden Verordnungen hauptsächlich in die Zeit von 1999 bis 2001 fallen, ist festzustellen, dass selbst bis heute die Gewalt, die zu einer Annahme einer Notstandssituation führen kann, nicht vollständig verschwunden ist. Dem häufig genannten Argument, die internationale Übergangsverwaltung schieße im Hinblick auf die verstrichene Zeit seit Ende des bewaffneten Konflikts bei der Einschränkung der Menschenrechte über das Ziel hinaus, muss daher entgegengehalten werden, dass selbst sechs Jahre nach Ende der offiziellen Kampfhandlungen ein Ende der Gewalt und ein friedliches Miteinanderleben der verschiedenen Volksgruppen noch nicht erreicht ist. Noch im Jahr sechs nach Ende der offiziellen Kampfhandlungen sind bis Juli 2005 mehrere Bombenattentate zu verzeichnen, die sich allerdings, im Unterschied zu der in den ersten Jahren dominierenden Gewalt gegen Minderheiten oder zwischen den verschiedenen ethnischen Gruppen in erster Linie gegen demokratische Einrichtungen und Sicherheitskräfte richteten. So wurde im Januar ein internationaler Polizeibeamter durch eine Bombe getötet[582], im März ein Attentat auf Präsident Rugova's Autokonvoi[583] sowie ein Bombenanschlag auf Gebäude einer politischen Partei im April verübt[584]. Erst im Juli explodierten drei Sprengsätze, die Sachschaden an drei UNMIK-Fahrzeugen, einem Regierungsgebäude und einem gewerblichen Einkaufsgebäude gegenüber dem Sitz der OSZE anrichteten[585]. Nachdem diese Vorfälle selbst zum jetzigen Zeitpunkt noch die Anwendung der Derogationsvorschriften aufgrund des Vorliegens einer Notstandslage rechtfertigen dürften, wird dies für die Phase von 1999-2003, in die die oben aufgeführten Einschränkungen von Menschenrechten in erster Linie fallen, erst recht zu bejahen sein.

Zu Beginn der Mission im Juli 1999 erregte ein anhaltend hohes Maß von Gewalt und Bedrohung von Minderheiten die Besorgnis von UNMIK und KFOR. Tötungen, Entführungen, Vertreibungen, Inbrandsetzen von Häusern und Plünderungen waren an der Tagesordnung[586]. Noch im Juli wurden 14 Bauern mas-

581 Human Rights Committee, General Comment No. 29: States of Emergency (Art. 4 CCPR), CCPR/C/21/Rev.1/Add.11, Para. 3 (UN Doc. A/56/40 (Vol I), S. 202, Para. 3), auf dieses Erfordernis wird bei der Prüfung der angemessenen Maßnahmen noch zurückzukommen sein.

582 UNMIK/PR/1300 (13.01.2005).

583 UNMIK/PR/1329 (15.03.2005).

584 UNMIK/PR/1344 (18.04.2005).

585 UNMIK/PR/1384 (03.07.2005).

586 UNMIK/PR/9 (14.07.1999).

sakriert[587]. Während sich die Anschläge auch gegen die internationale Zivilverwaltung und einheimische Politiker richteten[588], war ethnisch motivierte Gewalt dominierend. Bei einem Bombenanschlag im September auf einen belebtem Marktplatz in einem überwiegend von Serben bewohnten Stadtteil von Bresje wurden zwei Personen getötet und 35 verletzt[589]. Insgesamt geht man für den Zeitraum von Juni bis Dezember 1999 von 500 Morden aus. Neben weiteren "kleineren" Zwischenfällen mit Toten und Verletzten traten im Februar 2000 die nächsten größeren – wiederum ethnisch motivierten – Unruhen auf, in deren Verlauf mindestens sieben Menschen getötet wurden[590]. Als Folge dieser Unruhen wurde durch UNMIK unter anderem das Versammlungsrecht verschärft und die strenge Anwendung der Verordnung 1999/2 angeordnet, um dem Wiederaufflammen von rassistischen Zwischenfällen vorzubeugen, die sich aus der explosiven Stimmung in größeren Menschenmassen zu entwickeln drohten[591]. Auch im Frühjahr und Sommer 2000 nahm die Gewalt nicht ab. Einer Welle von Angriffen auf serbische Zivilisten fielen allein im Mai vier[592], im Juni zwei Personen[593] und im August sechs Kinder zum Opfer[594]. Nach weiteren Anschlägen auch auf Regierungseinrichtungen[595] konnte der Sonderbeauftragte Kouchner zum Jahresende 2000 keine Normalisierung oder einen Rückgang der Gewalt feststellen. Gleiches gilt für das Jahr 2001, in dem ethnisch motivierte Gewalt und blutige Anschläge gegen Minderheiten unvermindert fortgesetzt wurden. Als Anschläge mit den meisten Opfern sollen hier nur beispielhaft die schweren

---

587 UNMIK/PR/14 (24.07.1999).

588 Mord an einem UNMIK-Mitarbeiter im Oktober 1999, vgl. UNMIK/PR/66 (12.10.1999) sowie Anschlag auf ein serbisches Mitglied des Kosovo Transitional Council am 30.09.1999, vgl. UNMIK/PR/82 (01.11.1999).

589 UNMIK/PR/52 (28.09.1999).

590 UNMIK/PR/152 (05.02.2000).

591 UNMIK/PR/161 (16.02.2000).

592 Tötung eines UNMIK-Mitarbeiters am 16.05.2000, vgl. UNMIK/PR/241 (16.05.2000); Drei Tote, darunter ein vier Jahre altes Kind und zwei Schwerverletzte am 28. Mai 2000, vgl. UNMIK/PR/257 (29.05.2000).

593 Zwei Tote und ein Verletzter bei einer Minenexplosion am 15.06.2000, vgl. UNMIK/PR/271 (15.06.2000).

594 Fünf serbische Kinder wurden durch einen Amokfahrer getötet, eines schwerverletzt ins Krankenhaus eingeliefert, vgl. UNMIK/PR/327 (27.08.2000) und UNMIK/PR/329 (28.08.2000); ein 80jähriger Mann wurde durch Maschinengewehrfeuer getötet, und eine Granate in eine Gruppe von Kindern geworfen, vgl. UNMIK/PR/329 (28.08.2000).

595 Zwei Tote im September, vgl. UNMIK/PR/343 (12.09.2000); Schüsse auf Ibrahim Rugova und Raketenangriff auf eine von Serben bewohnte Appartementanlage in Pristina, vgl. UNMIK/PR/397 (24.10.2000); Mord an vier Männern, vgl. UNMIK/PR/410 (09.11.2000); Bombenangriff im November, vgl. UNMIK/PR/425 (22.11.2000); Mord an einem Berater Ibrahim Rugovas im November, vgl. UNMIK/PR/429 (23.11.2000); Unruhen in Leposavic im Dezember, bei denen mindestens fünf Menschen starben und das Gebäude der Polizeistation niedergebrannt wurde, vgl. UNMIK/PR/449 (18.12.2000) sowie schließlich Ende September der Angriff auf ein älteres serbisches Ehepaar in deren Wohnung, bei dem der Ehemann getötet und die Frau schwer verletzt wurde, vgl. UNMIK/PR/459 (29.12.2000).

Attacken auf einen serbischen Buskonvoi im Februar mit mindestens sieben Toten, zehn Schwerverletzten und Dutzenden weiteren Verletzten im Februar[596] und ein weiterer Angriff auf eine Gruppe von Serben, die in einem Bus unterwegs waren[597] sowie die Ermordung einer fünfköpfigen kosovo-albanischen Familie[598] im August genannt werden. Daneben gab es zahllose weitere Anschläge[599]. Während die letzten drei Monate des Jahres 2001 vergleichsweise ruhig verliefen, setzte die Gewalt sich Anfang 2002 fort und forderte zahlreiche weitere Opfer. So waren beispielsweise im Februar wiederum in Pristina gewalttätige Ausschreitungen zu verzeichnen[600], im August Bombenexplosionen in Klokot und Balance[601], im Oktober wurde eine Gruppe von Rentnern in Pec angegriffen[602] und der Vorsitzende des Gemeinderates von Suhareke bei einem Anschlag getötet[603]. Ein weiteres Attentat größeren Ausmaßes richtete sich im November gegen zwei serbisch orthodoxe Kirchen, die durch mehrere Bombenexplosionen schwer beschädigt wurden[604]. Auch 2003 gab es noch ethnisch motivierte Anschläge mit Todesopfern[605], sowie Anschläge auf öffentliche Einrichtungen und Bauwerke[606]. Als weitere Belege für die anhaltende Ausnahmesituation noch in jüngster Zeit sind beispielhaft die medienwirksamen Ausschreitungen im März 2004 zu nennen, in denen mindestens 22 Personen starben und 500 verletzt wurden. Die Tatsache, dass sich diese Gewalt nicht gegen Regierungseinrichtungen, sondern gegen die jeweils andere Ethnizität richtete, zeigte deutlich, dass sich in der Gesellschaft im Kosovo auch fünf Jahre nach Amtsantritt der internationalen Verwaltung die Ideale von Demokratie und und friedlichem Zusammenleben der verschiedenen Ethnizitäten noch nicht in dem Maße durchgesetzt hatten, dass

---

596 Vgl. UNMIK/PR/496 (16.02.2001), daneben mindestens ein weiteres Todesopfer und zahlreiche Verletzte bei Gewalttaten gegen Serben im gleichen Monat, UNMIK/PR/493 (14.02.2001).

597 UNMIK/PR/621 (07.08.2001).

598 UNMIK/PR/629 (21.08.2001).

599 Fortgesetzte Unruhen in Mitrovica im Januar, mit mindestens zwei Toten und sieben Verletzten, vgl. UNMIK/PR/482 (30.01.2001), UNMIK/PR/484 (31.01.2001); Bombenanschlag in Pristina im April mit einem Toten und vier Verletzten, vgl. UNMIK/PR/564 (18.04.2001); Ermordung eines Bürgermeisters der Gemeinde Klina, vgl. UNMIK/PR/569 (24.04.2001) und die Tötung eines Polizisten und die Verletzung eines weiteren Polizisten im September, vgl. UNMIK/PR/641 (11.09.2001).

600 UNMIK/PR/689 (11.02.2002).

601 UNMIK/PR/795 (31.07.2002).

602 UNMIK/PR/841 (11.10.2002).

603 UNMIK/PR/859 (27.10.2002).

604 UNMIK/PR/868 (17.11.2002).

605 Drei Todesopfer im Januar, vgl. UNMIK/PR/904 (09.01.2003); drei Todesopfer im Juli, UNMIK/PR/982 (04.06.2003); zwei Todesopfer unter serbischen Kindern und mehrere Verletzte bei einem Angriff mit Schusswaffen, UNMIK/PR/1021 (13.08.2003); sowie zahlreiche weitere gewalttätige Ausschreitungen unter anderem im August, UNMIK/PR/1025 (28.08.2003).

606 Bombenanschlag auf eine Kosovo und Serbien verbindende Eisenbahnbrücke bei Banjska, UNMIK/PR/947 (16.04.2003).

auf die Überwachung der internationalen Präsenz hätte verzichtet werden können. Es wurde hier vielmehr deutlich, dass der Weg zu einem Normalzustand noch lange nicht erreicht war.

Im Hinblick auf das erhebliche Ausmaß der getöteten und verletzten Personen innerhalb nur weniger Tage ist in Anlehnung an die oben genannte Rechtsprechung des EGMR selbst im März 2004 noch vom Vorliegen einer außergewöhnlichen Notstandssituation im Sinne der Derogationsvorschriften auszugehen. Insbesondere ist auch die vom EGMR geforderte Qualifizierung des Notstandes als ein solcher, der die ganze Bevölkerung betrifft und und eine Bedrohung des geregelten Gemeinschaftslebens darstellt, erfüllt. Denn ein geregeltes Gemeinschaftsleben ist insbesondere dann nicht möglich, wenn ethnisch motivierte Gewaltakte immer wieder aufs neue das Vertrauen in ein Zusammenleben in einer multi-ethnischen Gesellschaft mit demokratischer Staatsform zerstören. Dies gilt umso mehr, wenn es gilt, eine solche Staatsform überhaupt erst aufzubauen und der Bevölkerung die Demokratie als einzige Möglichkeit des friedlichen Zusammenlebens nahezubringen. Dies ist auch die Beobachtung des Sonderbeauftragten des Generalsekretärs (2002-2003), Michael Steiner, der aus seiner Erfahrung berichtete, dass die Menschen so lange keine freien demokratischen Entscheidungen treffen werden, wie sie in Angst und Schrecken vor Übergriffen leben müssen[607]. Da aber das durch Sicherheitsratsresolution 1244 festgelegte Ziel, nämlich die Entwicklung demokratischer Regierungsstrukturen nicht möglich ist, solange die Bevölkerung eine solche Entwicklung aus Angst vor Übergriffen nicht unterstützt, aber ohne eine solche Entwicklung genau die Zustände im Kosovo wieder Einzug halten würden, wegen der die internationale Gemeinschaft das Gebiet unter die Verwaltung der Vereinten Nationen gestellt hat, liegt, solange Verunsicherung durch ethnische Zusammenstöße herrscht, eine Notstandssituation vor, die die ganze Bevölkerung betrifft und eine Bedrohung für ein geregeltes Gemeinschaftsleben darstellt.

Zu beachten ist schließlich noch, dass der ultimative Zweck von Derogationen im internationalen Recht ausschließlich die Ermöglichung der Rückkehr des betroffenen Staates zur Normalität sein muss. Die Notstandsmaßnahmen müssen also notwendig sein, um die verfassungsmäßige Ordnung wieder herzustellen, in der die Menschenrechte wieder vollständig gewährleistet werden können[608]. Diese Voraussetzung für die Zulässigkeit von Notstandsmaßnahmen dürfte erfüllt sein. Denn wie soeben beschrieben, ist es ja gerade das durch das Mandat festgeschriebene Ziel, im Kosovo eine demokratische, verfassungsmäßige Ordnung

[607] Botschafter Michael Steiner (SRSG Jan. 2002-Juli 2003), Gespräch der Verf. v. 14.01.2005 in der Ständigen Vertretung der Bundesrepublik Deutschland bei den Vereinten Nationen in Genf.

[608] Human Rights Committee, General Comment No. 29: States of Emergency (Art. 4 CCPR), CCPR/C/21/Rev.1/Add.11; Human Rights in the Administration of Justice, Chapter 16: The Administration of Justice during States od Emergency, S. 831.

herzustellen, in der Menschenrechte ohne Unterschied der Ethnizität für alle Bürger gewährleistet sind[609].

Es lässt sich daher zusammenfassen, dass aufgrund der anhaltenden Unruhen und der verübten Gewaltakte und Anschläge in jeder Phase der Zeit, in der die internationale Übergangsverwaltung im Kosovo tätig ist, eine Sicherheitslage herrscht, die so unsicher ist, dass sie die Annahme einer Notstandslage im Sinne der Art. 15 EMRK, Art. 4 IPBürgR rechtfertigt[610].

Über das Vorliegen einer Notstandssituation hinaus fordert die Menschenrechtskommission als zweite Voraussetzung für die Anwendung des Art. 4 IPBürgR, dass der Staat, der von der Derogationsvorschrift Gebrauch machen will, offiziell erklärt haben muss, dass ein öffentlicher Notstand vorliegt[611]. Dies ist im Hinblick auf die Situation im Kosovo fraglich, da die förmliche Erklärung des Vorliegens einer Notstandslage mit der Folge des Außerkraftsetzens von Vorschriften, zu deren Anwendung man sich verpflichtet hat, nicht erfolgt ist. Es scheint aber sachgerecht, im Hinblick auf die besondere Situation im Kosovo, insbesondere die Einsetzung der UNMIK durch den Sicherheitsrat unter Kapitel VII der UN-Charta, eine Ausnahme von dieser förmlichen Voraussetzung zu machen. Die UNMIK wurde durch den Sicherheitsrat aufgrund seiner Befugnisse gem. Art. 7, 29 UN-Charta als Nebenorgan eingesetzt. Durch die Anwendung der Vorschriften des Kapitels VII hat der Sicherheitsrat eine Bedrohung des internationalen Friedens festgestellt, da die Anwendung des Art. 39 UN-Charta ja mindestens eine Bedrohung des Friedens voraussetzt, die im Hinblick auf den letzten Halbsatz sogar nicht nur die nationale, sondern die internationale Sicherheit bedrohen muss. Wenn die Bedrohung aber durch den Sicherheitsrat als ausreichend für die Anwendung der Vorschriften des Kapitels VII angesehen wird, muss dies eine Notstandslage, die eine Bedrohung für das Leben der Nation darstellt, einschließen[612]. Nachdem diese Bedrohung aber schon durch den Sicherheitsrat als Hauptorgan selber festgestellt wurde, erscheint es als unnötige Förmelei, von der UNMIK als Nebenorgan abermals eine solche Erklärung des Vorliegens einer Notstandssituation zu fordern.

Neben der offiziellen Proklamation der Notstandslage fordert die Menschenrechtskommission, dass sich der Staat, der sich auf eine Notstandssituation beruft, die eine Abweichung von Garantien des Menschenrechtspaktes nach sich zieht, streng im Rahmen seiner verfassungsmäßigen oder einfachen Gesetze hält, die die Anwendung von Notstandsgesetzen betreffen. Auch dieses Erfordernis ist aufgrund des besonderen Status' der UNMIK als Übergangsverwaltung nicht eins zu eins auf UNMIK übertragbar. Denn UNMIK mag zwar

---

609 Vgl. UN Doc. S/RES/1244 (1999), Abschnitt 10.

610 Vgl. auch *Mole*, EHRLR 2001, S. 208, 292.

611 Human Rights Committee, General Comment No. 29: States of Emergency (Art. 4 CCPR), CCPR/C/21/Rev.1/Add.11, Para. 2. (UN Doc. A/56/40 (Vol. I), S. 202, Para. 2).

612 Vgl. hierzu auch 4. Kapitel, II.

"Staatssurrogat" sein, ist aber kein tatsächlicher Staat mit verfassungsmäßigen Gesetzen, die Aufschluss über Notstandsgesetzgebung geben könnten. Es gilt insofern das gleiche Argument wie oben: was durch den Sicherheitsrat durch Resolution unter Kapitel VII gerechtfertigt ist, benötigt kein weiteres Gesetz durch dessen Nebenorgan.

3. Zulässige Maßnahmen, Grundsatz der Verhältnismäßigkeit

Da die Voraussetzungen zur Anwendung von Notstandsmaßnahmen vorliegen, ist eine Abweichung von den Garantien der EMRK und des IPBürgR grundsätzlich möglich. Die Tatsache allein, dass eine Notstandssituation vorliegt, berechtigt jedoch nicht zu jeder beliebigen Maßnahme. Sowohl der EMRK als auch dem IPBürgR liegt der Grundsatz der strengen Verhaltnismäßigkeit zugrunde. Dies heißt, dass das Außerkraftsetzen von Menschenrechten im konkreten Fall immer nur in einem Ausmaß erfolgen darf, das in der konkreten Situation unabdingbar und durch die Umstände geboten ist[613]. Dies gilt nicht nur im Hinblick auf den Inhalt der Maßnahme, sondern auch für ihre zeitliche Anwendung. Zu beachten ist allerdings, dass der EGMR den betreffenden Staaten – ebenso wie bereits bei der Einschätzung, ob überhaupt eine Notstandslage vorliegt – bei der Auswahl der Maßnahmen, die zur Bekämpfung dieser Notstandssituation erforderlich sind, einen größeren Entscheidungsspielraum einräumt[614].

Es ist daher für jede einzelne Maßnahme oder Verordnung, bezüglich derer oben ein Verstoß gegen internationale Menschenrechte festgestellt wurde, zu prüfen, ob ein rechtmäßiges Außerkraftsetzen der jeweiligen Menschenrechtsbestimmung im Wege der Derogation stattgefunden hat.

a) UNMIK-Verordnung 2000/47 On the Status, Privileges and Immunities of KFOR and UNMIK[615]

Die Verordnung 2000/47 über den Status, die Privilegien und die Immunitäten von KFOR und UNMIK verstößt zum einen gegen das Rechtsstaatsprinzip, weil eine gerichtliche Nachprüfbarkeit von legislativem und exekutivem Handeln der internationalen Zivil- und Sicherheitspräsenz nicht durch ein unabhängiges Gericht nachgeprüft werden können. Zum anderen liegt in der Versagung eines unabhängigen Gerichtes auch eine Verletzung der Organisationsgarantie der Art. 6

613 Human Rights Committee, General Comment No. 29: States of Emergency (Art. 4 CCPR), CCPR/C/21/Rev.1/Add.11, Para. 3; EGMR, Urt. v. 18.01.1978, *Irland./.Großbritannien*, Serie A 25, Z. 211; vgl auch Ombudsperson Institution, Special Report No. 1, Paras. 15.-20.

614 EGMR, Urt. v. 18.01.1978, *Irland ./.Großbritannien*, Serie A 25, Z. 207; EGMR, Urt. v. 26.05.1993, *Brannigan und McBide ./.Großbritannien*, Serie A 256-B, Z. 43; EGMR, Urt. v. 19.12.1996, *Aksoy ./. Türkei*, Report 1996-VI, Z. 66.

615 Vgl. hierzu 3. Kapitel, I.

Abs. 1 EMRK, 14 Abs. 1 IPBürgR. Denn erstens wird durch die Verweisung auf die Jurisdiktion der jeweiligen Entsendestaaten der Zugang zu einem Gericht derart erschwert, dass er im Sinne der in Art. 6 EMRK und Art. 14 IPBürgR als verwehrt angesehen werden kann. Zweitens wurde festgestellt, dass eine auf Grundlage der geprüften Verordnung geschaffene Beschwerdekommission nicht den Erfordernissen an ein unabhängiges, auf Gesetz beruhendes Gericht erfüllt und somit eine Verletzung der in Art. 6 EMRK, 14 IPBürgR enthaltenen Organisationsgarantie vorliegt. Es stellt sich nun die Frage, ob die Verletzung dieser Rechte im Falle einer Notstandslage, wie sie oben festgestellt wurde, mit einer Derogation von Art. 6 EMRK und Art. 14 IPBürgR begründet werden kann.

Bereits nach dem oben Gesagten, dass die Abweichungen von gewissen Vorschriften der internationalen Menschenrechtsverträge nur in dem Maße zulässig sind, wie sie die konkreten Umstände unbedingt erfordern, kann festgestellt werden, dass kein Grund ersichtlich ist, warum es nötig wäre, für die internationale Verwaltung allumfassende Immunität in der Form zu gewähren, wie es die Verordnung 2000/47 vorsieht. Hier kann vollumfänglich auf die Begründung verwiesen werden, mit der auch schon der Verstoß[616] gegen das Rechtsstaatsprinzip belegt wurde. Es ist nicht einsichtig, warum eine internationale Organisation, die die Staatsgewalt in einem Gebiet vollumfänglich übernommen hat, sich zur Erfüllung ihrer Aufgaben mit größerer Immunität ausstatten müsste, als ein Staat es tut.

Was die Verwehrung von Rechtsschutz und damit den Verstoß gegen Art. 14 IPBürgR betrifft, so folgt dessen Unverhältnismäßigkeit auch noch aus einem weiteren Umstand, der mit der von der Menschenrechtskommission betonten Mindestgarantie des Art. 2 Abs. 3 des Menschenrechtspaktes zusammenhängt: Zwar ist Art. 14 nicht in der Liste der nicht derogierbaren Vorschriften des Art. 4 Abs. 2 IPBürgR enthalten, jedoch ist sie als eine dem Vertrag als Ganzem innewohnende Bestimmung anzusehen. Dies hat zur Folge, dass selbst, wenn in einem Staat für gewisse Maßnahmen die übrigen Voraussetzungen für eine wirksame Derogation – auch eine solche, die gerichtliche oder andere Rechtsbehelfe betreffen – vorliegen, der betreffende Staat stets die grundlegende Bestimmung des Art. 2 Abs. 3 IPBürgR zu beachten hat, dass ein wirksames Rechtsmittel zur Verfügung stehen muss[617]. Die Verpflichtung, für Opfer von Menschenrechtsverletzungen – einschließlich solchen, die Opfer unrechtmäßiger Notstandsmaßnahmen geworden sind – geeignete Rechtsmittel bereitzustellen, darf somit nicht umgangen werden. Die umfassende Immunität, wie sie die Verordnung 2000/47 vorsieht, verhindert jegliche rechtliche Überprüfbarkeit von Handlungen der in der Verordnung genannten Personenkreise.

---

616 Vgl. 3. Kapitel, I. 1.

617 Report of the Human Rights Committee (Volume I), UN Doc. A/56/40 (vol. I), S. 206, Para. 14.

Insofern kann auch bei sonstigem Vorliegen der Notstandvoraussetzungen keine rechtmäßige Derogation der Art. 6 EMRK, Art. 14 IPBürgR angenommen werden.

b) Freiheitsentziehungen aufgrund von Exekutivbefehlen des Sonderbeauftragten und UNMIK-Verordnung 2001/18 On the establishment of a Detention Review Commission[618]

Durch die Praxis der Durchsetzung von Freiheitsentziehungen aufgrund von Exekutivanweisungen des Sonderbeauftragten wurde unter verschiedenen Aspekten gegen die Bestimmungen der Art. 5 EMRK, Art. 9 IPBürgR verstoßen. Als schwerwiegenster Verstoß ist der gegen Art. 5 Abs. 1 EMRK, Art. 9 Abs. 1 IPBürgR anzusehen, der darauf beruht, dass für Freiheitsentziehungen aufgrund von Exekutivbefehlen des SRSG keinerlei gesetzliche Grundlage existiert. Weil kein von der Exekutive unabhängiges Gericht über die Freiheitsentziehungen entscheidet bzw. eine gegebenenfalls herbeigeführte richterliche Entscheidung durch den Sonderbeauftragten jederzeit wieder aufgehoben werden kann, wurde ein Verstoß gegen Art. 5 Abs. 3 EMRK, Art. 9 Abs. 3 IPBürgR festgestellt[619]. Da die Haftentscheidungen bis zum 25. August 2001, als die Haftprüfungskommission gebildet wurde, somit überhaupt nicht überprüfbar waren, verstießen Freiheitsentziehungen aufgrund Exekutivbefehls auch gegen Art. 5 Abs. 4 EMRK, Art. 9 Abs. 4 IPBürgR. Abs. 5 der Art. 5 EMRK, Art. 9 IPBürgR waren verletzt, weil keine Entschädigungsregelung für zu Unrecht erlittene Haft existierte. Diese Verstöße wurden auch nicht durch die im August 2001 verkündete Verordnung 2001/18 behoben. Denn auch mit dieser Verordnung wurde noch keine gesetzliche Grundlage für Freiheitsentziehungen aufgrund Exekutivbefehls geschaffen. Auch besteht weiterhin ein Verstoß gegen Abs. 4 der Art. 5 EMRK, Art. 9 IPBürgR, weil die Haftprüfungskommission nicht als unabhängiges Gericht anerkannt werden kann und durch deren Schaffung in die Zuständigkeit der ordentlichen Gerichtsbarkeit eingegriffen wird. Bestimmte Verfahrensregeln, die für die Haftprüfungskommission gelten, verstoßen gegen Art. 5 Abs. 2 i.V.m Abs. 4 EMRK und die entsprechenden Absätze des Art. 9 IPBürgR. Gemeint ist hier vor allem die Praxis, dass die Entscheidung der Haftprüfungskommission auf Gründen und Beweisen beruhen darf, die vor dem Betroffenen und dessen Verteidiger geheim gehalten werden[620].

Obwohl die Fälle von durch die Exekutive veranlasste Verhaftungen und Freiheitsentziehungen stark umstritten sind, werden sie durch das Völkerrecht nicht grundsätzlich verboten[621]. Jedoch sind die Fälle von Notstandsmaßnahmen, die

---

618 Vgl. 3. Kapitel, III. und IV.

619 Der SRSG trifft ja die Entscheidung, vgl. 3. Kapitel, III. und IV. 3.

620 Vgl. 3. Kapitel, IV. 4.

621 Human Rights in the Administration of Justice, Chapter 5: Human Rights and Arrest, Pre-Trial and Administrative Detention, S. 175.

Freiheitsentziehungen und deren gerichtliche Kontrolle betreffen, durch Menschenrechtsausschuss und Europäischen Gerichtshof für Menschenrechte unterschiedlich streng beurteilt worden. Nach unmissverständlicher Aussage des Menschenrechtsausschusses wären sämtliche oben aufgeführten Verstöße kaum zu rechtfertigen. Denn Art. 9 Abs. 3 und 4 IPBürgR seien im Zusammenhang mit Art. 2 Abs. 3 IPBürgR zu lesen. Damit sei das Recht auf effektiven gerichtlichen Rechtsschutz gegen Festnahme und Haft dem Menschenrechtspakt immanent, somit nicht derogierbar und mithin grundsätzlich auch in Zeiten zu gewährleisten, die eine Notstandsituation im Sinne des Art. 4 IPBürgR begründeten[622]. Effektiver Rechtsschutz ist – wie oben dargestellt – bis zum Erlass der Verordnung 2001/18 überhaupt nicht vorhanden. Da die Haftprüfungskommission aber auch kein unabhängiges Gericht ist, der Menschenrechtsausschuss ein solches aber auch in Notstandszeiten fordert, sind die festgestellten Verstöße auch nicht durch das Vorliegen der festgestellten Notstandslage gerechtfertigt.

Im Gegensatz dazu hat der Europäische Gerichtshof für Menschenrechte weitreichende außergewöhnliche Befugnisse für Freiheitsentziehungen ohne die Möglichkeit gerichtlicher Nachprüfbarkeit im Zusammenhang mit Großbritannien und Nordirland akzeptiert. Diese Rechtsprechung lässt sich aber nicht ins Feld führen, soweit es um die Tatsache geht, dass im Kosovo Freiheitsentziehungen aufgrund von Exekutivbefehlen jede rechtliche Grundlage fehlt. Denn in den vom EGMR entschiedenen Fällen lagen den freiheitsentziehenden Maßnahmen zumindest entsprechende Notstandsgesetze zugrunde[623].

Hinsichtlich der Anforderungen an die gerichtliche Kontrolle von Freiheitsentziehungen ist der EGMR dann aber großzügiger als der Menschenrechtsausschuss. Im Fall *Lawless*[624] entschied der Gerichtshof, nachdem er eine Verletzung von Art. 5 Abs. 1 lit. c) und Abs. 3 EMRK festgestellt hatte, dass die fünf Monate andauernde Freiheitsentziehung des Beschwerdeführers nach den gegebenen Umständen unbedingt erforderlich und damit gemäß Art. 15 Abs. 1 EMRK gerechtfertigt war. Der Gerichtshof stellte heraus, dass für den betroffenen Staat keine andere Möglichkeit ersichtlich gewesen sei, mit der Situation umzugehen und dass die durch die Exekutive angeordnete Haft von Personen, die terroristischer Aktivitäten verdächtigt wurden, trotz des massiven Eingriffs Maßnahmen darstellten, die wegen der gegebenen Umstände erforderlich wa-

---

622 Report of the Human Rights Committee (Volume I), UN Doc. A/49/40 (vol. I), Annex XI, S. 120 und General Comment No. 29: States of Emergency (Art. 4 CCPR), CCPR/C/21/Rev.1/Add.11 (A/56/40 (Vol. I), S. 208-209, FN. I); Report of the Human Rights Committee (Volume I), UN Doc. A/56/40 (vol. I), S. 205, Para. 11.

623 Vgl. EGMR, Urt. v. 01.07.1961, *Lawless ./. Irland*, Serie A 3; EGMR, Urt. v. 18.01.1978, *Irland ./. Großbritannien*, Serie A 25; EGMR, Urt. 29.11.1988, *Brogan u.a. ./. Großbritannien*, Serie A 145-B; EGMR, Urt. v. 26.05.1993, *Brannigan und McBride ./. Großbritannien*, Serie A 258-B.

624 EGMR, Urt. v. 01.07.1961, *Lawless ./. Irland*, Serie A 3.

ren[625]. Als Gründe für die Notwendigkeit der Maßnahmen führte der Gerichtshof neben dem Umstand, dass sich die Anwendung des herkömmlichen Rechts als unzureichend zur Bekämpfung der wachsenden Bedrohung für Irland erwiesen habe auch die Tatsache an, dass das Zusammentragen von Beweisen, die zur Überführung von verdächtigen Personen (...) notwendig waren, angesichts des Charakters der IRA als militärische, geheime und terroristische Vereinigung und der Angst, die diese in der Bevölkerung verursache, ein sehr schwerwiegender Prozess sei. Diese Argumente lassen sich auch auf die praktischen Erfahrungen im Kosovo übertragen, wo zum Teil die massive Bedrohung von Zeugen zu befürchten war, hätte man die Verdächtigen nicht in Haft behalten. Gerade in einem Umfeld, in dem noch nicht das gebotene Vertrauen in ein rechtsstaatliches Verfahren aufgebaut war, war bekannt, dass Ermittlungen so gut wie aussichtslos waren, wenn Verdächtigen erst die Gelegenheit gegeben wurde, Zeugen unter Druck zu setzen[626]. Insofern war die Haft oft die einzige Möglichkeit, ein erfolgreiches Ermittlungsverfahren durchzuführen.

Der Gerichtshof kam im Fall *Lawless* bei der durch die Exekutive angeordneten Freiheitsentziehung aber auch deshalb zu dem oben genannten Ergebnis, weil einem Missbrauch des zugrunde liegenden Notstandsgesetzes durch gewisse Sicherungsmaßnahmen weitgehend vorgebeugt wurde. Zu diesen Sicherungsmaßnahmen gehörte vor allem die ständige Überwachung durch das Parlament und die Einrichtung einer Haftprüfungskommission, die aus zwei Richtern und einem Armeeangehörigen bestand. Diese Kommission konnte durch den Betroffenen angerufen werden. War sie der Meinung, dass eine Freilassung anzuordnen war, so war diese Entscheidung bindend für die Exekutive und der Betroffene zu entlassen[627]. Ebenso liegt es im Falle der Freiheitsentziehungen aufgrund Exekutivbefehls des Sonderbeauftragten. Seit August 2001 unterlagen auf dieser Grundlage vollzogene Freiheitsentziehungen der Nachprüfung durch die Haftprüfungskommission, die sich aus drei Personen zusammensetzte, von denen mindestens zwei in ihrem Heimatland den Beruf des Richters ausüben müssen. Auch die Entscheidung dieser Kommission über die Freilassung des Inhaftierten ist bindend und kann nicht durch einen neuen Exekutivbefehl des Sonderbeauftragten aufgehoben werden. Zwar unterlag die Praxis des Gebrauchs von Exekutivbefehlen zur Freiheitsentziehung nicht der Kontrolle durch das Parlament; dass jedoch eine konstante Überprüfung der Notwendigkeit dieser Praxis durch die UNMIK durchgeführt wurde, beweist die Tatsache, dass der Gebrauch von

---

[625] EGMR, Urt. v. 01.07.1961, *Lawless ./. Irland*, Serie A 3, Z. 36.

[626] Botschafter Michael Steiner (SRSG Jan. 2002-Juli 2003), Gespräch der Verf. v. 14.01.2005.

[627] EGMR, Urt. v. 01.07.1961, *Lawless ./. Irland*, Serie A 3, Z. 37.

Freiheitsentziehungen aufgrund Exekutivbefehls nach und nach eingestellt wurde[628].

Es bleibt jedoch die Frage, warum die Haftentscheidung nicht durch die ordentliche Gerichtsbarkeit getroffen werden kann, sondern hierfür die Entscheidung einer Kommission nötig ist, die noch dazu für die Entscheidung über Informationen verfügt, die der ordentlichen Gerichtsbarkeit zuvor nicht zur Verfügung gestanden haben und die gegebenenfalls auch vor dem Betroffenen und seinem Verteidiger geheim gehalten werden dürfen. Diese Fragen tauchten auch in dem durch den EGMR zu entscheidenden Fall *Brannigan und McBride*[629] auf. Zur Begründung der Tatsache, dass die ordentlichen Gerichte nicht mit den Entscheidungen über die Verlängerung der Haft befasst wurden, hatte die britische Regierung angeführt, dass die Unabhängigkeit der ordentlichen Gerichtsbarkeit beeinträchtigt wäre, wenn sie in die Entscheidungen über die entsprechenden Haftverlängerungen mit einbezogen würde. Diesem Argument folgte der Gerichtshof mit dem Hinweis darauf, dass die Gerichtsbarkeit in Nordirland besondere Angriffsfläche für terroristische Anschläge sei. Die Entscheidung, die Gerichte von umstrittenen Verlängerungen von Haftentscheidungen auszuschließen, beruhe auf der zutreffenden Erwägung, dass diese Maßnahme geeignet sei, das öffentliche Vertrauen in die Unabhängigkeit der Gerichtsbarkeit nicht zu erschüttern[630]. Auch diese Argumentation eignet sich für eine Übertragung auf die Situation im Kosovo. Der Ombudsmann berichtet selbst in seinen jüngsten Jahresreporten noch über Probleme, die sich im Hinblick auf die Unabhängigkeit der Justiz stellen. Bedingt durch extrem niedrige Gehälter in der Justiz ist eines dieser Probleme das der fehlenden Unabhängigkeit durch Bestechlichkeit. Hinzu kommt, dass viele Richter massiven Bedrohungen ausgesetzt sind, die geeignet sind, deren Unabhängigkeit auf die Probe zu stellen[631]. Diese Umstände rechtfertigen es wie im Fall *Brannigan und McBride* die Haftentscheidung auf eine aus der ordentlichen Gerichtsbarkeit ausgegliederte Kommission zu übertragen.

In derselben Entscheidung hatte der Gerichtshof auch über die Regelung, dass die Haftentscheidung auf Gründen beruhen durfte, die gegenüber dem Betroffenen und seinem Verteidiger zurück gehalten wurden, zu entscheiden. Der Gerichtshof stellte hier fest, dass Großbritannien seinen Einschätzungsspielraum mit der Entscheidung, die Offenlegung von Beweismitteln, die die Haftentschei-

---

628 Die OSZE stellt in einem Bericht fest, dass exekutive Befugnisse des SRSG im Zusammenhang mit Freiheitsentziehungen seit dem 19.12.2001 nicht mehr ausgeübt wurden, vgl. OSCE Mission in Kosovo – Department of Human Rights and Rule of Law: Kosovo – Review of the Criminal Justice System (March 2002- 2003), S. 33.

629 EGMR, Urt. v. 26.05.1993, *Brannigan und McBride ./. Großbritannien*, Serie A 258-B.

630 EGMR, Urt. v. 26.05.1993, *Brannigan und McBride ./. Großbritannien*, Serie A 258-B, Z. 59.

631 Ombudsperson Institution, 4th Annual Report (2003-2004) v. 12.07.2004, S. 7ff.; 5th Annual Report (2004-2005) v. 11.07.2005, S. 17f.

dung tragen, vor dem Betroffenen und seinem Verteidiger zu verhindern, nicht überschritten habe.

Es bleibt somit festzuhalten, dass bis auf die Tatsache der fehlenden Rechtsgrundlage Freiheitsentziehungen auf der Grundlage von Exekutivbefehlen des Sonderbeauftragten sowie der eingeschränkte Rechtsschutz hiergegen aufgrund der vorliegenden Notstandssituation gerechtfertigt sein können.

c) UNMIK-Verordnung 1999/2 On the prevention of access by individuals and their removal to secure public peace and order

Durch die Verordnung wird einerseits gegen Art. 5 Abs. 1 EMRK, Art. 9 Abs. 1 IPBürgR verstoßen, da Vorbeugehaft zu dem Zweck zugelassen wird, eine Gefährdung der öffentlichen Sicherheit und Ordnung zu verhindern, ohne dass die Verordnung hierfür das Vorliegen konkreter Gründe fordert, die die Begehung einer Straftat wahrscheinlich erscheinen lassen. Da für die Überprüfung einer solchen Präventivhaft kein Rechtsbehelf vorgesehen ist, verstößt die Verordnung zusätzlich gegen Abs. 4 der Art. 5 EMRK, Art. 9 IPBürgR[632].

Ebenso wie oben[633], lässt sich der Verstoß gegen Art. 9 Abs. 4 IPBürgR nicht durch eine Derogation rechtfertigen, da der Menschenrechtsausschuss eindeutig erklärt hat, dass effektiver Rechtsschutz gegen Freiheitsentziehungen als dem Menschenrechtspakt immanentes Recht (Art. 9 i.V.m. Art. 3 Abs. 2 IPBürgR) grundsätzlich auch in Zeiten eines öffentlichen Notstandes zu gewährleisten ist. Demgegenüber ist die Rechtsprechung des EGMR – wie oben schon anhand eines Falles gesehen – diesbezüglich großzügiger. Im Fall *Irland ./. Großbritannien* ging es um verschiedene Fälle außergerichtlicher Freiheitsentziehungen die ihre Rechtsgrundlage in verschiedenen Verordnungen, dem „Terrorists Order Act" sowie dem „Emergency Provisions Act" hatten, die sich mit Tatbeständen von Festnahme und Haft befassten. Eine der Verordnungen erlaubte die Verhaftung von Personen in Abwesenheit eines konkreten Verdachts bzgl. der Begehung einer Straftat. Die Verhaftung konnte lediglich auf der Grundlage der Erhaltung des Friedens und der öffentlichen Sicherheit erfolgen und wurde gelegentlich auch nur dazu benutzt, eine bestimmte Person über die Aktivitäten von anderen Personen zu verhören[634]. Insofern entspricht der soeben beschriebene Inhalt der Verordnung dem der UNMIK-Verordnung 1999/2[635]. Dementsprechend stellte der EGMR auch die Verletzung der Rechte aus Art. 5 Abs. 1 und 4 EMRK fest, da die Freiheitsentziehungen nicht zu dem Zweck durchgeführt wurden, den Betroffenen einem Richter vorzuführen und für die Betroffenen

---

632 Vgl. 3. Kapitel, V.

633 Vgl. 4. Kapitel, I. 3. b).

634 Human Rights in the Administration of Justice, Chapter 16: The Administration of Justice during States of Emergency, S. 860f.

635 Vgl. 3. Kapitel, V.

keine Möglichkeit bestand, die Verhaftung durch ein Gericht überprüfen zu lassen, das die Freilassung anordnet, wenn sich die Verhaftung als rechtswidrig erweist[636]. In der anschließenden Prüfung, ob diese Verstöße gemäß Art. 15 Abs. 1 EMRK gerechtfertigt sein könnten, untersuchte der Gerichtshof zum einen die Notwendigkeit der oben genannten Maßnahmen und zu anderen das Zurückfallen hinter die in Art. 5 Abs. 2 bis Abs. 4 EMRK festgeschriebenen Garantien[637]. In Bezug auf Art. 5 Abs. 1 EMRK kam der Gerichtshof zu dem Ergebnis, dass die Regierung den ihr im Rahmen des Art. 15 Abs. 1 EMRK zustehenden Einschätzungsspielraum nicht überschritten habe, als sie die Notwendigkeit von außergerichtlichen Freiheitsentziehungen in der Zeit von August 1971 bis März 1975 für notwendig erklärt hatte[638]. Die Maßnahmen zielten in erster Linie auf Mitglieder der IRA ab, die seit 1971 und in der Folgezeit eine massive Bedrohung für die territoriale Integrität Großbritanniens darstellte. In Anbetracht der massiven Gewaltwelle und Einschüchterung durfte die irische – und später die britische – Regierung davon ausgehen, dass Maßnahmen innerhalb des regulären Rechtssystems zur Bekämpfung der Bedrohung unzureichend und die Ergreifung von Notstandsmaßnahmen wie die außergerichtliche Freiheitsentziehung angezeigt waren[639]. Hinsichtlich der Verhaftungen, die nur zu dem Zwecke der Aufrechterhaltung der öffentlichen Sicherheit durchgeführt wurden, urteilte der Gerichtshof, dass diese Maßnahmen nur in sehr außergewöhnlichen Situationen gerechtfertigt seien, stellte aber letztlich fest, dass die in Irland vorherrschende Situation zu dieser Kategorie von außergewöhnlichen Situationen gehörte.

In Anbetracht der Tatsache, dass das Vorliegen eine Notstandssituation im Kosovo zum Zeitpunkt der fraglichen Verordnung zu bejahen ist[640] und die Verordnung 1999/2 darüber hinaus weniger schwerwiegend in die Rechte des Betroffenen eingreift, weil sie eine Freiheitsentziehung lediglich für die Dauer von maximal 12 Stunden vorsieht, während die Notstandsverordnungen in Großbritannien 48 Stunden erlaubten, dürften nach der Rechtsprechung des Europäischen Gerichtshofes für Menschenrechte auch die Maßnahmen nach UNMIK-Verordnung 1999/2 wegen der herrschenden Notstandslage gerechtfertigt sein.

d) UNMIK-Verordnung 1999/26 On the extension of periods of pre-trial detention

Die Verordnung verstößt in Ermangelung regelmäßiger Haftprüfungstermine und mangels Möglichkeit des Betroffenen, Haftprüfung zu beantragen sowie deshalb, weil eine Verlängerung der Haftdauer auch ohne Anhörung des Betrof-

---

636 EGMR, Urt. v. 18.01.1978, *Irland ./. Großbritannien*, Serie A 25, Z. 196.
637 EGMR, Urt. v. 18.01.1978, *Irland ./. Großbritannien*, Serie A 25, Z. 211.
638 EGMR, Urt. v. 18.01.1978, *Irland ./. Großbritannien*, Serie A 25, Z. 214.
639 EGMR, Urt. v. 18.01.1978, *Irland ./. Großbritannien*, Serie A 25, Z. 212.
640 So im Übrigen auch *Stahn*, Max Planck UNYB 5 (2001), S. 105, 164.

fenen nur auf Grundlage des Vorbringens des Untersuchungsrichters oder zuständigen Staatsanwaltes getroffen werden kann, gegen Abs. 3 und 4 der Art. 5 EMRK, Art. 9 IPBürgR[641].

Hinsichtlich der Verletzung der Art. 5 Abs. 3 und 4 EMRK unter dem Gesichtspunkt, dass der Betroffene keine Möglichkeit hat, selber Haftprüfung zu beantragen, kann auf obige Ausführungen verwiesen werden. Zwar handelt es sich bei der Verlängerung der Untersuchungshaft um weit längere Zeiten von Freiheitsentziehungen als sie durch die oben behandelte Verordnung 1999/2 vorgesehen sind. Jedoch sind im Gegenzug auch die durch den EGMR geforderten Sicherungsmaßnahmen gegen Missbrauch in der Verordnung wesentlich stärker ausgeprägt. Während oben überhaupt keine gerichtliche Kontrolle vorgesehen ist, wird den Rechten der von Verordnung 1999/26 Betroffenen jedenfalls dadurch genüge getan, dass jeweils nach drei Monaten – wenn eine Verlängerung der Untersuchungshaft durch Ermittlungsrichter oder Staatsanwalt beantragt wird – die Rechtmäßigkeit der Haft überprüft wird. Hinzu kommt, dass diese Haftentscheidung nicht etwa von irgendeiner speziell eingesetzten Kommission, sondern von der ordentlichen Gerichtsbarkeit, nämlich einer Kammer des zum Zeitpunkt der Verordnung zuständigen *Ad Hoc Court of Final Appeal*[642], getroffen wird.

Was die Verletzung des Anhörungsrechts durch die Regelung betrifft, dass die Verlängerung der Untersuchungshaft nur auf Grundlage der Ausführungen des Ermittlungsrichters oder Staatsanwaltes angeordnet werden kann, kann auf die Ausführungen zum Verfahren vor der Detention Review Commission verwiesen werden[643]. Die Fälle sind insofern vergleichbar, als sowohl die Geheimhaltung von Beweisen als Grundlage für die Haftentscheidung als auch die Verwehrung einer Anhörung des Betroffenen oder seines Verteidigers die Möglichkeiten des Betroffenen, sich gegen die Haft zu wehren, erschweren. Der EGMR entschied im Fall *Brannigan und McBride ./. Großbritannien,* dass die Zurückhaltung von Beweismitteln gegenüber Betroffenem und Verteidiger aufgrund der speziellen Umstände als gerechtfertigt angesehen werden konnten[644]. Aufgrund der Ähnlichkeit der beiden Fälle dürfte auch die Entscheidung ohne Anhörungsrecht unter der Verordnung 1999/26 als gerechtfertigt anzusehen sein, da es kaum einen Unterschied macht, ob der Betroffene überhaupt nicht erst bei der Entscheidungsfindung zugegen ist oder ob er zwar anwesend ist, aber die die Haftentscheidung tragenden Gründe vor ihm verborgen bleiben.

---

641 Vgl. 3. Kapitel, VI.

642 Vgl. 1. Kapitel, III. 4. b) (2) aa) ii) (c).

643 Vgl. 3. Kapitel, IV. 4.

644 Vgl. 4. Kapitel, I. 3. b).

4. Zusammenfassung

Mit Ausnahme der Gewährung umfassender Immunitäten und der fehlenden Rechtsgrundlagen für Freiheitsentziehungen aufgrund von Exekutivanweisungen des Sonderbeauftragten sind die Einschränkungen von justiziellen Menschenrechten wegen der herrschenden Notstandslage im Kosovo gem. Art. 15 EMRK, Art. 4 IPBürgR gerechtfertigt.

II. Rechtfertigung von Menschenrechtsverstößen aufgrund der besonderen Stellung der UNMIK als durch den Sicherheitsrat eingesetzte Übergangsverwaltung

Zu Beginn des Kapitels wurde ausführlich untersucht, ob die Lage im Kosovo zu allen Zeiten die Voraussetzungen an eine Notstandssituation im Sinne der Art. 15 EMRK, Art. 4 IPBürgR erfüllt, was aufgrund der anhaltenden Gewalt bejaht wurde. Möglicherweise sind die Abweichungen von Menschenrechtsstandards im Rahmen der Übergangsverwaltung aber sogar ohne eine ausdrückliche Feststellung des Vorliegens der Voraussetzungen der Notstandsklauseln gemäß Art. 15 EMRK, Art. 4 IPBürgR gerechtfertigt.

In einem gemeinsamen UNMIK-KFOR-UNHCR Police Press Briefing vom 2. Juli 2001 wird – als konkrete Reaktion auf den Bericht des Ombudsmannes zur Unrechtmäßigkeit von Freiheitsentziehungen auf der Grundlage von Exekutivanweisungen des Sonderbeauftragten – darauf hingewiesen, dass die Situation im Kosovo mit den unter Art. 15 EMRK anerkannten Notstandssituationen vergleichbar sei[645]. Das Mandat der UNMIK sei eine unter Kapitel VII der UN-Charta verfasste Resolution, so dass auch die Anwendung außergewöhnlicher Mittel und notfalls Gewalt zur Erfüllung des Mandates zulässig sei.

Diese Auffassung wird von der Literatur zum Teil als wenig überzeugend abgelehnt. Zwar bestünde die Möglichkeit, dass der Sicherheitsrat Friedensmissionen insbesondere im Notstandsfall von der Einhaltung gewisser Menschenrechtsstandards befreien könne, jedoch sei dies nur unter außergewöhnlichen Umständen möglich. Man könne sogar vertreten, dass eine solche Ausnahme ausdrücklich durch den Sicherheitsrat oder seine Nebenorgane erklärt werden müsse, wenn die Vereinten Nationen als Ersatzregierung handelten, die die klassischen Staatsfunktionen in einem Gebiet übernommen hätte. Da eine solche Erklärung im Falle des Kosovo fehle, habe die Übergangsverwaltung sich umfassend an die in der EMRK und dem IPBürgR festgeschriebenen Garantien zu halten. Dies

---

[645] UNMIK Press Briefing v. 2. Juli 2001, abrufbar unter: www.unmikonline.org/press/pressb01.htm, Datum des letzten Aufrufs: 29.09.2005.

gelte umso mehr, als durch die Verordnung 2000/59 diese Menschenrechtsinstrumente in ihrer Vollständigkeit für anwendbar erklärt worden seien[646].

Hiergegen lässt sich zum einen sagen, dass ein Bekenntnis der UNMIK zur Anwendbarkeit beispielsweise der EMRK und des IPBürgR durch die entsprechenden Verordnungen genauso wenig ausschließt, dass von den Derogationsvorschriften Gebrauch gemacht wird, wie der durch förmliche Ratifikation erfolgte Beitritt eines Staates zu den entsprechenden Menschenrechtsverträgen die Anwendbarkeit dieser Derogationsvorschriften ausschließen kann. In beiden Fällen bedeutet die vollständige Anwendbarkeit eben auch die Möglichkeit, bei Vorliegen einer Notstandssituation und der Erfüllung der übrigen Voraussetzungen von gewissen Menschenrechtsgarantien im Wege der Derogation abweichen zu dürfen.

Entscheidend für die Möglichkeit der Abweichung von einigen Menschenrechtsstandards ohne gesonderte Erklärung der Notstandssituation durch die UNMIK spricht aber das Argument, das sich aus der Tatsache ergibt, dass sich das Mandat der UNMIK aus einer Sicherheitsratsresolution unter Kapitel VII der UN-Charta ergibt. Dass dies der Fall ist, ergibt sich im Falle der Sicherheitsratsresolution 1244 sogar aus dem Wortlaut der Resolution[647]. Unter Kapitel VII handelt der Sicherheitsrat aber nur, wenn die Voraussetzungen des Art. 39 UN-Charta vorliegen, wenn also mindestens eine Bedrohung des Friedens im Sinne der Vorschrift vorliegt. Der Begriff der Friedensbedrohung ist der unschärfste und weiteste unter den in Art. 39 genannten. Auch die internen Verhältnisse in einem Staat können durch den Sicherheitsrat als Friedensbedrohung bezeichnet werden. 1966 formulierte der Sicherheitsrat im Hinblick darauf, dass durch das rassistische Minderheitsregime in Rhodesien die Gefahr bewaffneter Konflikte im südlichen Afrika herbeigeführt werden könnte, dass die herrschende Situation eine Friedensbedrohung darstellte. Auf dieser Grundlage nehmen Teile der Literatur heute an, dass allein innere Zustände in einem Staat, etwa massive Verletzungen von Menschenrechten, als Friedensbedrohung angesehen werden könnten[648]. Aber auch in den Debatten des Sicherheitsrates zeigen sich Tendenzen, in den Friedensbegriff interne Verhältnisse in einem Staat, vor allem die Verletzung der Menschenrechte einzubeziehen[649]. Der Begriff der Friedensbedrohung kann bei Einigkeit des Sicherheitsrates außerordentlich weit gefasst werden. Da schwere Völkerrechtsverletzungen, die bewaffnete Gegenmaßnahmen auslösen können, generell unter den Begriff der Friedensbedrohung fallen[650], fällt die Si-

646 *Stahn*, Max Planck UNYB 5 (2001), S. 105, 166f.

647 UN Doc. S/RES/1244 (1999): *„(...) Determined to ensure the safety and security of international personnel and the implementation by all concerned of their responsibilities under the present resolution, and acting for these purposes under Chapter VII of the Charter of the United Nations, (...).“*

648 *Frowein* in: Simma, UN-Charta, Art. 39, Rn. 21.

649 *Frowein* in: Simma, UN-Charta, Art. 39, Rn. 8.

650 *Frowein* in: Simma, UN-Charta, Art. 39, Rn. 21, 22.

tuation im Kosovo im Zeitpunkt des Erlasses der Resolution unter allen genannten Aspekten unter den Begriff der Friedensbedrohung. Aus der Formulierung des Schlussteils des Art. 39 UN-Charta, in dem es heißt, die zu treffenden Maßnahmen müssten dazu dienen, die *internationale* Sicherheit und den *Welt*frieden zu wahren, lässt sich schließen, dass die Voraussetzungen, die zur Annahme einer Resolution unter Kapitel VII führen können, mindestens das Ausmaß erreicht haben müssen, die innerstaatlich die Voraussetzzungen für eine Derogation im Sinne der Art. 15 EMRK und Art. 4 IPBürgR[651] zu bilden geeignet sind. Damit schließen die Voraussetzungen des Art. 39 UN-Charta die Voraussetzungen der Derogationsklauseln mit ein. Wenn aber die Voraussetzungen des Art. 39 UN-Charta durch den Sicherheitsrat festgestellt wurden, ist eine wiederholte Feststellung von einer Notstandssituation durch dessen Nebenorgan überflüssig. Es bedarf insofern keiner zusätzlichen Feststellung des Vorliegens der Notstandsvoraussetzungen durch UNMIK.

Bezüglich des Zeitraumes, in dem die UNMIK von den durch die EMRK und den IPBürgR festgelegten Rechten abweichen kann, muss gelten, dass eine Abweichung solange möglich sein muss, wie das Mandat des Sicherheitsrates die Mission trägt, beziehungsweise so lange, wie eine Lage vorliegt, die die Anwesenheit der UNMIK erfordert. Tatsächlich befindet man sich im Kosovo noch immer in einer Übergangsphase mit „vor-demokratischen" Strukturen, die auch heute zum Teil noch beeinflusst wird von ethnischer Gewalt. Denn wäre die Situation bereits selbst tragend und demokratische Strukturen voll funktionsfähig, wäre der Einsatz der internationalen Übergangsverwaltung unter Art. 39 UN-Charta, der gerade eine Bedrohung des Friedens voraussetzt, gar nicht mehr gerechtfertigt[652]. Schon deshalb können nicht dieselben völkerrechtlichen Maßstäbe angelegt werden, wie an einen etablierten und funktionierenden demokratischen Staat. Dennoch ist natürlich nicht jeder Verstoß gegen Menschenrechte, zu dessen Schutz man sich selbst bekannt hat, gerechtfertigt. Jedoch müssen zumindest diejenigen Einschränkungen hingenommen werden, die sich auch aus der Außerkraftsetzung verschiedener Bestimmungen unter den Notstandsklauseln der einschlägigen Menschenrechtsverträge ergeben können[653].

III. Rechtfertigung durch „praktische Notwendigkeit"

Was den in Kapitel 3 festgestellten systemimmanenten Verstoß gegen den rechtsstaatlichen Grundsatz der Gewaltenteilung betrifft, so ist keine Alternative zu den durch die UNMIK gewählten Strukturen ersichtlich. Für die Anfangsphase ergibt sich dies schon daraus, dass die völlig zerstörten Staatsstrukturen erst

---

651 Vgl. 4. Kapitel, I., 2.

652 Botschafter Michael Steiner (SRSG Jan. 2002-Juli 2003), Gespräch der Verf. v. 14.01.2005.

653 Vgl. 4. Kapitel, II.

einmal komplett durch die internationale Verwaltung ersetzt werden mussten, so dass zwingend alle drei Staatsgewalten in den Händen der UNMIK lagen. Aber auch für die Zeit, die auf die Wiederherstellung lokaler demokratisch gewählter Strukturen folgt (seit 2001), gibt es für die Eingriffsbefugnisse der UNMIK triftige Gründe. Hier sind nicht nur isoliert die theoretischen Befugnisse der UNMIK zu untersuchen, sondern vor allem deren praktische Handhabung zu berücksichtigen.

1. Eingriffe der UNMIK in die Legislative

Die Praxis zeigt, dass die Fälle, in denen der Sonderbeauftragte die Ausfertigung von Gesetzen verweigerte, nie mutwillig gewählt sind, sondern in der Vergangenheit ausschließlich Sachverhalte betrafen, in denen das Parlament Gesetze erlassen hatte, die gegen die Rechte von Minderheiten, das Constitutional Framework oder Resolution 1244 verstießen. In allen genannten Fällen dürfte unzweifelhaft sein, dass ein Eingreifen der UNMIK notwendig und von der internationalen Gemeinschaft gewollt war. Im ersten Fall, nämlich bei einer Einschränkung von Rechten von Minderheiten durch ein Gesetz des Parlamentes[654] ist es Pflicht der UNMIK – und zwar gerade zum Schutz der Menschenrechte der betroffenen Minderheiten – ein Inkrafttreten solcher Gesetze zu verhindern. Verstöße gegen das Constitutional Framework betreffen solche Fälle, in denen sich das Parlament unzulässigerweise mit Sachverhalten der Souveränität bzw. der Außenpolitik befasste. Ersteres ist als umstrittenste Frage auf dem Weg zu einer endgültigen Lösung der Statusfrage des Kosovo absichtlich aus dem Kompetenzbereich des Parlamentes ausgeklammert worden und wird zu gegebener Zeit einer gemeinsamen politischen Lösung aller Beteiligten zuzuführen sein. Außenpolitische Kompetenzen sind durch das Constitutional Framework ebenfalls dem Parlament entzogen und dem Sonderbeauftragten zugeordnet[655], so dass ein Einschreiten gegen die Überschreitungen der Befugnisse des Parlamentes in diesem Bereich ebenfalls nach der Gesetzeslage notwendig und zulässig war[656].

Insofern ist festzuhalten, dass die geschaffenen Strukturen zwar in gewisser Weise missbrauchs*anfällig* sein mögen, aber nicht darauf angelegt sind, Missbrauch zu fördern. In die Gesetzgebungsbefugnis des Parlamentes wird keines-

---

654 So der Fall bei „Higher Education"- Gesetz, das selbst nach langen Vermittlungsversuchen zur Durchsetzung eines Kompromisses schließlich nicht zustande kam, vgl hierzu: UNMIK/REG/2003/14 (12.05.2003) On the Promulgation of a Law adopted by the Assembly of Kosovo on Higher Education in Kosovo, in der schließlich durch die UNMIK übergangsweise ein Gesetz erlassen wurde, das der Gleichbehandlung ethnischer Gruppen Rechnung trug.

655 Kapitel 8 der UNMIK/REG/2001/9 (15.05.2001), vgl. 1. Kapitel, III. 4. d) (2) ee).

656 So der Fall beim sog. „Border Pact".

wegs immer dann eingegriffen, wenn dies *sinnvoll* wäre, sondern nur in den Fällen absoluter und „mandatsgegebener" Notwendigkeit (vgl. oben). So wird die Ausfertigung eines Gesetzes nicht verweigert, wenn dieses nach Auffassung der UNMIK unsinnig ist oder einen Fall von Geldverschwendung bedeutet, da Fehler im Sinne eines Lernprozesses auf dem Weg zu einer funktionierenden Demokratie auch erwünscht sind. Im Übrigen ist man sich auch der Gefahr bewusst, die mit einem häufigen Einschreiten der UNMIK in den Gesetzgebungsprozess verbunden ist. Denn je mehr man in diesen Prozess eingreift, umso mehr beschneidet man die Souveränität, die man ja gerade übertragen will. Außerdem besteht die Gefahr, dass sich die Menschen, die man dazu bringen will, verantwortliche und „verfassungskonforme" politische Entscheidungen zu treffen, stattdessen beginnen, sich darauf zu verlassen, dass der SRSG bzw. die UNMIK letztlich die Probleme beheben werden[657]. Diesem Umstand trug man dadurch Rechnung, dass Mechanismen entwickelt wurden, die bereits im Vorfeld verhindern sollten, dass inakzeptable Gesetze überhaupt vom Parlament beschlossen und dem Sonderbeauftragten zur Verkündung vorgelegt wurden: Bereits in der Entstehungsphase des Gesetzes steht der „Legal Advisor" der UNMIK beratend zur Verfügung, der darauf aufmerksam machen kann, wenn Gesetze verfassungswidrig sind oder gegen Sicherheitsratsresolution 1244 zu verstoßen drohten. Nichts desto trotz setzte sich das Parlament bisweilen hierüber hinweg und beschloss das verfassungswidrige Gesetz. Eine Minderheit, die sich durch ein solches Gesetz benachteiligt fühlt, hat als weiteren Schritt noch die Möglichkeit, einen Antrag einzubringen, der das Gesetz gewissermaßen in einen „Vermittlungsausschuss" bringt, bei dem beide Seiten und ein hochrangiger internationale Persönlichkeit teilnehmen[658] („3er Mechanismus"). Erst als letzte Bremse verweigert der Sonderbeauftragte die Inkraftsetzung des betreffenden Gesetzes und regelt die betreffende Materie gegebenenfalls durch eine Verordnung[659].

Im Übrigen waren aber auch Tendenzen sichtbar, in denen die lokale Politik sich gerade den Mechanismus, dass der Sonderbeauftragte verabschiedete Gesetze blockieren kann, zunutze machte. Bisweilen wurde dieser nämlich gezielt von den widerstreitenden Interessensvertretern genutzt, um im Parlament eine unnachgiebige Position vertreten zu können, um vor den eigenen politischen Anhängern gut dazustehen und schließlich die Verantwortung für einen nicht erwünschten Kompromiss auf die eingreifende UNMIK abzuwälzen[660]. Hierdurch und durch die Tatsache, dass in zahlreichen Fällen diskriminierende Gesetze

---

657 Botschafter Michael Steiner (SRSG Jan. 2002-Juli 2003), Gespräch der Verf. v. 14.01.2005.

658 Im Falle des „Higher-Education"-Gesetzes (vgl. oben, Fn. 655) Jim O'Brian, Sondergesandte von Bill Clinton für den Balkan.

659 Botschafter Michael Steiner (SRSG Jan. 2002-Juli 2003), Gespräch der Verf. v. 14.01.2005; Neithart Höfer-Wissing (Deputy Director in the Office of Political Affairs in the Office of the SRSG, Juni 2000-Juni 2003), Gespräch der Verf. v. 17.01.2005.

660 N. Höfer-Wissing, (Deputy Director in the Office of Political Affairs, Juni 2000-Juni 2003), Gespräch der Verf. v. 17.01.2005.

verabschiedet wurden, wird hier auf politischer Ebene das deutlich, was sich auf der Straße in ethnisch motivierten Ausschreitungen manifestiert, nämlich dass die Zeit, in der man die neuen Institutionen sich selbst in eine „ungefesselte Selbständigkeit" entlassen kann, noch nicht erreicht ist.

2. Eingriffe der UNMIK in die Judikative

Auch in anderen Bereichen, die unter rechtsstaatlichen Gesichtspunkten als fragwürdig erscheinen, wie beispielsweise die durch die UNMIK-Verordnungen 1999/7 und 2000/60 vorgesehene Möglichkeit des Sonderbeauftragten, Mitglieder der HPCC oder sogar Richter der ordentlichen Gerichtsbarkeit abzusetzen, ist erhöhtes Augenmerk auf die praktische Durchführung dieser Verordnungen zu legen. Eine Absetzung von Richtern wäre in der Praxis nur in Fällen offensichtlicher Rechtsbeugung denkbar[661]. Um ein solches Szenario zu verhindern, nutzt man stattdessen die Möglichkeiten des Auswahlverfahrens, um qualifizierte Juristen einzustellen. Hinzu kommt, dass in ethnisch sensiblen Prozessen, in denen Probleme fehlender Unabhängigkeit auftreten können, ohnehin internationale Richter tätig werden.

Aber auch der regelmäßig durch die Institution des Ombudsmannes festgestellte Verstoß der UNMIK gegen den Grundsatz der Gewaltenteilung im Hinblick auf den Einfluss der UNMIK auf die Justiz durch deren Überwachung und durch die Einsetzung quasi-gerichtlicher Organe ist unter praktischen Gesichtspunkten zu rechtfertigen oder doch zumindest gut zu begründen. Denn selbst der Ombudsmann, der im Übrigen die Einwirkungsmöglichkeit von UNMIK auf die rechtsprechende Gewalt immer wieder kritisiert, stellt in seinen Jahresberichten wiederholt fest, dass man im Kosovo von einer unabhängigen (ordentlichen) Gerichtsbarkeit noch weit entfernt ist. Als Begründung werden in diesem Zusammenhang nicht etwa die Eingriffsbefugnisse der UNMIK oder des Sonderbeauftragten angeführt, sondern vielmehr Umstände, die außerhalb der UNMIK liegen. Thematisiert wird insbesondere das Problem der Korruption, die alle Bereiche des öffentlichen Lebens, einschließlich der Justiz, erfasst[662]. Hinzu kommt, dass Richter häufig von Prozessbeteiligten und Dritten massiv unter Druck gesetzt werden[663]. Die Tatsache, dass noch immer extrem niedrige Gehälter für Richter gezahlt werden, macht das System nicht gerade weniger anfällig für die daraus entstehende Korruption oder einen durch Bedrohung hervorgerufenen Verlust der Unparteilichkeit[664]. Demgegenüber gibt es gegenüber den internationalen Richtern und Staatsanwälten kaum Beschwerden über Korruption oder

---

[661] Bis Juli 2003 (Amtszeit SRSG M. Steiner) ist eine Absetzung eines Richters dementsprechend nicht vorgekommen.

[662] Ombudsperson Institution, 4th Annual Report (2003-2004) v. 12.07.2004, S. 7.

[663] Ombudsperson Institution, 4th Annual Report (2003-2004) v. 12.07.2004, S. 12.

[664] Vgl. *Mole*, EHRLR 2001, S. 208, 297f.

fehlende Unparteilichkeit[665]. Zudem wird die katastrophale Überlastung einiger Gerichte beklagt, die teilweise ihrerseits Bedenken hinsichtlich der Erfüllung der Anforderungen der Art. 6 EMRK, Art. 14 IPBürgR auslösen. Dies ist zum Beispiel dann der Fall, wenn das Distriktgericht einen Fall an das zuständige Amtsgericht zurückverweist, wo der Fall zwangsläufig wieder von demselben Richter entschieden wird, der das erstinstanzliche Urteil gefällt hat, einfach weil nur dieser eine Richter existiert[666].

Wirft man also einen Blick auf die in der Praxis herrschenden Umstände, so erscheint es nicht nur verständlich, sondern sogar angebracht, gewisse Bereiche aus dem regulären System der ordentlichen Gerichtsbarkeit auszuklammern und auf quasi-gerichtliche Organe zu übertragen. Dies gilt insbesondere für – auch unter ethnischen Gesichtpunkten – so brisante Bereiche wie die Zuweisung von Eigentum, die der ordentlichen Gerichtsbarkeit zugunsten einer Übertragung auf das *Housing and Property Directorate* entzogen wurde[667]. Denn hier besteht aufgrund der internationalen Besetzung der Kammern zumindest kein Anlass, an der Unparteilichkeit der Entscheidungsträger zu zweifeln, was auch die Akzeptanz der Entscheidungen durch die Betroffenen erhöht. Zwar wäre es sicher wünschenswert, wenn diese quasi-gerichtlichen Organe nicht existierten und alle Rechtsgebiete und Ansprüche vor ordentlichen Gerichten verhandelt würden, die über jeden Zweifel an der Erfüllung der Anforderungen der Art. 6 EMRK, Art. 14 IPBürgR hinsichtlich ihrer Eigenschaft als Gericht und der Unparteilichkeit seiner Mitglieder erhaben wären. In Anbetracht der Gegebenheiten wäre der Bevölkerung aber sicher weniger damit gedient, wenn sich die UNMIK ganz aus dem Bereich der rechtsprechenden Gewalt zurückzöge. Denn damit wäre bestenfalls eine institutionelle, nicht aber eine tatsächliche Unabhängigkeit der Gerichtsbarkeit zu erreichen.

Etwas kritischer als der Bereich der quasi-gerichtlichen Organe sind aus dem Bereich der Eingriffe in die institutionelle Unabhängigkeit der Justiz die Eingriffe des Sonderbeauftragten durch Freiheitsentziehungen aufgrund von Exekutivbefehlen. Aber auch hier sind die besonderen Umstände nach 1999 zu berücksichtigen. Wie oben bereits beschrieben, wurden Freiheitsentziehungen aufgrund von Exekutivanweisungen angewendet, um in Fällen des Verdachts schwerer Straftaten Zeit zu gewinnen, um die notwendigen Beweise gegen einen Verdächtigen zu sammeln, aber auch, um zu verhindern, dass Zeugen unter Druck gesetzt werden konnten, die in der Folge zu keiner wahrheitsgemäßen Aussage gegen den Verdächtigen mehr bereit waren. Dass dies tatsächlich die Verhältnisse sind, die auch noch im Jahr sechs nach Einzug der UNMIK in das Kosovo vorherrschen, belegen selbst die Aussagen des Ombudsmannes, der die Praxis

---

665 Ombudsperson Institution, 5th Annual Report (2004-2005) v. 11.07.2005, S. 17.

666 Ombudsperson Institution, 4th Annual Report (2003-2004) v. 12.07.2004, S. 13; 5th Annual Report, (2004-2005) v. 11.07.2005, S. 18.

667 Vgl. 3. Kapitel, VII.

der Freiheitsentziehungen aufgrund Exekutivanweisungen in diversen Jahres- und Sonderberichten scharf verurteilt hat. In seinem letzten Jahresbericht bestätigt er nämlich, dass Strafprozesse nach wie vor darunter leiden, dass Zeugen aus Angst nicht bereit sind, gegen Beschuldigte auszusagen und so zu deren Verurteilung beizutragen. Bis heute besteht bei einem Großteil der Bevölkerung kein Vertrauen darauf, dass die Justiz in der Lage ist, nach einer gerichtlichen Aussage ihr Leben und das ihrer Angehörigen vor der Rache der von ihrer Aussage Betroffenen zu schützen[668]. Dies wird auch dadurch belegt, dass bereits der Zugang zu den Gerichten (im tatsächlichen Sinne) für ethnische Minderheiten eines bestimmten Gebietes nur dadurch gewährleistet werden kann, dass internationale Eskorten oder Shuttledienste eingerichtet werden, um die Menschen überhaupt heil in die Gerichtsgebäude zu bringen. Häufig wagen Betroffene einer ethnischen Minderheit in einem Gebiet es aber auch aus Angst vor Vergeltungsmaßnahmen der ethnischen Mehrheit gar nicht erst, in einem Fall selbst den Rechtsweg zu beschreiten[669].

Diese Umstände sind sicher nicht geeignet, die zunächst einmal festgestellte Völkerrechtswidrigkeit von Freiheitsentziehungen ohne Rechtsgrundlage völlig aufzuheben. Man muss jedoch – genau wie im Zusammenhang mit der Schaffung quasi-gerichtlicher Organe – kritisch hinterfragen, ob man der vordergründigen Rechtmäßigkeit unbedingten Vorrang einräumen will vor der Möglichkeit, im Sinne einer dauerhaften Akzeptanz und Funktionsfähigkeit den Menschen zunächst wieder Vertrauen in die bestehenden Institutionen zu geben und erst im Anschluss daran die individuellen Freiheitsrechte wieder voll herzustellen.

IV. Zusammenfassung

Der Europäische Gerichtshof zeigt gerade in Bezug auf Notstandsmaßnahmen, die die justiziellen Garantien der Konvention einschränken, größere Toleranz als der Menschenrechtsausschuss bezüglich einer Einschränkbarkeit von Rechten aus dem Menschenrechtspakt. In Anbetracht der Tatsache, dass auch den Untersuchungen der Institution des Ombudsmannes ausschließlich die Bestimmungen der Europäischen Menschenrechtskonvention zugrunde liegen, scheint es gerechtfertigt, Schlussfolgerungen für die UNMIK in erster Linie aus den Ausführungen des Europäischen Gerichtshofes für Menschenrechte zu ziehen. Besonders bemerkenswert sind dessen Schlussbemerkungen im Fall *Irland ./. Großbritannien*, deren Aussagen sich sehr gut für die Übertragung auf die UNMIK eignen, soweit die Einschränkungen justizieller Menschenrechte betroffen sind. Der Gerichtshof stellte nämlich fest, dass trotz der Verstöße gegen Art. 5 Abs. 2 bis 4 EMRK die Entwicklung der einschlägigen Gesetzgebung sowie die Gesamtbetrachtung der Praxis eine Entwicklung hin zu einer zunehmenden Stärkung und

---

668 Ombudsperson Institution, 5th Annual Report (2004-2005) v. 11.07.2005, S. 19.

669 Ombudsperson Institution, 5th Annual Report (2004-2005) v. 11.07.2005, S. 21.

Achtung individueller Freiheitsrechte zeige. Die Verwirklichung von effektiveren Rechtsschutzmöglichkeiten direkt zu Beginn wäre zwar wünschenswert gewesen. Es sei aber unrealistisch, insofern den zweiten Schritt vor dem ersten machen zu wollen. Wenn ein Staat sich in einer Notstandssituation befinde, die das Leben der Nation bedrohe, wäre er völlig hilflos, wenn man verlangte, dass er von Beginn an für jede von ihm gewählte Maßnahme entsprechende effektive, Missbrauch ausschließende Rechtsmittel zur Verfügung stellte, die überdies nicht die Bemühungen erschweren würden, Frieden in der Gesellschaft wieder herzustellen. Die Interpretation von Art. 15 EMRK müsse daher Raum für eine schrittweise Umsetzung lassen.[670]

In diesem Sinne ist auch die Menschenrechtslage im Kosovo zu bewerten. Unzweifelhaft sind einige Bestimmungen, wie beispielsweise die der Gewährung umfassender Immunität für die Internationale Zivilverwaltung, nach herkömmlichen Maßstäben nicht zu rechtfertigen. Denn hier versagen aufgrund der umfassenden Ausübung von Staatsgewalt durch die UNMIK die klassischen Gründe für die Rechtfertigung der Gewährung von Immunität für internationale Organisationen. Im Gegenteil steht hier zu befürchten, dass die umfassende Immunität im Hinblick auf eines der Hauptziele der internationalen Verwaltung – nämlich den Aufbau von Vertrauen in einen demokratischen Rechtsstaat mit einer effektiven und für jedermann gleich geltenden Rechtsordnung – nur schwer zu vermitteln ist. Es besteht hier die Gefahr eines Vertrauensverlustes, so dass die umfassende Immunitätsgewährung wohl mehr Schaden als Nutzen bringt[671].

Anders sieht es jedoch im Hinblick auf Einschränkungen verschiedener justizieller Menschenrechte aus. Dabei muss in Erinnerung gerufen werden, dass die Situation im Kosovo eben noch nicht der eines demokratischen Staates entspricht, so dass allein aus diesem Grund eine Beurteilung anhand eines Maßstabes, der der Beurteilung demokratischer Staaten entspricht, ausscheiden muss. Vielmehr befindet sich die Provinz noch immer (und erst recht im Zeitpunkt der hier behandelten Verordnungen, die Menschenrechtsverstöße begründet haben) in einem „vor-demokratischen“ Stadium, das geprägt ist von ethnischen Unruhen – ein Klima, in dem die Verwirklichung der Ziele der Sicherheitsratsresolution 1244 noch lange kein Selbstläufer ist. Insofern sei noch einmal daran erinnert, dass – wäre die Situation bereits selbsttragend – eine Berechtigung für das umfassende Engagement der internationalen Gemeinschaft überhaupt nicht mehr gegeben wäre. Da aber in einem Klima, in dem der Glaube der Bevölkerung an wirkliche Sicherheit noch immer durch Anschläge erschüttert wird, keine stabile demokratische Gesellschaft, in der die Menschenrechte eines jeden geachtet werden, entstehen kann, muss die schwierige Entscheidung getroffen werden, inwieweit die vorübergehende Einschränkung von Menschenrechten geboten ist, um die – für den Wiederaufbau so wichtige – Sicherheit in der Bevölkerung und

---

670 EGMR, Urt. v. 18.01.1978, *Irland ./. Großbritannien*, Serie A 25, Z. 196.
671 Vgl. *Mole*, EHRLR 2001, S. 280, 297.

das Vertrauen in die demokratischen Institutionen aufzubauen und sicherzustellen[672]. Selbst die Institution des Ombudsmannes konstatiert noch in ihren beiden letzten Jahresberichten, dass es im Grunde zwecklos ist, über das Ausmaß des Menschenrechtsschutzes zu sprechen, solange ein Großteil der Bevölkerung der Region nicht einmal die elementarsten Bedingungen eines normalen Lebens, insbesondere Sicherheit vor ethnisch motivierter Gewalt, genießen[673].

Nichts desto trotz zeigt die Gesamtbetrachtung der Entwicklung der UNMIK in den verschiedenen Phasen, dass die Entwicklung eindeutig in die Richtung der zunehmenden Gewährung von Freiheitsrechten geht. Deutlich wird dies beispielhaft an der Entwicklung von Verhaftungen aufgrund von Exekutivanweisungen des Sonderbeauftragten, die zunächst ohne jeden Rechtsschutz für die Betroffenen vollzogen wurden, dann unter die Kontrolle der Haftprüfungskommission gestellt und schließlich gar nicht mehr vollzogen wurden. Spiegelbildlich dazu belegt die Entwicklung der Strukturen die Bemühungen der UNMIK, die demokratische Verantwortung schrittweise auf die neuen, nationalen Institutionen zu übertragen. Die diesbezüglich immer noch vorhandenen Einschränkungen, die sich in den Eingriffsbefugnissen des Sonderbeauftragten manifestieren, haben ihrerseits lediglich den Zweck, die Menschenrechte, insbesondere den Minderheitenschutz und die der UNMIK durch Resolution 1244 auferlegten Vorgaben zu erfüllen. Wie oben festgestellt, ist man sich sehr wohl der Gefahren bewusst, die ein allzu eifriges Eingreifen in die demokratischen Prozesse des Landes birgt, und verhält sich dementsprechend zurückhaltend, wenn dies möglich ist.

Bis die Situation es aber erlaubt, müssen Einschränkungen hinsichtlich eines demokratischen, in drei voneinander unabhängige und sich gegenseitig kontrollierende Staatsgewalten unterteilten Staates hingenommen werden. Nur auf diese Weise ist es dauerhaft möglich, den Menschen die Sicherheit zu vermitteln, die langfristig für den Mut zum Treffen demokratischer Entscheidungen notwendig ist. Nur so lässt sich das durch Sicherheitsratsresolution 1244 in Aussicht gestellte Ziel verwirklichen, Kosovo zu einem Status als autonome und demokratisch regierte Provinz zurückzuführen, in der die Menschenrechte jedes einzelnen geachtet werden.

---

672 Auf diesem Standpunkt stand auch der Generalsekretär der VN im Fall Somalia, in dem er deutlich machte, dass er die Sicherheitslage für eine unverzichtbare Voraussetzung für alle anderen Aktivitäten hielt. Hier hatte sich Ende 1993 gezeigt, dass zivile Aufbauhilfe in einem unsicheren Umfeld schnell wieder zusammenzubrechen drohte, vgl. *Hufnagel*, S. 193f.

673 Ombudsperson Institution, 4th Annual Report (2003-2004) v. 12.07.2004, S. 2f.; 5th Annual Report (2004-2005) v. 11.07.2005, S. 11.

V. Verbesserungsmöglichkeiten

Das Ergebnis, dass einzelne Einschränkungen im Bereich von Menschenrechten und demokratisch-rechtsstaatlichem Staatsaufbau in der im Kosovo herrschenden Situation gerechtfertigt sind, kann jedoch nicht über schwache und unzulängliche Mechanismen zur Überwachung und zum Schutz von Menschenrechten hinwegtäuschen. Hier wären Verbesserungen angezeigt und sicher auch möglich, ohne die Ziele der internationalen Zivilverwaltung zu gefährden.

Um eine Verbesserung des Menschenrechtsschutzsystems zu erreichen, sollte man ernsthaft darüber nachdenken, inwieweit sich die Vorschläge der Parlamentarischen Versammlung des Europarates verwirklichen lassen. Die Parlamentarische Versammlung schlägt verschiedene Mechanismen zur Verbesserung der Menschenrechtssituation vor. Zunächst wird die Errichtung eines Gerichtshofes für Menschenrechte im Kosovo angeregt, der die Gerichtsbarkeit über Menschenrechtsverstöße ausübt, die seitens der Institutionen der PISG, aber auch durch UNMIK oder KFOR begangen wurden. Der Gerichtshof soll sich aus neun Richtern zusammensetzen, von denen fünf durch den Ministerrat (einer in Übereinstimmung mit dem Sonderbeauftragten) und die übrigen vier jeweils zur Hälfte von der ethnischen Mehrheit und der ethnischen Minderheit vorgeschlagen werden sollen. Für die Ernennung der Richter wäre schließlich der Präsident des EGMR zuständig. Der Gerichtshof würde die EMRK und deren Zusatzprotokolle anwenden und die Verfahrensregeln und bisherige Rechtsprechung des EGMR zugrunde legen. Der Gerichtshof sollte für Individualbeschwerden und Verfahren zuständig sein, die durch den Ombudsmann eingeleitet werden und die Befugnis haben, Entscheidungen von UNMIK und KFOR aufzuheben und gegebenenfalls Schadensersatz zuzusprechen. Man käme der internationalen Verwaltung insofern entgegen, als der Gerichtshof bei einer Beschwerde gegen UNMIK oder KFOR nicht in der gewöhnlichen, sondern komplett in internationaler Richterbesetzung entscheiden würde[674]. Ein weiterer Vorschlag der Parlamentarischen Versammlung besteht darin – möglichst in Zusammenarbeit mit Serbien und Montenegro – zusammen mit dem Europarat über die Möglichkeit einer übergangsweisen Ausweitung der Jurisdiktion des Europäischen Gerichtshofes für Menschenrechte auf Kosovo nachzudenken[675]. Als kleinsten Schritt schlägt der Europarat die Einrichtung einer Beratungskommission für Menschenrechte vor, die sich aus unabhängigen Menschenrechtsexperten zusammensetzt, die vom Präsidenten des Europäischen Gerichtshofes für Menschenrechte nominiert und vom Sonderbeauftragten des Generalsekretärs ernannt werden. Eine solche Kommission wäre unter anderem für die Überwachung von

---

[674] Council of Europe, Parliamentary Assembly, Resolution 1417 (2005), Para. 4. i. a.-g.

[675] Council of Europe, Parliamentary Assembly, Resolution 1417 (2005), Para. 4. ii.

durch UNMIK erlassenen Verordnungen auf ihre Vereinbarkeit mit internationalen Menschenrechtsstandards zuständig[676].

Im Gegensatz zu diesen vergleichsweise aufwendigen und erst neu zu errichtenden Instrumenten zur Überwachung der Einhaltung der Menschenrechte wäre einstweilen daran zu arbeiten, die bestehenden oder vor langer Zeit angekündigten Schutzmechanismen zu entwickeln oder zu verbessern. Hierunter fällt zum einen die Errichtung des bereits 2001 im Constitutional Framework vorgesehenen *„Special Chamber of the Supreme Court on Constitutional Matters"*, der zumindest die Einhaltung von Menschenrechten durch die Institutionen der PISG überwachen sollte. Eine solche Überwachung könnte gleichsam dazu führen, dass der Sonderbeauftragte nicht mehr in der bislang herrschenden Häufigkeit in die Gesetzgebung des Parlamentes eingreifen müsste, um Verletzungen des Minderheitenschutzes zu verhindern. Eine weitere Maßnahem, die ebenfalls durchgeführt werden könnte, ohne dass sie in irgendeiner Weise negativen Einfluss auf die Funktionsfähigkeit und Effektivität der Übergangsverwaltung hätte, ist das Vorantreiben von Rechtsklarheit, indem dafür gesorgt wird, dass Gesetze für alle Betroffenen in ihnen verständlichen Sprachen zugänglich sind. Des Weiteren wäre es an der Zeit, die Immunitätstatbestände, wie sie in UNMIK-Verordnung 2000/47 vorgesehen sind, zu überprüfen und einzuschränken[677].

Schließlich wäre auch daran zu denken, die bestehende Institution des Ombudsmannes zu stärken. Dies könnte zum einen durch eine Regelung geschehen, der zufolge Empfehlungen des Ombudsmannes Bindungswirkung entfalten würden. Weniger weitgehend, aber ebenfalls hilfreich wäre es, zumindest durch gesetzliche Regelung den Druck auf die entsprechenden Autoritäten zu erhöhen, die Anfragen der Institution des Ombudsmannes zu beantworten und auf deren Berichte zu reagieren[678].

Es bleibt daher festzuhalten, dass es zwar bedingt durch die immer noch herrschende schwierige Lage im Kosovo diverse Rechtfertigungsansätze für das Verhalten der UNMIK und gewisse Einschränkungen von Menschenrechten gibt. Auch wenn die festgestellten Einschränkungen jedoch im Einzelfall zu begründen oder sogar zu rechtfertigen sind, wäre es dennoch wünschenswert, wenn sich die internationale Verwaltung einer stärkeren Kontrolle zur Überwachung internationaler Menschenrechtsstandards unterstellen würde. Dies wäre zum einen eine Bekräftigung der Bekenntnisse, sich an ausgewählte internationale Menschenrechtsstandards zu halten, zum anderen aber auch ein positives Signal an die Bevölkerung des Kosovo, dass in einem Rechtsstaat niemand außerhalb oder oberhalb des Gesetzes steht. Dem alles beherrschenden Ziel, Kosovo schließlich – unabhängig von der zu lösenden Statusfrage – in die Selbstän-

---

676 Council of Europe, Parliamentay Assembly, Resolution 1417, Para. 5. v.
677 Council of Europe, Parliamentay Assembly, Resolution 1417, Para. 5. ix.
678 Council of Europe, Parliamentary Assembly, Resolution 1417, Para. 5. iv.

digkeit zu entlassen, in der die Menschenrechte der Bevölkerung unabhängig der Ethnizität geachtet und geschützt werden, würde sicher am besten gedient, wenn die internationale Gemeinschaft, solange sie die Chance hat, als Vorbild hinsichtlich der Einhaltung und des effektiven Schutzes der Menschenrechte vorangehen würde.

Literaturverzeichnis

Bardehle, Peter: Kambodscha: ein Frieden mit Minen, Die UNTAC als Friedensoperation der Superlative, Vereinte Nationen 1993, S. 81ff.

Barnes, Samuel H.: The Contribution of Democracy to Rebuilding Postconflict Societies,
AJIL 95 (2001), S. 86ff.

Böckenförde, Ernst Wolfgang: Demokratie als Verfassungsprinzip in: Isensee, Josef/ Kirchhof, Paul (Hrsg.): Handbuch des Staatsrechts der Bundesrepublik Deutschland, Band I, Grundlagen von Staat und Verfassung, 1987
Zit.: *Böckenförde* in: HdBStR I, §, Rn.

Bothe, Michael: Peace-Keeping in: Simma, Bruno (Hrsg.): The Charter of the United Nations, A Commentary, Volume I, 2002, S. 648ff.

Bothe, Michael/ Marauhn, Thilo: UN Administration of Kosovo and East Timor: Concept, Legality and Limitations of Security Council Mandated Trusteeship Administration
in: Tomuschat, Christian (Hrsg.): Kosovo and the International Community, S. 217ff.

Brand, Marcus G.: Institution-Building and Human Right protection in Kosovo in the light of UNMIK legislation, NJIL 70 (2001), S. 461ff.

Brunner, Georg: Völkerrecht und Selbstbestimmungsrecht in Kosovo in: Clewing, Konrad (Hrsg.): Der Kosovo-Konflikt, Ursachen, Akteure, Verlauf, 2000, S. 117ff.

Cerone, John: Minding the Gap: Outlining KFOR Accountability in Post-Conflict Kosovo, EJIL 12 (2001), 469ff.

De Aréchaga, Eduardo J.: United Nations Security Council in: Bernhard, Rudolf (Hrsg.): EPIL Band 4 (2000), S. 1168ff.

Degenhart, Christoph: Staatsrecht I, Staatsorganisationsrecht, 18. Auflage, 2002

Dicke, Klaus/Edinger, Michael/Lembcke, Oliver: Menschenrechte und Entwicklung, 1997

Fiedler, Wilfried: State Succession in: Bernhard, Rudolf (Hrsg.): EPIL Band 4 (2000), S. 641ff.

Franck, Thomas M.: The emerging right to democratic governance, AJIL 86 (1992), S. 46ff.

Frowein, Jochen A.: Konstitutionalisierung des Völkerrechts in: Berichte der Deutschen Gesellschaft für Völkerrecht (Band 39), Völkerrecht und Internationales Privatrecht in einem sich globalisierenden internationalen System – Auswirkungen der Entstaatlichung transnationaler Rechtsbeziehungen, 2000, S. 427ff.
Zit.: *Frowein* in: Berichte DGVR (39), S.

Frowein, Jochen A.: Die Notstandsverwaltung durch die Vereinten Nationen in: H.-W. Arndt, F.-L. Knemeyer, D. Kugelmann, W. Meng, M. Schweitzer (Hrsg.): Völkerrecht und deutsches Recht, Festschrift für Walter Rudolf, 2001, S. 43ff.
Zit.: *Frowein* in: FS Rudolf, S.

Frowein, Jochen A.: Demokratie und Völkerrecht in Europa in: Ginther, K., Hafner, G., Lang, W., Neuhold, H., Sucharipa-Behrmann, L. (Hrsg.): Völkerrecht zwischen normativem Anspruch und politischer Realität, Festschrift für Karl Zemanek, 1994, S. 365ff.
Zit.: *Frowein* in: FS Zemanek, S.

Frowein, Jochen A./Peukert, Wolfgang: Europäische Menschenrechtskonvention, EMRK-Kommentar, 2. Auflage, 1996

Grabenwarter, Christoph: Europäische Menschenrechtskonvention, 2. Auflage, 2005

Herdegen, Matthias: Der Wegfall effektiver Staatsgewalt im Völkerrecht: „The failed State" in: Berichte der Deutschen Gesellschaft für Völkerrecht (Band 34), Der Wegfall effektiver Staatsgewalt: „The failed State", 1996, S. 49ff.
Zit.: *Herdegen* in: Berichte DGVR (34), S.

Hobe, Stephan/ Kimminich, Otto: Einführung in das Völkerrecht, 8. Auflage, 2004

Hoffmann, Gerhard: Protectorates, in: Bernhard, Rudolf (Hrsg.): EPIL Band 3, (1997), S. 1153ff.

Hofmann, Hasso: Legitimität und Rechtsgeltung, 1977

Hufnagel, Frank-Erich: UN-Friedensoperationen der zweiten Generation, 1996

Ipsen, Knut: Völkerrecht, 5. Auflage, 2004

Irmscher, Tobias H.: The Legal Framework for the Activities of the United Nations Interim Administration Mission in Kosovo: The Charter, Human Rights, and the Law of Occupation, GYIL 44 (2001), S. 353ff.

Joseph, Sarah/ Schultz, Jenny/ Castan, Melissa: The International Covenant on civil and political rights, cases, materials and commentary, 2000

Judah, Tim: Kosovo, War and Revenge, 2000

Kelly, Michael J.: Restoring and Maintaining Order in Complex Peace Operations, 1999

Korhonen, Outi: International Governance in Post-Conflict Situations, LJIL 14 (2001), S.495ff.

Krause, Joachim (Hrsg.): Kosovo - Humanitäre Intervention und kooperative Sicherheit in Europa, 2000

Lailach, Martin: Die Wahrung des Weltfriedens und der internationalen Sicherheit als Aufgabe des Sicherheitsrats der Vereinten Nationen, 1998

Lang, Markus: Menschenrecht auf Demokratie, Art. 21 der Allgemeinen Erklärung als Bestandsgarantie des demokratischen Verfassungsstaates, VN 1998, S. 195ff.

Loewenstein, Karl: Verfassungslehre, Tübingen 1975

Martenczuk, Bernd: Rechtsbindung und Rechtskontrolle des Weltsicherheitsrats (Die Überprüfung nichtmilitärischer Zwangsmaßnahmen durch den Internationalen Gerichtshof), Berlin 1996

Matheson, Michael J.: United Nations Governance of Postconflict Societies, AJIL 95 (2001), S.76ff.

Mole, Nuala: Who guards the guards – the Rule of Law in Kosovo, European Human Rights Law Review 2001, S. 280ff.

Neuhold, Hanspeter: Threat to Peace in: Bernhard, Rudolf (Hrsg.): EPIL Band 3 (1997), S. 935ff.

Nowak, Manfred: U.N. Covenant on Civil and Political Rights, CCPR Commentary, 1993

Nowak, Manfred: Einführung in das internationale Menschenrechtssystem, 2002

Opitz, Peter J./ Seemüller, Doris: Dreierkoalition, Vierergespräche und Große Fünf, Der Beitrag der Vereinten Nationen zur Lösung des Kambodscha- Konflikts, VN 1992, S.126ff.

Rauschning, Dietrich: United Nations Trusteeship System in: Bernhard, Rudolf (Hrsg.): EPIL Band 4 (2000), S. 1193ff.

Rich, Roland: Recognition of States: The Collapse of Yugoslavia and the Soviet Union, EJIL 4 (1993), S. 36ff.

Ruffert, Matthias: The Administration of Kosovo and East Timor by the International Community, ICLQ 50 (2001), S.613ff.

Schmidt, Fabian: Menschenrechte, Politik und Krieg in Kosovo 1989-1999 in: Clewing, Konrad (Hrsg.): Der Kosovo-Konflikt, Ursachen, Akteure, Verlauf, 2000, S. 187ff.

Seidl-Hohenveldern, Ignaz/Stein, Torsten: Völkerrecht, 10. Auflage, 2000

Shraga, Daphna/Zacklin, Ralph: The Applicability of International Humanitarian Law to United Nations Peace-Keeping Operations: Conceptual, Legal and Practical Issues, in: Palwankar, Umesh (Hrsg.): Symposium on Humanitarian Action and Peace-Keeping Operations – Report 1994, S. 39ff.

Simma, Bruno (Hrsg.): Charta der Vereinten Nationen, Kommentar, München 1991
Zit.: *Bearbeiter* in: Simma, Art., Rn. (*deutsch*)

Simma, Bruno (Hrsg.): The Charter of the United Nation, A Commentary, Volume I, 2002
zit.: *Bearbeiter* in: Simma, Art., Rn.

Simma, Bruno (Hrsg.): The Charter of the United Nation, A Commentary, Volume II, 2002
zit.: *Bearbeiter* in: Simma, Art., Rn.

Slomanson, William R.: Fundamental Perspectives on International Law, 3rd Edition 1999

Slonim, Solomon: South West Africa and the United Nations: An International Mandate in Dispute, 1973

Stahn, Carsten: International Territorial Administration in the former Yugoslavia: Origins, Developments and Challenges ahead, ZaöRV 61 (2001), S.107ff.
zit.: *Stahn*, ZaöRV 61 (2001), S.

Stahn, Carsten: Constitution without a State? Kosovo under the United Nations Constitutional Framework for Self-Government, LJIL 14 (2001), S. 531ff.
zit.: *Stahn*, LJIL 14 (2001), S.

Stahn, Carsten: The United Nations Transitional Administration in Kosovo and East Timor: A first Analysis, Max Planck Yearbook of United Nations Law 5 (2001), S. 105ff.
zit.: *Stahn*, Max Planck UNYB 5 (2001), S.

Strohmeyer, Hansjörg: Collapse and Reconstruction of a Judicial System: The United Nations Missions in Kosovo and East Timor, AJIL 95 (2001), S.46ff.

Sundhaussen, Holm: Kosovo – Eine Konfliktgeschichte in: Clewing, Konrad (Hrsg.): Der Kosovo-Konflikt, Ursachen, Akteure, Verlauf, 2000, S. 65ff.

Szasz, Paul C.: International Organizations, Privileges and Immunities in: Bernhard, Rudolf (Hrsg.): EPIL Band 2 (1995), S. 1325ff.

Thürer, Daniel: Der Wegfall effektiver Staatsgewalt: „The failed State" in: Berichte der Deutschen Gesellschaft für Völkerrecht (Band 34), Der Wegfall effektiver Staatsgewalt: „The failed State", 1996, S. 9ff.
Zit.: *Thürer* in: Berichte DGVR (34), S.

Office of the High Commissioner for Human Rights *in Cooperation with* ***the International Bar Association (Hrsg.)***: Professional Training Series No. 9: Human Rights in the Administration of Justice, 2003

Vitzthum, Wolfgang Graf (Hrsg.): Völkerrecht, 3. Auflage, 2004
Zit.: *Vitzthum*, Abschnitt, Rn.

Wagner, Markus: Das erste Jahr der UNMIK, Die Organisation der Zivilverwaltung im Kosovo, VN 2000, S. 132ff.

Weiß, Norman: Die Allgemeine Erklärung der Menschenrechte und die Gewährleistung politischer Freiheitsrechte in: MRM-MenschenRechtsMagazin Themenheft „50 Jahre AEMR", Dezember 1997, S. 35ff.

Wellens, Karel: The Primary Model Rules of Accountability of International Organisations: The Principles and Rules Governing their Conduct or the Yardstick for their Accountability, in: Blokkers, N.M./Schermers, H.G. (Hrsg.): Proliferations of International Organisations, 2001

Wouters, Jan/Naert, Frederik: How Effective is the European Security Architecture? Lessons from Bosnia and Kosovo, ICLQ 50 (2001), 540ff.

Wilde, Ralph: Quis Custodiet Ipsos Custodes?: Why and How UNHCR Governance of "Development" Refugee Camps should be Subject to International Human Rights Law, Yale Human Rights and Development Law Yournal, 1998; abrufbar unter: http://www.yale.edu/yhrdlj/vol01iss01/wilde_ralph_note.htm

Zimmermann, Andreas/Stahn, Carsten: Yugoslav Territory, United Nations Trusteeship or Sovereign State? Reflections on the Current and Future Legal Status of Kosovo, NJIL 70 (2001), S. 423ff.

FSC
www.fsc.org
MIX
Papier | Fördert
gute Waldnutzung
FSC® C083411

Kolibri 360 GmbH
Ferdinand-Jühlke-Straße 7
99095 Erfurt, Deutschland
produktsicherheit@kolibri360.de

Druck:
CPI Druckdienstleistungen GmbH
im Auftrag der
Kolibri 360 GmbH
Ferdinand-Jühlke-Str. 7
99095 Erfurt